# 等级正义和非等级正义

## 一个分析框架的考察

成 林
杨自由 ◎ 著
张啸尘

中国社会科学出版社

## 图书在版编目（CIP）数据

等级正义和非等级正义：一个分析框架的考察／成林等著. -- 北京：中国社会科学出版社，2024.12.
ISBN 978-7-5227-4603-6

Ⅰ. D081

中国国家版本馆 CIP 数据核字第 20249JZ584 号

| | | |
|---|---|---|
| 出 版 人 | 赵剑英 | |
| 责任编辑 | 喻　苗 | |
| 责任校对 | 胡新芳 | |
| 责任印制 | 李寡寡 | |

| | | |
|---|---|---|
| 出　　版 | 中国社会科学出版社 | |
| 社　　址 | 北京鼓楼西大街甲 158 号 | |
| 邮　　编 | 100720 | |
| 网　　址 | http://www.csspw.cn | |
| 发 行 部 | 010-84083685 | |
| 门 市 部 | 010-84029450 | |
| 经　　销 | 新华书店及其他书店 | |
| 印　　刷 | 北京明恒达印务有限公司 | |
| 装　　订 | 廊坊市广阳区广增装订厂 | |
| 版　　次 | 2024 年 12 月第 1 版 | |
| 印　　次 | 2024 年 12 月第 1 次印刷 | |
| 开　　本 | 710×1000　1/16 | |
| 印　　张 | 17 | |
| 插　　页 | 2 | |
| 字　　数 | 272 千字 | |
| 定　　价 | 89.00 元 | |

凡购买中国社会科学出版社图书，如有质量问题请与本社营销中心联系调换
电话：010-84083683
**版权所有　侵权必究**

# 序

  如果本书的题目初看之下易于造成一种误会，似乎本书所追求的目标，乃是对"等级正义和非等级正义"进行正面和全面的研究，那么这种误会是迫切需要予以消除的。按照本书的理解，一切正义要么是等级正义，要么是非等级正义，此外别无正义可言，那么，对"等级正义和非等级正义"进行正面的和全面的研究，也就意味着对正义的全部领域和全部问题进行研究，当然也就必须包括各主要文明之正义的思想史和制度史，以及它们的互勘，等等，如此宏大的研究目标，显然绝非本书所能承担。

  本书追求一个有限且谨慎的目标，即仅仅把"等级正义和非等级正义"作为一个二元对举的正义分析框架进行基本的考察——这里所谓"分析框架"即等同于"研究框架"，即对正义各部分、各元素或各属性及其相互关系进行研究的某种"解释图式"。必须指出，一般而言，"分析框架"之"分析"不是仅作为与"综合"对举的另一翼，而是代表着全部的研究方式和方法，"分析框架"即是全方位、全视角之研究的框架。就是说，"分析框架"之"分析"不仅意味着对整体各部分、各元素或各属性进行拆分的研究，也意味着（拆分研究基础上）对整体的功能、行为和局限等的研究。分析在流行用法中这种僭主地位的获得，也许与分析哲学在西方近百年以来的主流地位有关——当然，这对本书而言是额外的话题。

  对"等级正义和非等级正义"作为一个分析框架的基本考察，主要涉及如下内容：如何可以说，"等级正义和非等级正义"是正义研究中值得格外开显和拥有的一个分析框架，其与一般常见的正义分析框架相比——比方按不同时代或不同学派对正义思想的区分——具有哪些不可替代的优势？这是本书第一、二章需要解决的主要问题；这个框架提供了一种怎样的解释图式，即它的基本原则和主要内容是什么？它的合理性及局限分别体现在哪些方面？这是本书第三、四、五章的主体内容；等等。

框架一词蕴含的重要性首先被社会学家欧文·戈夫曼揭橥出来，后来特别在传播学等社会科学中得到了广泛的应用，这种广泛性最终促使框架成长为一个超越专业学术的日常生活用语。框架被戈夫曼视为一种解释图式或诠释规则，亦即一种使原本杂乱无章之物呈现出某些特别意义的视角，依据这些视角，我们得以"分辨、觉察、确认和命令似乎无限多的具体事变"[1]。也许可以在某种意义上把框架比作标签：由于社会事件杂多而无序，且它们自身不会说话，制作标签分门别类就成为甄别和判断社会事件的有效方法。无疑，标签也可能出错或不尽恰当，而且对同一事件往往可以贴上多个标签，这意味着任何框架的合理性都是有限的，但不可否认，正是框架的存在使得我们能够追寻事件的意义。

按照上述理解，人类一直就在使用各种各样的框架，不然就无法建构任何意义，也不可能对任何事情进行解释。比如，中国传统文化的"天地人"三才就是一种框架，它把人类放置于一个宏大的背景之中，使我们得以认识自身的重要性和重大责任。《美诺篇》讨论什么是美德，提出的是节制、正义、勇敢等考量美德的框架，而正义或美德本身又是更大框架中的考量义项，使我们能够借以量度一个人或一个社会。那些著名的二元对立，如主体和客体、存在与意识、此岸和彼岸、美与丑、善与恶、色和空等，都可以看作戈夫曼意义上作为解释图式的框架或标签。

值得顺便一提的是，我们赖以甄别和判断事件的框架常常是二元论的，包括上文提及的主体和客体、存在与意识等，和本书提出的"等级正义和非等级正义"，都不外此。"天地人"其实也是二元论的，实即人与自然的对举。二元论现在受到很多的批评，但其实我们很难真正离开二元论，即使那些二元论的批评者也经常不自觉地需要使用二元思维。

---

[1] Goffman E., *Frame Analysis: An essay on the Organization of Experience*, Northeastern University Press, 1986, p. 21.

二元论固然确实具有非此即彼地使问题简单化的嫌疑，却也具有使问题更加清晰直观的优势。如果我们能够对二元论的局限达到某种理论自觉，那二元论就可以是一种有效的工具。吉登斯当年想在左和右之外寻找"第三条道路"，但我们把"第三条道路"的逻辑贯彻到底就会发现，所谓第三条道路只不过是一种"极高明而道中庸"的理想范型，归根结底这条道路还是只能非左即右，可以努力调节的只是左或右的程度而已。同理，克利福德·吉尔兹的"地方性知识"看起来似乎是反二元对举的，因为他主张一切知识都是地方性知识，"我们其实都是持不同文化的土著"①，这样就把普遍知识消解掉了。但"地方性知识"逻辑上要求"普遍性知识"作为必要的背景，否则其自身就不能成立，因此这个框架依然是二元论的，尽管是隐蔽的二元论。

人们常说艺术是遗憾的事业，某种意义上学术亦复如是。课题设计时也曾有不少学术雄心，但后来被成功论证的寥寥，论证后能被学界接受的又更寥寥。就连等级正义和非等级正义这对术语，曾经颇堪自夸的小小发明，几年过去，也完全没有造成任何学术回响，遑论其他。

但不论怎样粗浅，本书还是认真、诚恳地讨论了一些比较有新意的话题，或者毋宁说，用一个比较有新意的框架讨论了一些古老的话题，从而似乎就给这些话题多少带来了一些新意，这是本书差堪欣慰的。

---

① [美]克利福德·吉尔兹：《地方性知识》，王海龙、张家瑄译，中央编译出版社2000年版，第204页。

# 目　　录

**第一章　对正义思想的几种分类** ………………………………（1）
　第一节　一个辩难：正义和关于正义的思想 ……………………（1）
　第二节　按历史时期分类 …………………………………………（5）
　　一　古希腊正义思想 ……………………………………………（6）
　　二　希腊化时期直到中世纪的正义思想 ………………………（6）
　　三　启蒙及其后期的正义思想 …………………………………（7）
　　四　现当代欧美正义思想 ………………………………………（10）
　第三节　按所涉领域分类 …………………………………………（13）
　　一　分配正义 ……………………………………………………（14）
　　二　矫正正义 ……………………………………………………（17）
　第四节　按不同学派分类 …………………………………………（19）
　　一　自由主义正义观 ……………………………………………（21）
　　二　社群主义正义观 ……………………………………………（23）
　　三　马克思主义正义观 …………………………………………（26）
　本章小结 ……………………………………………………………（31）

**第二章　一个新的分析框架** ………………………………………（35）
　第一节　正义的意谓 ………………………………………………（35）
　　一　正义是"应该"得到了实现的状态 ………………………（36）
　　二　两种应该和两种正义 ………………………………………（40）
　　三　马克思对两种正义之辩证统一的努力 ……………………（46）
　第二节　新框架的日常语言分析 …………………………………（51）

一　"一个正义的人" ······································· (52)
　　二　"正义得到了伸张" ··································· (58)
　　三　"一个正义的社会" ··································· (62)
　本章小结 ····················································· (65)

## 第三章　等级的正义（上） ································· (67)
　第一节　自然等级 ············································ (69)
　　一　种族 ··················································· (69)
　　二　血统 ··················································· (72)
　　三　性别 ··················································· (73)
　　四　外貌 ··················································· (77)
　　五　其他自然禀赋 ········································· (78)
　第二节　社会等级 ············································ (80)
　　一　官职（前现代的政治权力，即绝对权力） ········· (81)
　　二　财富 ··················································· (89)
　　三　知识 ··················································· (97)

## 第四章　等级的正义（下） ································· (100)
　第一节　等级正义的合理性 ································· (100)
　　一　作为一种生存策略的等级顺服 ······················ (100)
　　二　对秩序第一的天然追求 ······························ (103)
　　三　效率优先 ·············································· (106)
　第二节　等级正义的缺陷 ···································· (111)
　　一　歧视和羞辱 ··········································· (112)
　　二　贫富悬殊 ·············································· (115)
　　三　剥削、压迫和阶级斗争 ······························ (123)
　　四　不恰当地强调责任与选择 ··························· (130)
　"等级的正义"（上下两章）小结 ··························· (132)

## 第五章　非等级的正义 ……………………………………… (136)

### 第一节　非等级正义的价值与困境 …………………………… (137)
一　非等级正义为何值得追求 ……………………………… (137)
二　非等级正义的辩证法 …………………………………… (142)
三　非等级正义如何可能 …………………………………… (148)

### 第二节　"消灭私有制"：对马克思一个命题的分析 ………… (152)
一　私有制和公有制 ………………………………………… (152)
二　私有制为什么应该被消灭 ……………………………… (156)
三　公有制的现实性 ………………………………………… (163)

## 第六章　基于新分析框架对西方代表性政治哲学家正义思想的分析 ………………………………………… (168)

### 第一节　古希腊及希腊化时期的正义思想 …………………… (168)
一　柏拉图 …………………………………………………… (169)
二　亚里士多德 ……………………………………………… (171)
三　斯多葛学派与西塞罗 …………………………………… (175)

### 第二节　启蒙时期正义思想 …………………………………… (178)
一　洛克 ……………………………………………………… (178)
二　休谟 ……………………………………………………… (183)
三　卢梭 ……………………………………………………… (185)

### 第三节　康德与黑格尔的正义思想 …………………………… (189)
一　康德 ……………………………………………………… (189)
二　黑格尔 …………………………………………………… (193)

### 第四节　欧美现当代正义思想 ………………………………… (195)
一　罗尔斯 …………………………………………………… (195)
二　诺齐克 …………………………………………………… (207)
三　德沃金 …………………………………………………… (225)
四　阿玛蒂亚·森 …………………………………………… (230)
五　社群主义 ………………………………………………… (233)
六　分析马克思主义 ………………………………………… (242)

七　左翼自由至上主义 …………………………………… (246)
八　优先主义 …………………………………………… (249)
九　充足主义 …………………………………………… (252)

**参考文献** ……………………………………………………… (255)

# 第一章

# 对正义思想的几种分类

本书的目标是提出一个新的正义分析框架，并展示它的工作效能，当然也包括揭示它的局限性。本书深知，分析不只有分类，但分类是最基本的分析。对事物分门别类，并按照不同标准尽可能建立多种分类，让事物在不同分类中逐一呈现其多样性的侧影，再将各种侧影拼接综合起来，事物的全貌就可以指望日渐清晰地得以呈露。

## 第一节 一个辩难：正义和关于正义的思想

自柏拉图《理想国》以来，特别是20世纪罗尔斯《正义论》问世以来，关于正义的文献可谓汗牛充栋，浩如烟海。但究竟什么是正义？当我们谈论正义时，我们究竟在谈论什么？诸如此类的基础性问题，当然不能说没有答案，但要么答案纷繁杂多，并往往互相抵牾扞格，令人莫衷一是，要么反而在紧要处语焉不详，闪烁其词——比如，著名的《正义论》说"正义是社会制度的首要德性"[1]，却始终没有对正义给出一个描述性的定义。无论对"正义的两个原则"讨论得如何深入而充分，都不能以此代替一个描述性的正义定义，本书认为，对此感到不满是合乎情理的。

因此，对正义给出更加明晰的分析，可能的话并将所有正义相关问题放在一个简明而统一的框架之中，让它们得到更加仔细的比较和审视，

---

[1] [美]约翰·罗尔斯：《正义论》，何怀宏等译，中国社会科学出版社2009年版，第3页。

迄今就仍然是必要的工作，而这正是本书的目标。

不过，当我们决心首先分析正义时，一个并非无关紧要和不言自明的问题是：我们究竟是将分析正义本身，还是只能分析关于正义的思想？

如果本来想要分析正义本身（这是理所当然的），那个关乎个人德性和社会规则，并与公正、平等、自由等语词密切关联在一起的东西，首先考虑的应是从何处入手。分析正义的词源是一个可能的路径，但所得不会太多。无论哪一种语言，也无论哪一个词汇，词源分析对澄清问题的帮助都是有限的。比如英文的"正义"（justice）一词，据说源于古希腊文"orthos"，意为"置于直线上的东西"，后来引申为真实、公平和正义——但这个词源分析只是指出了已知的义项，并没有带来额外启发。要素分析则通常是一种有用的方法，从此入手，首先要考虑正义有哪些要素，也就是哪些东西对正义格外紧要和关键，而非泛泛的正义主体和客体。也许是平等和公正，或矫正与分配。但稍加慎思就能发现，平等和公正这些语词并不比正义更具始源性，这些语词的意义仍然可以进一步追问；而且更重要的是，这些语词和正义一样并非独立自存地拥有某种亘古不变的普遍含义，它们和正义的意义都依赖于不同时代的人们的不同理解。

一般来说，正义可以体现为两种样态：第一，一种信念或观念，或者成体系的学说，或者进一步落实为社会制度，总之是一种有价值倾向和历史印痕的精神样态，其可分析的东西，归根到底只是我们的思想。在这种意义上，一方面，离开思想即语言这一中介就无法把握正义本身，如同不能把握其他任何东西一样；另一方面，离开不同时代人们关于正义的思想，独立自存的正义本身并不存在。即使是分配正义、教育正义或环境正义这类关于社会生活某具体领域或具体事务的情景性正义，本质上也只能是关于分配、教育或环境的正义思想，无论这个思想是前人的或今人的、别人的或自己的。这意味着，当分析正义时，只能是分析关于正义的思想。

第二，在严格意义上，正义和关于正义的思想是不同的。正义不仅可以是思想，也可以是实体性的，可以指向一些行动和事件，这些行动和事件无论如何不能归结为或等同于精神形态的东西。人们无须仰仗不同时代的经典作家关于正义的思想，也能指证这些行动和事件的正义性，甚至即使离开狭义的语言本身，这种意义上的正义仍可存在。因此，当分析正义时，也完全可以是决心分析一些行动和事件，讨论它们在何种意义上是正义的或非正义的，并且希冀引导未来的行动和事件的发生。事实上这正是本书的核心关切，因为本书的旨趣并不在于正义的思想史，而在于正义本身。尽管一方面，我们的分析仍然离不开不同时代经典作家之正义思想的引领和范导，另一方面，我们对行动和事件的正义分析，归根结底仍然只能表现为某种思想。

这很容易使人想起两个著名的命题。一是黑格尔的"哲学就是哲学史"，照此命题，离开哲学有史以来全部哲学家的思想，则别无哲学可言。同理，离开有文字以来所有著作家关于正义的思想，则别无正义可言。但二者确实存在着很大的强弱意义的区别：作为一门学科，或一种成体系的学问，离开全部哲学家的思想则别无哲学可言，这个命题即使并非没有遭遇异见，至少能够勉强被人接受，因为民间那些零散的、未形成文字但和哲学相关的意见很难被称为哲学；但正义和学科无关，即使离开所有文字承载的正义思想，如上所述，作为一种道德信念，正义仍可存在于人们心中，并用以范导行为。原始部落没有文字，未闻《论语》或《理想国》，但并不缺少正义观和正义感。二是柯林武德的"一切历史都是思想史"①，这个命题不是为了否定客观历史本身的存在，而是为了强调主观立场无孔不入的影响：历史虽然在逻辑上必定是真切的和在先的，但离开人的主观思想则无法呈现，因此所有人们能够知晓的历史都不可能是完全真切的，一定已经受到了思想的某种修饰或歪曲。正义也是如此：任何行动和事件的正义与否最终都只能承载于思想之中，都倚靠着思想的评价，离开正义思想，行动和事件的正义向度也就不复存在了。在这个意义上我们可以说，一切正义都是思想史。但正义的情形又和历史非常不同：历史本身是客观自在的，无须仰仗评价即可存在。过去的人和事即是历史，没有人可以否定过去的人和事真实存在；而正义却始终只是一种价值决断，正义的人和事与对正义的评价同时产生，离开正义思想就根本没有什么正义的行动或事件。正义并不是像历史那

---

① [英] 罗宾·柯林武德：《历史的观念》，何兆武等译，北京大学出版社 2010 年版，第 212 页。

样客观自在的，正义就是并只是思想。

问题在这里似乎陷入某种解释学的迷雾之中，思想主体和思想客体互相转换渗透，永远缠杂不清。幸好解释学不是本书的主题，相关讨论就此搁置不提。我们只需要提醒自己，上述的思考意味着，当分析正义时，我们即同时承诺了如下事项。

其一，分析正义的思想史。过去的人们对正义的所有思考、所采取过的所有与正义相关的行动、一切发生过的与正义相关的事件、各民族文明所建立过的社会分配制度等，最终都体现在正义的思想史之中。对正义的描述性认知或价值性判断，归根结底都源于前人的教导即思想史，即使那些目不识丁的人也不例外。正义思想史是漫长的源流，对正义的任何分析都只是它的余波。离开亚里士多德或者休谟，或者基督教教义和汉谟拉比的立法，或者马克思和罗尔斯，我们根本连正义是什么都不会知道，连正义这个词都不会知道，何谈提出对正义分析的新框架？而且所谓新框架其实不可能是那么新的，必定早就在思想史上若隐若现，或沉或浮，至多只不过未被明确地揭橥而已。

其二，分析正义本身，即与正义相关的行动和事件，不用说，特别是它们的当下呈现，又特别是它们之间的紧张和冲突，比如权利和善好之间、效率和公正之间、私有制和公有制之间的紧张和冲突。每个人都生活在一个特定的时代和空间，对正义的思考固然不可避免地要受到正义思想史的形塑，也同样不可避免要受到现实生活的形塑，必然会在生活实践中运用思想史提供的材料与智慧，逐渐形成自己有个性的、有时代特征的正义思考，比如本书提出的新的正义分析框架。这样一来，历史和当下、普遍和特殊、正义思想和正义本身，就越来越融为一体难以分别，而且也无须纠结于解释学的那种分别了。

因此，本书第一章将分析正义的思想，当然只是基本的和简短的，扼要考察对正义思想的几种分类，借以展示和评价正义思想史上几种标志性的思想成就，目的是推出本书第二章，即一个新的正义分析框架。第一章的这种展示和评价与历史编撰学的要求无关，即并非力求全面的方式，而是一种本书认为合理的有选择的方式。本章虽然将涉及一些正义的思想史材料，但主要任务却并非梳理思想史——这个任务将安排到本书最后一章，以供有需要的读者查阅——只是展示几种对正义思想的分类，并对所展示的正义思想和分类本身给出简短的评价，以呼应第二章。

对正义思想分类的第一章之所以是重要的和有必要的，乃是因为，有了第一章，就可以说第二章提出的新的正义分析框架确实是其来有自的，尽管实际上并不是那么新，但和一些习见的正义分析相比确实具有一些难以替代的优势，能够映现正义的一些容易被遮蔽的方面，因而有其独特的价值。因此从第二章开始一直到本书结束，主题就始终只是这个新的正义分析框架，或者也可以说从第一章开始，包括最后一章对代表性作家正义思想的梳理，本书的主题始终都是这个新框架：它是怎样的及如何工作的，它的价值和局限何在，等等。

## 第二节　按历史时期分类

按历史时期分类是一种常见而且有效的分类方法，几乎适用于所有传承久远的知识和价值体系，并不限于对正义思想的分类。按照历史的顺序，标举每个历史时期最重要的思想成就，并指出它们之间的传承关系，能够对认识对象达成迅捷和宏观的了解，并获得一种连续不断的思想史演进印象。必须说明的是，由于作为政治哲学主题的正义话语源自西方思想传统，就像自由、民主、平等这些话语也都来自西方思想传统一样，本书的"按历史时期分类"就很自然地只能呈现出西方历史不同时期的正义思想，并且相应地，其余几种分类所呈现的正义思想也主要来自西方。确实可以说，中国历史的不同时期也有各具特色的正义思想，不过，中国文化的相关思想和西方正义思想在核心关切和运思方法等方面相当不同，强行比较既无必要亦很困难，更不可能以对中国文化相关思想的分析替代分析西方正义思想。我们渴望并且理当建构政治哲学的中国话语，甚至也可以说，本书竭力论证的新的正义分析框架本来就是建构政治哲学中国话语的一种努力，但对正义思想的历史分析和其他分析暂时仍然只能以西方思想史为基本对象，这是一个坚定的事实。我们有理由对这种状况感到不满，但真正的"中国学术的自我主张"（吴晓明老师提出的一个有感染力的表述），也许必须出离正义、自由这些西方舶来的话语本身（而不是依附于它们）才有可能。

## 一 古希腊正义思想

古希腊成为西方思想史的源头不只因为它处在西方成文史的最早期，还因为它贡献了重要的作家和经典著作，如柏拉图和他的《理想国》，亚里士多德和他的《尼各马可伦理学》，等等。就论证的精致和细微而言，柏拉图或亚里士多德诚然不能和两千多年之后的专门学问家相比，特别是不能和分析哲学家们相比，但作为思想的源头，柏拉图和亚里士多德对正义思想范式的开创之功，使他们在论证细节上的某些粗陋之处显得完全微不足道了。

正义在古希腊既被看作个人美德，也被视为城邦治理的应有之义，这种评价模式垂范后世，至今通用，并和中国儒家思想不谋而合——柏拉图把正义和社会分工及和谐直接联系起来，认为只要城邦的各个阶层即统治者、护卫者和劳动者各负其责，各司其职，统治者励精图治廉洁奉公，护卫者英勇善战忠贞不贰，劳动者勤奋朴实任劳任怨，必定造就一个正义的社会，在国家里面做各自的事而不互相干扰的时候，便是有了正义，从而也就使一个国家成为正义的国家了[①]，这非常契合儒家的正名思想和修齐治平的社会理想："君君臣臣，父父子子"就是强调各司其职、各负其责、各安其分，修齐治平就是一种从个人美德通往社会和谐的治理规划。值得指出的是，尽管古希腊和古代中国同样推崇个人美德，但个体的价值却是阙如的，个人美德的重要性仅在于其对家国天下或城邦的贡献。这种对个体价值的轻忽是早期文明的通例。

亚里士多德对正义思想的原初性阐发，体现在对正义的思考范式、进路和方法的开辟等多个方面，为免重复，这些内容将在第三节"按所涉领域分类"略作述评，此处从略。

## 二 希腊化时期直到中世纪的正义思想

在马其顿统治以后的希腊化时期，由于各国战乱不断，导致社会动荡不安，哲学家的精力转而开始探讨伦理学和人生哲学。这个时代的哲学主流有伊壁鸠鲁学派、斯多葛学派、犬儒学派和新柏拉图学派等。如

---

[①] [古希腊]柏拉图：《理想国》，郭斌和、张竹明译，商务印书馆1986年版，第134页。

果必须指出这段漫长的时间正义思想得到了哪些发展,那么最首要的,也许可以提到平等这个关键词的不断凸显:对斯多葛学派而言,是每个人在顺从天命和"退居内在城堡"方面的平等,以及在逻各斯面前的人人平等:"既然自然赋予人以法律,那它也就赋予人以权利。理性是赋予所有人的。就是说,权利也被赋予所有的人。"① 对奥古斯丁和阿奎那等神父哲学家而言,则是上帝面前的人人平等。人的性别、禀赋等的差异是上帝安排,是不平等的,但精神上"所有的人在天地间都是平等的"②。这种平等观念尽管稍嫌脱离现实,但其影响源远流长,中世纪基督教"上帝面前人人平等"的口号,直到启蒙运动呼唤的天赋人权,背后无不有着斯多葛学派和神父哲学平等思想的潜流。

### 三 启蒙及其后期的正义思想

启蒙初期及其后两百多年的正义思想奠定了资本主义现代文明的基础,自由、平等成为正义麾下最震撼人心的语词。经过启蒙思想的洗礼,人人都有追求幸福的权利、人人在法律与财富面前平等的思想深入人心,为资本主义社会大发展提供了坚实的思想基础。洛克的劳动创造论宣称:我是自己的主人,我的劳动是我理性能力的延伸,当我把劳动施加于大地上的无主之物,就可以宣称该物是我的财产。这种对财富的创造和占有是每个人与生俱来、不可剥夺的自然权利,保护还是侵害这一权利是正义与否的分水岭。"没有财产权,就无所谓非正义,这个命题和欧几里得的任何解证都是一样确定的。这是因为所谓财产的观念乃是指人对于某种事物的权利而言的,所谓不正义的观念乃是指侵犯或破坏那种权利而言的。这些观念既然这样确立了,而且各有了各的名称,因此,显然我们就可以确知这个命题是真实的。"③ 洛克的正义思想堪称资本主义的宣言书。

---

① [古罗马]马尔库斯·图利乌斯·西塞罗:《精神的超越》,吉林大学出版社2004年版,第223页。
② [意]托马斯·阿奎那:《阿奎那政治著作选》,马清槐译,商务印书馆1982年版,第147页。
③ [英]约翰·洛克:《人类理解论》(下),关文运译,商务印书馆1983年版,第540—541页。

休谟追随洛克辩护私有财产，认为正义是且仅是这样的一套规则系统，它的全部目的在于保护每个人神圣不可侵犯的财产权利。"如果没有正义，社会必然立即解体，而每一个人必然会陷于野蛮和孤立的状态，那种状态比起我们所能设想的社会中最坏的情况来，要坏过万倍。"① 休谟宣称没有财产权的地方就绝无正义可言，由此提出了著名的财产权正义三原则，即财产的稳定占有、经过同意的财产转让、互相遵守对财产权的承诺。休谟的财产权正义理论对后世影响深远。

与此同时，休谟的"正义环境说"也令人印象深刻。"正义环境说"是为了回答我们为什么需要正义这个问题：一是供应的匮乏，二是人性的自私，二者缺一不可。休谟自己是这样表达的："正义只是起源于人的自私和有限的慷慨，以及自然为满足人类需要所准备的稀少的供应。"② 就供应匮乏而言，休谟说的是"稀少的供应"，即与人的需求相比确乎不足，但也不是绝对匮乏，否则正义就无从谈起。就人性而言，人虽然自私，却毕竟仍有"有限的慷慨"，如果只是纯粹的自私，正义也将无处藏身。这个思想睿智而且坦诚，马克思后来设想共产主义，一个超越财产权正义的美好社会，首要的就是取消正义的环境：共产主义之所以值得向往，因为供应绝对丰足，人性绝对慷慨，匮乏和自私一起隐退，财产权正义所依赖的恶劣环境彻底消失，人类由此迎来了一种崭新的文明，即"社会的人类或人类社会"，③ 或者说，一种"各尽所能，按需分配"的"自由人的联合体"。

与洛克和休谟不同，卢梭更强调基于社会契约的公意，认为理性或自然权利皆是虚妄，只有公意才是正义。"要寻找出一种结合的形式，使它能以全部共同的力量来卫护和保障每个结合者的人身和财富，并且由于这一结合而使得每一个与全体相连合的个人又只不过是在服从其本人，并且仍然像以往一样地自由。"④ 这种思想进路逻辑上通往对个人权利的压制，最终可能伤害他自己一贯珍视的个人自由。因此，与其说卢梭的

---

① ［英］大卫·休谟：《人性论·下册》，关文运译，商务印书馆1980年版，第538页。
② ［英］大卫·休谟：《人性论·下册》，关文运译，商务印书馆1980年版，第536页。
③ 《马克思恩格斯文集》第1卷，人民出版社2009年版，第502页："旧唯物主义的立脚点是市民社会，新唯物主义的立脚点则是人类社会或社会的人类。"
④ ［法］让-雅克·卢梭：《社会契约论》，何兆武译，商务印书馆2003年版，第19页。

正义思想是自由主义的,毋宁说是共和主义的,他对私有制的批判和对劳动的讴歌等直接且极大地影响了马克思。

德国古典哲学提供了一种与众不同的正义思想:内容上,把自由看作正义的主题和人类进步的终极目的,凡妨碍自由进展的即非正义的;形式上,追求一种与感性无涉的逻辑推演,闭口不谈社会政治,颇有"为天地立心"的高远旨趣,一心一意要为自由和正义奠定形而上学的存在根基。康德认为正义是"根据一条普遍的自由法则,正义是由整个的条件集合而成,在这些条件集合之下,任何一个人的自愿的行为可以与在现实中任何其他的人的自愿的行为相协调一致"[1]。并且,"每一个人的行为在其自身或者在这样一个原理中,通过这个原理,它能够与每一个人的以及所有人的意志自由相并存"[2]。黑格尔则说只有国家才能实现具体的自由,"现代国家的原则具有这样一种惊人的力量和深度,即它使主观性的原则完美起来,成为独立的个人特殊性的极端,而同时又使它回复到实体性的统一,于是在主观性的原则本身中保存着这个统一"[3]。与洛克和卢梭慷慨激昂的著述相比,康德和黑格尔的著作确实显得异乎寻常的冷静和晦涩。这当然只是一种修辞和逻辑的假象,康德论证感性占有之上的"理知的占有",[4] 黑格尔宣称财产是"自由意志的定在"[5],这种思想基调与洛克和卢梭一脉相承,所辩护的依然是原子个人和市民社会,亦即资本主义文明的合理性。马克思因此把他们的著作称作"法国革命的德国理论",[6] 可谓一语中的,切中肯綮。但他们著作中所展现的

---

[1] Kant, *The Philosophy of Law: An Exposition of the Fundamental Principles of Jurisprudence as the Science of Right*, Trans by W. Hastie, Edinburgh: Clark, 1887, p. 36.

[2] Kant, *The Philosophy of Law: An Exposition of the Fundamental Principles of Jurisprudence as the Science of Right*, Trans by W. Hastie, Edinburgh: Clark, 1887, p. 37.

[3] [德] 黑格尔:《法哲学原理》,范扬、张企泰译,商务印书馆1961年版,第260页。

[4] 康德区分了感性的占有和理知的占有(即法律意义上的占有),参见康德《法的形而上学原理》(沈叔平译,商务印书馆1991年版)53—54页等处。

[5] 黑格尔:《法哲学原理》,范扬等译,商务印书馆1961年版,第57页:"财产所以合乎理性不在于满足需要,而在于扬弃人格的纯粹主观性。人唯有在财产中才是作为理性而存在的。"

[6] 马克思在《法的历史学派的哲学宣言》一文中指出,应该"公正地把康德的哲学看成是法国革命的德国理论"。《马克思恩格斯全集》第1卷,人民出版社2009年版,第100—101页。

那种逻辑的美丽、智慧的优越、人性的光辉,远远超越了一般意义上的启蒙思想贡献,成为人类理性深邃的标志之作。

黑格尔之后马克思对正义的思考,将在一个专门的类别(本章第四节"按不同学派分类")中给予展示。

### 四 现当代欧美正义思想

这里仅扼要讨论罗尔斯《正义论》的平等正义观,以及因此被激发出来的诺齐克的自由至上主义。这两种现当代最具代表性的正义思想横空出世,与两个重要的历史事实直接相关:一是马克思主义及其大规模社会实践所造成的百年震荡,二是自由主义内部反复激荡的左右分野。这两个背景实际上相互重叠关联。就前者而言,二战前后成长起来的学人,其思想图景中势必隐含马克思主义的身影。不论反对或赞同,马克思的影响无可逃避,在在可寻,罗尔斯如此,诺齐克也不例外。可以说,20世纪所有重要的政治哲学家及一切广义上的政治和经济学家,无论海德格尔还是哈耶克、凯恩斯还是阿伦特,都是在和马克思主义的激烈碰撞中成长起来的。马克思身后一个不容回避的问题是:私有制和贫富分化是否正义,对此任何政治哲学都必须给出自己的答案。罗尔斯的差别原则表明他反对贫富分化,赞成照看穷人,这是他和马克思呼应的一面,但他对私有制的态度则是暧昧的,认为所有制是一个与正义缺乏必然关联的变量,公有制和私有制都可以是正义或不正义的,这个立场是他和马克思截然不同之处。不能说罗尔斯是一个马克思主义者,但他对马克思主义抱有很强的同情则是无须怀疑的。

诺齐克代表了对马克思强烈反对的另一极。他的逻辑可以归结为:凡与自由相左的都是不正义的,而自由内在地要求保护私有财产,因此取消私有制和贫富差别是不正义的。不能说诺齐克喜欢私有制和贫富差别,他只是喜欢自由,认为自由是每个人不可剥夺的权利,也就是自由至上主义:"只有个别的人存在,只有各各不同的有他们自己的个人生命的个人存在。"① 私有制和贫富差别虽然并不太好,但无论如何总比其他

---

① [美]罗伯特·诺齐克:《无政府、国家与乌托邦》,何怀宏等译,中国社会科学出版社1991年版,第155—156页。

任何理性主义的政府干预更好,更能促进社会福利的最大化,因为自发秩序总是最好的。在这个自然形成的自发秩序中发生的事件无法用正义与否来评判:"人们在市场中获得的份额乃是一个过程的结果,而这个过程的结果对于特定人的影响则是任何人在这种制度最初出现的时候所无法欲求或无力预见的……对这样一个过程提出正义的要求,显然是荒谬的。"① 自发秩序这个源自哈耶克的思想,是二战之后对凯恩斯主义的一种典型的反弹。哈耶克认为更好的做法是"把既定的地位当作偶然因素造成的结果接受下来,并且从现在开始否弃任何旨在为特定的个人或群体谋取利益的措施"②。诺齐克和哈耶克对自由的高度敏感不仅与马克思主义的理论与实践相关,也与前述的第二个历史事实即自由主义内部的左右分野相关。每个自由的人以自己的方式追求自己的幸福生活,这就形成了哈耶克所说的自发秩序,它的另一面就是守夜人式的最小政府。本来,自亚当·斯密以降,这个思想一直是自由主义的金科玉律,但它后来受到了马克思主义的影响,某种程度上被动摇了,标志就是凯恩斯主义的兴起。二战前后兴起的凯恩斯主义表面上仅与经济危机和战争创伤之后的经济复苏相关,凯恩斯本人及其支持者都不是自觉的马克思主义者,但马克思主义隐藏在他们的大脑深处,《共产党宣言》对未来社会的设计,作为社会改革的一个强劲选项,没有可能不以某种进路映射他们的思想。实际上20世纪的任何一种主义都不可能不受到马克思主义的影响,不论这种影响是正面的或负面的、积极的或消极的、强的或弱的。没有马克思的社会主义就不会有凯恩斯主义,凯恩斯主义某种意义上可以看作缩小版的社会主义,它最核心的思想就是反对无节制的个人自由,以及无节制的市场资本主义,主张政府对经济和社会生活的积极作用。这当然就是马克思主义,尽管不是马克思主义的全部。无疑,凯恩斯主义在短期内的经济提振效果是显著的,但对传统自由主义而言,凯恩斯主义大逆不道,隐伏着颠覆自由主义的危机,因此受到了后起的自由主

---

① [英]弗里德里希·奥古斯特·冯·哈耶克:《致命的自负——社会主义的谬误》,冯克利、胡晋华等译,中国社会科学出版社2000年版,第83—84页。

② [英]弗里德里希·奥古斯特·冯·哈耶克:《法律、立法与自由》(第2、3卷),邓正来等译,中国大百科全书出版社2000年版,第222页。

义思想者如哈耶克、伯林和波普尔等人的激烈批评，一种回归古典自由主义的思想浪潮日益高涨。凯恩斯主义声称供给更好的福利、更多的就业，从而要求更强大的政府，势必导致对个人自由的削弱，"每项干预行为都会创生一项特权，因为这种干预行为乃是以牺牲其他人的利益的方式而确使某些人获得利益的"[1]。通向社会主义的大门由此悄然开启——哈耶克称之为"通往奴役之路"：凡张扬集体主义和压制个人自由之处，必然滋长对人的奴役。哈耶克对凯恩斯主义的高度警惕，主要是受到了苏联斯大林主义的激发。实际上，作为诺齐克的先驱，哈耶克和伯林的系列著述，以及他们同时代著名的政治寓言《1984》和《动物农场》等，都是基于对斯大林主义的批判反思，警示西方资本主义世界捍卫自由价值的。由此，自由主义推进到了凯恩斯主义之后的新自由主义时代。

罗尔斯和诺齐克生活于其中的新自由主义时代，马克思主义的基本理念，比如对剥削的抨击、对平等的呼唤，等等，都已经不可磨灭地嵌进了人类文明的肌体之中，资本主义无论如何也不能假装视而不见、置身事外了。因此，就资本主义而言，一方面，它继续统治世界，掌控着现代文明几乎所有的主流话语，创造着财富和社会撕裂的奇迹，但另一方面，它也已经不是从前的资本主义了，它在马克思主义的压迫之下极大地修缮了它自己，从自由资本主义变成了福利资本主义。福利资本主义实际上就是部分移植了社会主义基因、极大吸收了马克思主义养分的资本主义。新自由主义时代是一个资本主义和社会主义互相碰撞交融的时代，对正义的主张不可能不受到这种碰撞交融的时代影响，并在自由与平等之间表现出某种显著的偏好，这种偏好现象在洛克和休谟时代并不存在。同情社会主义的，如罗尔斯，就会对基于平等的正义有更多偏好；反感和警惕社会主义的，如诺齐克，就会对基于自由的正义有更多偏好。一般认为，诺齐克偏好自由，其立论基础是人的自然权利：人是自由的，他运用这种自由合法地创造财富，这种财富就无论以何种名义都不受剥夺，因此任何所谓分配正义本身就是不正义的。但罗尔斯偏好平等同样也是基于人的自然权利。人人生而平等，不因智愚美丑而有分

---

[1] [英] 弗里德里希·奥古斯特·冯·哈耶克：《法律、立法与自由》（第2、3卷），邓正来等译，中国大百科全书出版社2000年版，第220页。

别，因为智愚美丑是偶然获得的，并不为人所应得，所以应当确立某种分配正义调节贫富，照顾社会竞争中最不利的分子。也许只能说，诺齐克的自由偏好依据的是洛克式权利和哈耶克的自发秩序，而罗尔斯的平等偏好依据的是卢梭式权利和康德的义务论。当然，这种偏好都在资本主义限度之内，偏好分歧并不影响罗尔斯和诺齐克都同时坚守自由主义的基本原则。

同一时期应该关注的还有社群主义正义思想和分析的马克思主义正义思想等，为免重复，对它们的简短讨论都安排在本章最后的"按不同学派分类"部分进行。

## 第三节　按所涉领域分类

本节的讨论主要基于亚里士多德对正义思想的卓越贡献，亦可算是对上节中古希腊正义思想讨论过于简短的补足。亚里士多德对正义的基本看法是："公正是一种适度……一个人要是在自己和他人之间进行分配时不使自己得的过多，使别人得的过少，或不使自己受损害过小，使别人受损害过大，而是达到比例的平等；要是在两个其他人的分配上也是这样做，他表现出的品质也就是公正。"[①] 亚里士多德不仅开创了思考正义问题的基本范式，即人们熟知的一般正义和特殊正义，而且确立了关于正义的两个重要原则，即分配正义的比例平等和矫正正义的数量平等。亚里士多德所谓一般正义即泛泛意义上的正义，当时的语境即守法。凡守法的即是正义的，正义与法律有密切联系，"既然违法的人是不正义的，守法的人是正义的，所有的合法行为就在某种意义上是正义的"[②]。应特别注意亚里士多德强调是"在某种意义上"，因为所有法律显然不可能都是正义的。但即使法为恶法，对其的遵守"在某种意义上"也是正义的，因为有所约束总是好过毫无约束。只是，法律所代表的正义必定

---

① ［古希腊］亚里士多德：《尼各马可伦理学》，廖申白译，商务印书馆2003年版，第146页。

② ［古希腊］亚里士多德：《尼各马可伦理学》，廖申白译，商务印书馆2003年版，第129页。

是立法技艺的产物，因此必定是可以质疑的，只能是"在某种意义上"的正义，即总是有缺陷的。

重要的是特殊正义，即一般正义在具体领域的落实，其实毋宁称作情景正义。亚里士多德区分了分配正义、交换正义、矫正正义、回报正义和政治正义等多种情景正义，其中具有深远影响的是他对分配正义和矫正正义的讨论。

### 一 分配正义

分配正义是"表现于荣誉、钱物或其他可析分的共同财富的分配上（这些东西一个人可能分到同等的或不同等的一份）的公正"①，其实质是一种立法，即确立关于社会善品分配的基本规则。首先，社会善品包括物质财富、官职和地位、身份和荣誉、健康和爱情，一切人皆所欲的好东西，都是社会善品，牵涉分配问题。此处对健康和爱情/基因的可分配是在说，就健康而言，除了遗传基因，一个人能够享有多少医疗资源和营养物资，以及这些东西的质量优劣，当然都是分配的结果。实际上遗传基因也是间接可分配的，那就需要通过对爱情的分配。我们看到，就量而言，事实上的一夫多妻和鳏寡孤独从未真正消失过；就质而言，不同的人所能实际获取的爱情优劣往往也有天壤之别。这里所谓分配当然不是说就像幼儿园分发糖果那样有着明确可辨别的分配者，每个人能够得到的爱情与婚姻实际上是一种无形的综合力量操控的结果，这种力量很大程度上即来自特定社会的分配规则，也即罗尔斯认为正义原则必须首要考量的"社会基本结构"。

其次，如果社会契约论所预设的自然状态是真的，分配也就不再必要。每个人自由地创造和寻求自己的善品，只要不妨碍别人也像他一样自由地创造和寻求善品，就不应该存在分配问题，每个人都按照他所能获得并实际上已经获得的自然结果那样生活，就像"击壤歌"所描述的那样。但这种自然状态并不存在，它在逻辑上拒绝分工和交换，也就拒绝了文明和进步，并且也缺失对于抢劫和杀戮等暴力行为的处理机制和

---

① [古希腊] 亚里士多德：《尼各马可伦理学》，廖申白译，商务印书馆2003年版，第134页。

能力，尽管这种行为无处不有。它甚至也很难处理爱情和种族繁衍问题，爱情不可能自给自足，如果没有一种整体的社会交换机制，则爱情将成为不可能。因此，就像诺齐克雄辩的论证所表明的那样，人们自然而然地就会建立一个最低限度的国家而不是生活在所谓自然状态，因为即使再坏的国家也比没有国家更好。从来和永远都不存在真正的自然状态，而国家（即使最低限度的）本身就意味着一种对全部社会善品的分配机制，否则那些由"收保护费的人"华丽转身而成为"国家管理者"的人就无法养活自己，也就不再有理由投身于绝无回报的国家管理工作。

接下来是亚里士多德分配正义最核心的思想：如何分配社会善品。亚里士多德承认正义就是平等，但平等有两种，一是比例平等，二是数量平等，分配正义仅适合比例平等的原则。社会善品的分配必须依据每个人的德性、才干及为社会所做出的实际贡献决定，以此最大限度地促进社会善品总量的增长和质量的提高。这纯然是一种功利主义的思路，但可能是唯一能够在持续性的社会实践中促进社会发展的思想设计。对功利主义的批判在理论和逻辑上的成功并不困难，但实践起来往往容易走向自己的反面。总之，根据亚里士多德的意见，社会善品的分配不可能是数量平等的，一个助教不能希望和一个教授得到同样多，一个雇佣工人不能希望和雇用他的资本家得到同样多。这些原则就是俗语说的"人比人，气死人"是现实合理的，即使具体应用千差万别。它的现实性和合理性就在于人际差别，不论这种差别是先天或后天形成的。亚里士多德甚至写道："如果一个官员打了人，就不该反过来打他。而如果一个人打了一个官员，就不仅该反过来打他，而且该惩罚他。"[①] 分配正义的这种情形虽然令人痛苦和反感，但事实却总是如此，而且在根本上也只能如此。

比例平等的要义是"对不同的人给予不同对待，对相同的人给予同等对待"。社会成员被区分为许多行业类别，如农业时代的士农工商四民，现代社会的商人、教师和官员等。行业内部又进一步区分为不同的职业，同样是士，有做官的士，也有教私塾或入幕的士，有大学教师，

---

① ［古希腊］亚里士多德：《尼各马可伦理学》，廖申白译，商务印书馆2003年版，第155页。

也有中小学教师。职业内部再进一步区分为不同的等级，有省长、县长和乡长，有教授、讲师和助教。这些不同行业、职业和等级之间的比例区别之大超乎想象，以致不同行业或职业的选择，对人一生荣辱贫富的影响几乎是决定性的，有些行业或职业从一开始就输了，而且输得很惨。比如，在传统农民意识占统治地位的官本位社会，教师的职业发展上限不仅远远比不上从政的职业发展上限，而且教师职业发展的高位在社会善品分配中所能占有的比重也往往比不上从政职业发展的中位或低位，这是由在他们各自努力之外的"比例"事先已经决定了的。一个教授和一个处长比较，在实际收入、社会支持、资源调动能力等多个方面，前者通常只能是卑微而绵薄的，尽管他已经身处教师职业发展的高位了。

因此，作为社会善品的分配规则，这种比例的平等确实常常让人感觉"不正义"——特别是那些在善品分配中所得比例甚低的人，他们感觉自己的劳动价值被事先规定得过低，以至于无论怎么辛劳，所得的份额仍然微不足道，就像农民在一亩土地上辛勤劳作一整年，栉风沐雨，最终所获也许还是买不到一部手机那样。这就是比例的巨大力量。

比例平等的规则体现为社会制度和国家法律，它的要义是规定权力和权利、责任和义务在社会各阶层之间如何分配，以及各阶层之间的准入和退出机制，等等。古往今来，一个社会成员是贫贱还是富贵，根本上就取决于特定社会有关比例平等的规则，而不是一个人对社会的实际贡献，因为后者常常是难以确切量度的，能够确定的是他处在哪个社会阶层，以及按规定他应该享受的分配比例。因此有两件事是重要的，一是社会各阶层之间的比例设定，二是社会各阶层之间的自由流动。如果不能指望第一件事总是合理的——事实上那是不可能的，那么第二件事就显得更加重要：一个对教师的分配比例感觉失望的人可以选择退出教师这个行业，如果从政或经商的大门始终对他敞开的话，似乎他的抱怨也就没有什么太多的合法性了。

约之：比例平等是最重要的平等，对比例的任何微调都可能引发一场革命。分配正义是最重要的正义，也可以说就是正义的全部，因为一切正义问题实际上都与广义的分配相关。《正义论》所关心的"公平的正义"很大程度上就是分配正义，即罗尔斯自己的界定："社会主要制度分配基本权利和义务，决定由社会合作产生的利益之划分的方式。"①

## 二 矫正正义

如果说分配正义所要求的比例平等，其给人印象最深刻的主张是对人的区别对待，即某种意义上的"礼不下庶人，刑不上大夫"，那么矫正正义的根本主张就是一视同仁：在同一事件或情景中所有相关者一律同等对待，即最符合人们对平等之日常理解的数量平等，"在私人交易中起矫正作用的公正"②。和数量平等相比，比例平等给人在直观上的感觉往往毫无平等可言，一个可能的解释是：分配正义是立法，它必须把人区分为三六九等的阶级或阶层，分别给予不同的报偿，不然一个社会就将失去真实而且必要的紧张感，从而丧失社会活力。因为阶级或阶层逻辑和事实上均先于立法而客观存在，即使立法不予承认它仍然存在，当然，阶级和阶层在立法区分上的准确性、比例设置上的合理性，这些可以是另外的问题，但如果立法无视阶级或阶层的客观性而强行建立一个数量平等的社会，那将是真正的不平等和社会的灾难。一个已经被确认的爱因斯坦却仍只享有普通教授的报偿，那样的社会是不可接受的，那将造成一种对现在和未来的所有爱因斯坦的禁止，就像传说中武大郎开店那种情形一样。但矫正正义是司法，即对分配正义遭到破坏之后的纠正，其宗旨仅仅是让受到损失的人得到补偿，和社会根本分配制度的设计无关，因此它应该关心的不是比例而是数量，即损失多少补偿多少，如果补偿超出了损失，那就和它所矫正的原来造成损失的行为一样破坏了正义，造成了新的损失。"不论是好人骗了坏人还是坏人骗了好人，其行为并无不同。法律只考虑行为所造成的伤害。它把双方看成平等的。它只问是否其中一方做了不公正的事，另一方受到了不公正的对待；是否一方做了伤害的行为，另一方受到了伤害。"③ 这种不公正就是对平等的损

---

① ［美］约翰·罗尔斯：《正义论》，何怀宏等译，中国社会科学出版社2009年版，第6页。
② ［古希腊］亚里士多德：《尼各马可伦理学》，廖申白译，商务印书馆2003年版，第134页。
③ ［古希腊］亚里士多德：《尼各马可伦理学》，廖申白译，商务印书馆2003年版，第137页。

害，法官的职责就是责令加害方对受害方进行赔偿，以使双方恢复到损害发生以前的平等的情况中。如果有人让爱因斯坦损失了 10 美元（包括精神损失等所有损失在内），他就应该恰好补偿爱因斯坦 10 美元。在这里，9 美元是不正义的，因为没有做到数量平等；基于同样的理由，11 美元也是不正义的。这就是亚里士多德反复强调的"适度"，既不过多，也不过少，即使受到损失的人是爱因斯坦也不能例外。

矫正正义面临的难题之一是数量的认定和补偿。一个受害者究竟遭到了多大损失，按不同的计算方法往往差异巨大。而且重要的不仅是受害者数量的正当认定，加害者的补偿能力也常常面临困难，很多时候，加害者无力完全补偿受害者，从而使正义不能得到完全的伸张。特别是，如果受害者失去的是生命，补偿的情形就更加复杂，远非"以血还血，以牙还牙"的同态复仇那么简单。最近一个令人悲伤的真实案例是这样的：26 岁的麻某强奸杀害了 23 岁的大四女生林某，由于侦查技术等原因，整整 28 年之后，麻某才于 2020 年 2 月落入法网。那么，"等待麻某的将是正义的审判"，最后麻某伏法，事情到此为止，这是可以预见的司法结果。但这真的是数量平等所要求的足额补偿吗？在这里，即使古老的杀人偿命原则得到了落实，也很难说正义得到了完全伸张。问题不只在于麻某的伏法，还在于他伏法的时间，在于由迟到的正义所产生的凶犯的额外收益和这种收益对社会善品的侵占，以及这种情形对受害人造成的额外不公，等等。本该在 28 年前杀人偿命的麻某却在此期间结婚成家，出国工作，赚钱发财，并育有一女正上大学，这就不免让人思考更多的问题：按照矫正正义的要求，从他侵犯林某尊严并且剥夺林某生命的那一刻起，麻某就已彻底失去了获得爱情、家庭和财富的权利，他本该立即去自首、伏法以补偿林某，但他刻意逃避了正义对他的惩罚，用欺骗的方法获得了他本不该获得的社会善品分配，因此他所拥有的爱情、家庭和财富，以及多出的 28 年生命本身，显然都是非法所得。只要我们去设想，当凶犯非法地获取他实际上已经获得的那些善品时，无辜的林某却早已失去了生命，而她才是本该正当地获取那些善品的人，本该享有大好的人生。在这样一种情形下，麻某仅以一身伏法真的足以补偿林某吗？无疑，我们确知实际的结果只能如此，但也由此确信正义与时间相关。实际上一切均与时间相关，没有明确的时间界定，再美好的愿景也只是谎言。迟到的正义即使仍是正义，也已是大打折扣的正义，无论如何达不到亚里士多德所要求的"既不太多，也不太少"那种标准了。

分配正义和矫正正义的区分是开创性的，在原则上，这两种正义已经覆盖了正义的全部内涵外延，不可能还有什么属于正义的东西从这个框架中逃逸出去。近年来兴起的教育正义、环境正义、国际正义、财产正义，乃至体育正义、代际或种际正义等情景正义的话题，都可以看作亚里士多德开创的两种正义原则在各个不同领域或情景中的具体运用。

## 第四节 按不同学派分类

对正义思考有原则分歧的学派很多，但中国普罗社会中最知名的主要是自由主义和马克思主义。在马克思主义的长期熏染之下，很多人把要求保持还是消灭资本主义私有制看作学派对立与否的根本标志，如果没有这种社会根本制度要求方面的对立，那它们就还是同一学派，它们之间的分歧就被看作只是同一学派的内部分歧，比如罗尔斯和诺齐克之间的分歧。按照这种标准，社群主义也仍是自由主义的一种，只不过是一种比较节制的自由主义，它仍然看重个人自由，只是要求把个人自由放置在共同体利益的基础之上。但社群主义从不主张任何形式的公有制度。当然，实际上社群主义在西方思想界被看作非常不同于自由主义的主张，一种有力量的思想，在最近几十年中受到了比马克思主义多得多的关注和讨论。

没有一种主义反对正义，分歧只在于它们各自认为的正义是什么，以及怎样才能实现它。但是，一种主义主观上想要追求的那种正义，和该主义付诸实践之后所实际上能够获得的东西，可能是非常不同的。马克思主义批判自由主义的形式正义，它把自己追求的正义目标确定为人类的真正解放，其志不可谓不高远。但在苏联的马克思主义实践中，我们看到的情况与人类解放相去甚远，有些甚至背道而驰。自由主义在这方面也不遑多让，它所允诺的自由平等在很多长期追随资本主义的地方依然不见踪影，随处可见的反倒是经济的依附与萧条、政治的腐败与动荡、社会的焦虑与撕裂。社群主义似乎暂时还没有制造出自我污损和自证其伪的例证，也许是因为社群主义一直未能付诸成规模的社会实践——如果不把那些极端而神秘的小型宗教团体行为看作社群主义实践的话。

在各种主义中，无政府主义也许是最令人同情和印象深刻的一种。至少在理论上，可以说无政府主义描画了一个真正值得向往的美好社会，几乎各方面都尽善尽美，无论是自由主义想要的个人自由，还是社群主义珍视的共同体精神，或者是马克思主义强调的没有阶级剥削和压迫，各种主义所主张的好东西，无政府主义那里应有尽有。但无政府主义在主流社会却始终无人喝彩，不仅是因为无政府主义完全缺失现实性，其鲜明个性也决定了它不会有任何思想上的盟友。自由主义也好，马克思主义也好，或其他各种各样的保守主义和激进主义也好，无一例外都厌恶并反对无政府主义，无政府主义要求对所有这些主义的根本抛弃和颠覆，大概是它曲高和寡的主要原因。保护私有财产是自由主义的重要目标，无政府主义却声称"财产权是一种偷窃"[1]。自由主义将政府定义为"必要的恶"，但容忍并要求政府的存在，而只要还存在着政府，真正足额的正义就仍然离我们很远。只有无政府主义一劳永逸地取消了政府，从此将人类置于永久的安逸和无边的自由之中。无政府主义认为所有现存的国家都具有不合法性，这是无政府主义思想中不可或缺的基本要素。[2] 这里存在着真正的两难或悖论：没有政府是不可能的，总有这样那样的政治领袖会起来建造一个政府和国家，而且没有政府也就没有正义，因为自私而丑恶的人性不可能在没有强制的情况下彼此和睦相处，那么我们就只能处于霍布斯所描述的那种悲惨的自然状态之下；但政府本身却并非人们所欲，它只是"必要的恶"，它的出现是基于恶的普遍性，而且它本身就是大恶，否则就对付不了它必须对付的那些普遍的恶。政府是由那些一切人反对一切人的人组成的，它越是标榜自己良善，越是极力掩藏它的收保护费者的本色，越是假装它关心的不是自己的利益，反倒是被它统治的人民的利益——一言以蔽之，越是虚伪，越是满口仁义

---

[1] ［澳］安德鲁·文森特：《现代政治意识形态》，袁久红译，江苏人民出版社2008年版，第168页。

[2] John Simmons, *Justification and Legitimacy: Essays on Rights and Obligations*, Cambridge University Press, 2001, p. 103.

道德，就越是恶。国家从本质上来看就是不合法的，"国家，任何一种国家，哪怕用最自由最民主的形式装饰起来，都必然是建立在控制、统治、暴力即专制的基础上的"①。在这种情况下，当人们把想要得到正义的希望寄托在政府身上，人们所能得到的就注定不可能是真正足额的正义，这种正义必然就和保护费的数目相关，即一种资本和权力结盟的正义，一半是交易，一半是胁迫。那么毫无悬念，既没有资本也没有权力的人要么就完全得不到正义，要么就得不到足额的正义。这种情形不免令人格外感怀无政府主义，可惜理想范型的无政府主义虚无缥缈，而类似丹麦克里斯蒂安尼亚自由城那种变形的无政府主义样板房，看来也不是无政府主义的应许之地。马克思主义曾经遭遇过无政府主义的猛烈批判，但马克思主义是否在某种意义上也可以解读成一种无政府主义？比如，是否可以把马克思"自由人的联合体"以及阶级和国家必将消亡的思想解读成一种"完成了的"无政府主义？如果马克思所谓"完成了的"相当于黑格尔"现实的"，即"合乎理性的"，这种对马克思主义的最理想的无政府主义解读可能就并非毫无道理，也许是"庶几近之"。

### 一　自由主义正义观

广义上来说，休谟、洛克、罗尔斯、诺齐克以及社群主义者等都可以归属于自由主义。自由主义的核心关切，是每个人与生俱来、不可剥夺的享有自由的权利。自由主义既是个人主义，也是权利至上主义，它把个体的、原子式的人看作社会的基础。人之所以是原子式的，是因为，既然每个人都拥有同等的自由权利，那就没有人天然地居于别人之上，能够合理地要求别人的服从，就算父母对子女也是如此。"原子"意味着平等的，互不从属而独立的，挣脱了天然的伦理关联的，这是市民社会真正的基础，否则就无法设想自由的思想和一人一票的选举等所有这些资本主义的东西。自由主义正义观的逻辑是：如果每个人都能最大限度地不受外力干预，自由地选择和追求自己认为的幸福生活，只要他们的选择和追求不影响别人同样自由地选择和追求，那么，一方面，从权利

---

① ［俄］米哈伊尔·亚历山德罗维奇·巴枯宁：《国家制度和无政府状态》，马骧聪等译，商务印书馆1982年版，第35页。

的意义看，他们与生俱来的自由权利受到了尊重并得到了实现，行为完全出于自我的真实意愿，是他们的自由意志不受干预的自我选择，由于权利优先于善，因此无论结果如何这种制度安排都是正义的；另一方面，从功利的意义看，如果人是有理性的（而这正是自由主义的基本确信），在每个人可以充分自由选择的前提下，出于生存和发展的本能，他们本有的勤奋和聪明才智等优秀品质就能最大限度地发挥作用，就理当最终能够收获生活的幸福，如果一个社会绝大多数成员都能如此（不能假设没有失败者和无论如何都会偷懒的人），那么整个社会就能赢得最大的福利，这个善的结果当然也是正义的。自由主义在人性的预设方面有两个基本点，一个是充分信赖人的理性，一个是严格防范人的自私，加起来就是顺应人类自利的理性精神设计社会基本制度，这个自利的理性精神就是资本主义精神，就是每个人追求财富和幸福的最充分的自由，这就是正义。可以看出，自由主义的正义逻辑预设了政府的不义，人都是自私的，任何人只要可能都必将利用公共权力谋取私利，因此自由主义一方面主张限制公共权力，产生了最小政府的思想，另一方面主张权力互相监督约束，产生了三权分立制衡的思想。但是，自由主义是否充分设想过人际差异，在自由放任的规则之下必然出现人际压迫和贫富悬殊；或者，自由主义是否认为人际压迫和贫富悬殊反倒是正义的？哈耶克对这种揣测的回应具有代表性。他说，自由竞争短期内确实导致贫富差别和社会分化，但从长期来看，社会精英分子不受羁绊的先行富裕最终将有利于改善弱势群体的状况，带动弱势群体生活水平的提高。任何社会整体的文明进步都依赖社会精英分子的脱颖而出和先行富裕，这种制度安排的驱动作用和示范效应是巨大的，他用"一切好东西最开始都是奢侈品而最终都变成了大众用品"这个故事论证了他的思想。[①] 反过来说，因为拒绝贫富差别而强行扼杀市场的自发秩序，企图人为地建构起某种虚幻的社会平等，那么整个社会必将陷入普遍贫困和专制肆虐的深渊之

---

① 参见［英］弗里德里希·奥古斯特·冯·哈耶克《自由宪章》，杨玉生等译，中国社会科学出版社2012年版。特别是第三章"进步的一般意义"："富人的大部分开销都是用来支付试验新产品的费用，以使穷人有朝一日也能享用，尽管这不是富人的预定目的"，第70页；"那些以最快速度前进的人将加快所有人的进步速度"，第75页；等等。

中。诺齐克则进一步声称，贫困是不幸的，但不一定是不正义的。这倒不是说自由主义的正义观容忍贫困和贫富差别，而是作为一种保守主义，自由主义承认自由并不意味着"事事皆好"。没有最好，只有更好，这句话用来描述自由主义正义的内在逻辑是恰切的：人类有限的理性不能期待完美无缺的社会，但应该可以避免最坏的社会，而每个人最大限度的自由则是避免最坏社会的根本保障。

**二 社群主义正义观**

与诺齐克的自由至上主义一样，社群主义也是受到罗尔斯著作的激发，并在批评罗尔斯和自由主义的过程中成长起来的，《正义论》的巨大思想影响力由此可见一斑。社群主义正义观有几个根本的主张，使它和自由主义明显地区别开来，这里仅对其中三个代表性的方面略作述评。首先，社群主义强烈批评自由主义的个人主义。社群主义认为任何个人都天然地从属于某个共同体，共同体对个人的优先性不仅是逻辑上的，而且是事实上的，从来没有所谓"无牵无挂的自我"，原子式的个人主体只是一种虚构的存在物。个人是无法脱离共同体而存在的，"对于他们来说，共同体描述的，不只是他们作为公民拥有什么，而且还有他们是什么，不是他们所选择的一种关系如同在一个志愿组织中，而是他们发现的依附不只是一种属性，而且还是他们身份的构成成分"[1]。这个批评显然是强有力的。社群主义由此倡导一种集体主义，主张共同善优先于个人善，毋宁说，个人善和共同善应该达成同一，不应主张离开共同善的孤悬自存的个人善。正如亚里士多德所说"正义以公共利益为依归"[2]。这种主张很容易让人联想起儒家的家国情怀和爱国主义，不过，社群主义虽然在强调共同体的文化和历史传承、共同体成员共享的信念及紧密的情感联系等这些方面确实与儒家类似，但社群主义从不认为应该为了共同体而牺牲个人，或者认为共同体内部应该具有某种严明的等级服从规范，这和儒家集体主义非常不同。社群主义虽然也讲爱国主义，但实

---

[1] [美]迈克尔·桑德尔：《自由主义与正义的局限》，万俊人译，译林出版社2001年版，第213页。

[2] [古希腊]亚里士多德：《政治学》，吴寿彭译，商务印书馆2011年版，第152页。

际上现代国家并不符合社群主义心目中的共同体标准,由于社群主义强调所有成员对共同体事务的直接参与及共同体内部紧密的情感联系,因此社群主义所说的共同体只能是小集体,在实践中,除了有血缘关系的家庭和家族,符合社群主义要求的这种小集体通常只能是边缘化的宗教或准宗教群体,人们因为缺乏安全感和担心被主流社会孤立而彼此紧密地团结起来,比如作为少数族裔的犹太人结成的团体。但这种强烈排异的共同体的共同善能否达至社群主义所宣称的公民美德,确实颇可存疑。社群主义对个人主义正义的批评容易被人接受,但对集体主义正义建构却并不成功,它所鼓吹的共同体充其量只是一种从整体的现代国家身上进行局部切割的、封闭性的道德共同体,这种共同体的共同善放大到规模更大的共同体当中可能就不是善,甚至可能是恶。而且,这种共同体从其内部看可能有序,但无数这种具有各自相异的共同善的共同体,相互之间却可能是充满紧张和敌意的,很难做到各美其美,美美与共。这种逻辑下的共同体无力成长为政治共同体,而只有在政治共同体的语境下才能合法地谈论正义,因此社群主义的共同体正义虽然看起来很美,归根到底还是虚无缥缈的海市蜃楼。

其次,社群主义反对自由主义的权利优先于善。社群主义坚持权利不能脱离与善的联系,权利的优先性应该取决于它的具体内容即善,而不是先验主义的那种绝对优先。换句话说,社群主义主张善优先于权利。"公义则是一种关键性的美德,因为在精神和城邦中,都只有公义才能提供那种使其他美德能够发挥作用的秩序。"[①] 对自由主义而言,言论自由是绝对的权利,这种权利和言论的具体内容无关,任何人无论持有何种价值立场(除恐怖主义等少数几种人类公敌式的思想主张),都拥有表达这种价值立场的言论自由,只要不强制别人认同他的价值立场,也不妨碍别人同样自由地表达他们的价值立场。当然还有一些技术性的规定,比如在实施言论自由时不能制造噪声,不能影响公共环境的清洁,不能……总而言之,自由主义并不关心言论本身可能对人造成的伤害,关心的只是一些言论之外的技术性伤害,这是社群主义重点批判的地方。

---

① [美]阿拉斯戴尔·麦金太尔:《谁之正义? 何种合理性?》,万俊人等译,当代中国出版社1996年版,第105页。

社群主义（如桑德尔）认为，伤害人们的正是言论本身，如排犹主义或纳粹主义言论，即使一个人合法且文明得体地发表这种言论，也同样伤害了犹太人和曾经遭受纳粹德国奴役的人。因此重要的问题恰好就在于不应该让人拥有这种言论自由。桑德尔虽然要求减少自由，但也不能说毫无道理，关键在于谁有资格来鉴定言论的善恶。很少有什么言论是绝对善或绝对恶的，言论鉴定就很可能制造出某种高高在上的公共权力，由此垄断和控制对言论善恶的解释，并逐步消解乃至最终取消言论自由。苏联殷鉴不远，因此社群主义的这个主张得不偿失，缺乏足够的说服力让人接受。

最后，社群主义还反对自由主义的普遍主义。社群主义强调正义总是历史的，不可能存在某种适合古今中外、到处并永远有效的正义设计，因此社群主义宣称自己是历史主义或特殊主义的，仅仅关注具体的社会文化和历史环境下的正义问题，希冀以此颠覆自由主义的话语霸权。"如果一个社会的运作方式吻合其成员就该社会独特的常规与制度所达成的共识，该社会就是正义的"[1]。但是普遍主义只是一种必要的方法，没有一个自由主义者会不知道自由主义不是从来就有的，或者古希腊的正义不同于启蒙时期的正义。如果没有普遍主义的方法，人们将无法言说，特别是无法彼此交流。即使以批评普遍主义著称、强调历史唯物主义的马克思主义，其历史唯物主义在形式上仍然只能是普遍主义的。历史主义或特殊主义逻辑上必然走向相对主义，最后的结果就是使得任何普遍性都成为不可能。如果有一种政治哲学宣称自己要追问的是"什么是好的政治"，特殊主义就可以批评说，这是普遍主义的，并不存在某种放之四海而皆准的所谓好的政治，能做的只是追问"什么是特定历史条件和特定空间下的好的政治"，一言以蔽之，即所谓地方知识。但特殊主义的要求无法贯彻到底，因为所谓"特定历史条件和特定空间下的好的政治"依然只能是普遍主义的。如果普遍价值并不存在，中国有中国的价值，美国有美国的价值，古希腊的价值截然不同于古罗马的价值，那么，为什么今年和去年、今天和昨天、这个小时和上个小时，就可以共享某种价值呢？难道每一秒的时间不都是历史，不都有它的特殊性吗？如果这

---

[1] ［加］威尔·金里卡：《当代政治哲学》，刘莘译，上海三联书店2004年版，第383页。

种时间相异的共享价值也是一种普遍价值,按照特殊主义的逻辑,就也是不合法的。为什么江苏和浙江、杭州和宁波,以及它们下属可以继续拆分的任何行政的和自然的空间,可以共享某种价值呢?难道它们竟然没有各自的历史和文化传统上的差异吗?当然有,而且很显著,甚至吴越之间还是曾经的生死仇敌,因此它们之间共享的普遍价值也是不合法的。以此类推,按照特殊主义的逻辑,一切都只是地方知识,而且应该是最小单位的地方知识(将特殊主义的逻辑贯彻到底),那么将没有任何东西是可以共享的,只能无穷地倒退到老子描述的所有人互不往来的原始状态。但即使那时,普遍价值仍然存在:一个家庭中的成员摒弃各自的特殊性而共同生活,这也是一种普遍主义。

### 三 马克思主义正义观

马克思主义家族的庞大并不稍逊于自由主义,如果把中国学术界所称的国外马克思主义也包括在内的话。鉴于本节的宗旨是讨论对正义的三种分类,并非清理思想史,各门各派述其大意,这里并不展开,仅略述马克思本人的相关思想。马克思正义观近年来成为国内马克思主义学界的热门话题,与20世纪后半叶美国左翼学界提出的所谓"塔克—伍德命题"有关[①]——这个命题是说,正义问题并不是马克思的核心关切,马克思仅仅把正义看作一个描述性概念,因此他认为资本主义事实上也是正义的。这个问题当年在美国引起的争论及其学术热度在半个世纪之后中国的复炽,仍然可看作《正义论》激起的思想余波。

首先,马克思是否把对正义问题的思考看作他毕生工作的一个重要方面,或者说,马克思有没有关于正义的思想?从寻章摘句的语词角度看,回答是没有。马克思甚至很少使用正义一词,更不用说郑重其事地专门讨论它,就像罗尔斯在《正义论》或者休谟在《人性论》中所做的那样。并且,所有和正义相关的那个时代思想论辩场中激烈争论的对象,

---

[①] 20世纪70年代,美国分析的马克思主义者罗伯特·塔克在其著作《马克思的革命理论》中提出"马克思主义有没有正义理论"这一问题,继而被艾伦·伍德总结为:"马克思并不认为资本主义是不正义的。"由此引发了大量关于"马克思与正义"问题的争论,而塔克与伍德的这一观点被学界称为"塔克—伍德"命题(Tucker-Wood thesis)。

像自由、平等之类，马克思也都从未专文讨论分析过。对于这种情形，至少可以提出两个合理的推测，一是，马克思认为资本主义私有制前提之下没有真正的正义可言（自由平等同样如此），他心目中真正的正义不是法律的正义，不是任何形式或程序上的正义，而是结果的正义，即每个人不论起点和过程如何，最终都能得到他所欲的善品，这种正义与私有制无法并存，因此要紧的工作是研究并且实际地消灭资本主义，在私有制被消灭之前，他不想讨论那些虚假的东西，以免和国民经济学家、青年黑格尔主义者、小资产阶级和无政府主义的思想家等人混为一谈。以马克思愤世嫉俗和落落寡合的个性以及他所从事的实际工作看，这个推测十分合理。二是，至少在移居英国之后，马克思认为他所从事的工作乃是"实证科学"，即一种类似于达尔文生物学那样的可严密推理和反复验证的自然科学，不再是他一直主张消灭的哲学批判、政治或宗教批判了，其实马克思眼中高人一等的"实证科学"就是政治经济学，或"政治经济学批判"，马克思写作《资本论》时是把它当作一本严格科学意义上的著作对待的，无论材料的选择、逻辑的结构、论证的方法等，都经过了长期的思考和精心的设计，他想把"资产阶级的灭亡和无产阶级的胜利是同样不可避免的"[1]这个思想做成无可辩驳、不可移易、亘古如一的"实证科学"，就我们今天对实证科学的基本标准来看，这个目标马克思似乎没有达到。实际上我们今天并不认为《资本论》和实证科学有什么密切关联，也不认为有没有这种关联是重要的，《资本论》只是一部价值立场鲜明的经济学著作，或者一部貌似经济学其实仍是哲学内核的著作。以今天的"科学"标准看，《资本论》的"科学"还不是真的那么"科学"。但马克思当年对实证科学的追求是严肃认真的，他显然认为实证科学不能再去谈论正义或自由这些空洞无物的东西，真正令人肃然起敬的应该是商品、社会必要劳动时间、价值的二重性、可变资本和不变资本、利润和剩余价值等这些构成对资本主义运行规律之最终揭示的政治经济学概念，是所有那些可量度的科学词语。在坦承《资本论》的写作心声时，马克思说"在科学上没有平坦的大道"[2]，这里所说的

---

[1] 《马克思恩格斯文集》第2卷，人民出版社2009年版，第43页。
[2] 《马克思恩格斯文集》第5卷，人民出版社2009年版，第24页。

"科学"并非人们今天惯用的那种形容词("像科学那样"),它指的就是科学本身,即今天所谓狭义的科学,即"自然科学"。但马克思的时代并没有对于科学的这种区分,科学就是科学。

虽然出于种种可能的原因,马克思没有留下专著专章的正义论述,但如果正义不是什么神秘的东西,就是社会的基本结构,以及基于这种基本结构而在全体社会成员之间分配善品的方案,就不能说马克思没有关于正义的思想,反而只能说,马克思所有的著作都与正义相关,并直接就是讨论正义的,因为任何一种对现存社会的批判都不可能不是与正义相关的。马克思毕生工作的两大环节,即对资本主义社会的批判和对取代资本主义社会之共产主义社会的推演,本质上可以看作用共产主义完全正义取代资本主义相对正义的学说。

其次,"塔克—伍德命题"认为马克思仅仅把正义看作一个描述性的概念,并认为资本主义其实也是正义的。这个判断主要的文献根据是《资本论》中的这段话:

> 生产当事人之间进行的交易的正义性在于:这种交易是从生产关系中作为自然结果产生出来的。这种经济交易作为当事人的意志行为,作为他们的共同意志的表示,作为可以由国家强加给立约双方的契约,表现在法律形式上,这些法律形式作为单纯的形式,是不能决定这个内容本身的。这些形式只是表示这个内容。这个内容,只要与生产方式相适应,相一致,就是正义的;只要与生产方式相矛盾,就是非正义的。在资本主义生产方式的基础上,奴隶制是非正义的;在商品质量上弄虚作假也是非正义的。[①]

这段话的"描述性"语义大略如下:其一,生产当事人互相交易的正义性,取决于这种交易是否符合当时的社会制度和法律规定;其二,社会制度和法律规定也有其正义与否的两面,关键看它们是否与生产力发展相适应,适应即正义的,不适应即非正义的;其三,因此,奴隶制在资本主义社会是不正义的,制售假冒伪劣商品也是如此。

---

① 《马克思恩格斯文集》第7卷,人民出版社2009年版,第379页。

上述语义还需要进一步展开分析：资本家和雇佣工人当然都是马克思所说的"生产当事人"，他们之间进行的交易，即资本家购买工人的劳动力是否正义？按照马克思的上述逻辑，第一，既然法律允许资本家开设工厂，也允许人们做工谋生，只要双方在法律框架内自愿协商，达成一致，这个交易就是正义的；第二，资本主义制度及相关法律规定建立在技术革命和机器大工业取代手工作坊的基础上，是当时唯一能够适应并促进生产力发展的社会制度，因此这个制度是正义的。综上，资本家购买工人的劳动力，工人以劳动换取工薪报酬，只要不存在强制和欺诈，交易就确实是正义的。

如果这个描述和分析是准确客观的，符合马克思此处行文的原意，那么给人的印象似乎和马克思一贯立场不尽相同：撇开和此处的核心关切不相干的问题不说——比如，判定一种社会制度是否与生产力水平相适应的具体标准——关键在于：马克思是否确实认为资本主义生产方式是正义的。

那些仅仅注意到马克思对资本主义的猛烈批判，因此不能同意或接受马克思在某种意义上也确实认为资本主义制度是正义的人，可能对马克思的历史唯物主义原则还缺乏明晰、深入的了解。历史唯物主义是一种历史进步论，也可以说是一种历史目的论，或者历史完美主义，它把人类历史看作一个不断进步完善、由低级到高级、由野蛮到文明、由不自由到自由的无限发展过程；这个无限发展过程的根本动力在于生产力不断进步的自我冲动，而生产力之所以必然不断进步，是由于每一代人都追求更加幸福美好的生活，因此生产力不是什么无人性的东西，它在根本上就是人的激情和理性，就是人类利用和改造自然的能力。这种不断提高的能力将引领人们最终达到绝对完美的状态，那就是共产主义。很显然，这个推演过程隐伏着饱受质疑的黑格尔辩证法，而黑格尔哲学的目的论和决定论原则以及完美主义倾向，在20世纪中后期遭到了自由主义的激烈批评。就正义问题而言，历史唯物主义表现出两个面相，一方面，和历史发展的终极状态即共产主义相比，历史进程的每一个环节和阶段都是有缺陷的，因此是不正义的；另一方面，历史进步过程中每一个在后的环节和阶段都高于它之前的环节和阶段，因此具有更多的正义，也就是说，历史后期相较于历史前期可以说总是正义的。历史唯物主义一方面是绝对主义和完美主义，在这个意义上，只有共产主义才是正义的，所以马克思据此批判资本主义的不正义性；但另一方面，历史唯物主义又是相对主义和过程主义，在这个意义上，奴隶制社会和资本主义社会都可以是正义的——比它们之前的社会具有更多的正义性——这样就不难理解"塔克—伍德命题"提出的问题：马克思确实认为资本主义可以是正义的，一是就资本主义比它之前的社会具有更高的形态因此具有更多的正义而言，二是就资本主义仍然处于上升和进步时期即能够适应和促进生产力的进步而言，就像《共产党宣言》写道的，"资产阶级在历史上曾经起过非常革命的作用"[①]，它在"不到一百年的阶级统治中所创造的生成力，比过去一切世代创造的全部生产力还要多"[②]。资本主义不是一开始就不正义的，它在启蒙时期代表了人类光明的未来，对历史进步论而言，它比封建制度正义得多，遑论与奴隶制相比。

这样就能理解，为什么马克思要说，在资本主义社会，"奴隶制是非正义的"，因为资本主义自由竞争和机器大工业需要人口在全国乃至全球以及各个行业之间的自由流动，人身控制的奴隶制已经不能适应这种生产力发展的要求了，不仅不利于工人，也不利于资本家——既不利于作为整体的资本家，因为奴隶制使他们不能自由地获得所需要的劳动力，也不利于单个的资本家，因为这使他在歇业、转产或亏损时必须仍然承受巨大的人口负担，如果工人等同于他的奴隶而又不能及时顺利转让的话——因此即使不考虑人权观念的现实进步，奴隶制也已经是非正义的了。马克思也指出，资本主义生产当事人之间的交易可以是正义的，原因在于资本家所购买的和工人所出卖的是同一个东西，即工人在一段约定时间之内的劳动能力，比如一年之内的每周五天、每天八个小时这个时间限度之内的劳动能力，而不是工人本身。工人的人身仍是自由的，劳资双方是独立的、既可自由交易亦可自由退出交易的经济主体，这是资本主义根本区别于奴隶制的一个方面，因此这种劳资交易是正义的，是符合资本主义正义法则的。马克思在这段话中强调的仍然是一向关切的历史唯物主义，即生产力水平对社会制度选择的终极决定作用，谈论

---

[①] 《马克思恩格斯文集》第2卷，人民出版社2009年版，第33页。
[②] 《马克思恩格斯文集》第2卷，人民出版社2009年版，第36页。

正义问题必须在这个前提之下。马克思当然不是"描述性"地谈论正义的,而是有其立场和褒贬。他站在历史唯物主义的立场肯定资本主义相对于封建制和奴隶制的正义性,这个逻辑在马克思的思想中是一以贯之的,只不过当对历史唯物主义考察不深时,容易误认为马克思总是无条件反对资本主义的。不管怎样,可以说"描述性的概念"这个说法对正义观念完全不适用,不仅仅是对马克思的正义观不适用,而是对所有人的正义观都不适用。正义本身是一种道德信念,正义一词已经内含了价值立场,没有可能一个人评价某人某事是否正义居然只是描述性的,那就不应被称为评价。如果没有评价,谈论某人某事正义与否就是不可能的。因此,马克思在肯定资本主义制度"暂时的历史正当性"时不是描述性的,他宣称"资本主义必然灭亡"就更不是描述性的了,"剥削"和"欺诈"这些马克思常用的词语,明确表达了他认为资本主义非正义的态度——当他站在共产主义终极正义的规范立场的时候。

由此可见,马克思是一个与众不同的正义思考者,将普遍主义和特殊主义集于一身,既不把正义看作某种亘古不变的东西,而是看作历史的产物,又能保持一种完美主义的目的论正义观,始终把共产主义正义当作一种绝对的规范标准,这种视角是辩证法思想特有的。马克思对共产主义终极正义的推演是否充分可靠,这可以从各个角度讨论和质疑,但他对资本主义正义局限性的批判是如此有力,无论其价值立场或思想穿透力,都极大影响了他身后的所有思想者。如本书标题所示,在新的正义分析框架中包含了等级正义和非等级正义,严格说来,西方思想史上真正成体系的非等级正义思想者,唯有马克思一系(包括所有非修正主义的社会主义者,无论马克思之前或之后的),其余所有人在或强或弱的意义上都归属于马克思的对立面即等级正义的队伍之中。这意味着,马克思几乎以一人之力承担了本书努力揭橥的新的正义分析框架之一极。基于马克思主义在本书结构上的重要性,后文将专门讨论马克思的正义思想,努力开显马克思非等级正义观的理论逻辑和实践后果,这里不再展开。

### 本章小结

本章展示了对正义的几种分类,比如亚里士多德的分配正义和矫正正义，也即关于正义的立法和司法；比如自由主义的正义和马克思主义的正义，也即通常所说的机会平等和结果平等；还有自由主义内部左翼的社群主义正义和右翼的自由至上主义正义，也即对平等的更多偏好和对自由的更多偏好；等等。对上述每一种正义思想都可以运用多种分析方法进行专门的深入研究。通过对几种正义分类之核心内容的简明展示，实际上既构成它们之间的相互比较，也构成了它们和本书下一章将要提出的"等级和非等级的正义"这一新框架的比较，从而证明新框架并不是多余和重复的，确实有一些前所未有的独特价值，能够观察到正义的一些通常容易被遮蔽的方面。

首先，就"按历史时期的分类"而言，它方便我们一目了然地观察正义思想的传承和发展，特别是正义思考的时代特征，如古希腊时代的个人被淹没在集体主义的洪流之中，个人"修身"的目的不过是为了城邦的"治国"，个人还远非正义的主题；而启蒙之后对个人自由和人类理性的极度张扬，虽使资本主义一路高歌猛进无可阻挡，但市场放任之下的正义往往形式大于内容，很多人徒具自由平等的纸上富贵，实际竞争的失败却使他们只能分得社会善品的极小份额；到了新自由主义时期，对资本主义的反思和争议成为常态，马克思主义则成为这种反思和争议不可回避、不可或缺的思想参照；当资本主义走到了它静水流深的时刻，福利资本主义的前途是将如马克思所预言的那样走向社会主义，还是会由于福利的不可承受之重而再度回归纯粹的资本主义自由竞争，暂时尚未可知。总体上，资本主义制造了贫富悬殊，而反资本主义则可能制造普遍贫困，对这种宏大事件的分析推演，"等级和非等级的正义"新框架具有不可替代的优势，它可以合理地演绎正义的未来事态，而按历史时期对正义的分类却重在对事件发生后的总结和归纳。

其次，按正义所涉及的不同领域和情景分类，得到了亚里士多德的分配正义和矫正正义，即对社会善品的分配方案和对这种方案被损害之后的补救方案，一个是立法，一个是司法。这个思路的启发意义是巨大的，几乎可以应用于所有的领域和情景，于是我们就有了教育正义、财产正义、生态正义、国际正义等这些概念，它们中的每一种都同时包含着分配正义和矫正正义，可见该分类具有很强的兼容性。不过，如果暂且把这种分类在形式上的力量撇开不谈，如果要讨论某种分配和矫正正义究竟主张何种正义,是各安天命的弱肉强食,还是有饭同吃的平均主义,或者某种可能的第三条道路时,"按所涉领域分类"就不太适合回应这种问题,而对此类追问的回应恰好就是本书新框架能够做到的,这从"等级和非等级的正义"这个二元对立的框架名称不难看出:这一框架是专供深入分析各种正义主张的根本理念和实践效度之用的。

最后,就"按学派分类"而言,这个分类使人理解几个占统治地位的学派对正义的主张以及它们之间的根本分歧,正义的身影在互相比较中越发明晰起来。不过,在本书新框架缺席的情况下,有些分歧和争论不能得到最好的理解,有可能还会造成误会。比如诺齐克坚持每个人最大限度的自由的主张实质上应该如何理解。按照新框架,这不过意味着每个人按自己先天获得和后天习得的才干禀赋创造属于他们自己的生活,人们在规则平等的前提下千帆竞发,如俗话所说的"八仙过海,各显神通",实则是一种很强意义的等级正义观。因为人们的才干禀赋差异巨大,简直判若云泥,诺齐克的正义规则无异于启动一场不分年龄、不论性别、不管身体强弱及有否疾病或其他情况,所有人在同一时间开始的人生马拉松,遥遥领先并能顺利到达终点的人生赢家必定寥寥无几,其社会结果只能是最大程度的贫富差别。如果不揭示这一点,可能造成穷人反倒欢迎自由至上主义的误会,因为他们可能以为自由总是好的。同理,马克思要求结果平等的完全正义,我们应该拥抱这个思想吗?结果平等的即非等级的,不问起点和过程而仅关注最后结果的,这样的终极平等,特别是对于那些比起其他人贡献了更多劳动的人来说显然并不是真的公平。每个人最终都能得到他们想要的足额的社会善品,这种正义愿景不可谓不美好,问题在于马克思对这个正义思想的论证过程以及对人的自利性、生产效率、社会动力和可持续发展等关键变量的处理。在未及充分论证使得逻辑的一贯和自洽得到确证之前,我们似乎不能急于对这个思想做出评判。存在着一些对我们来说并不陌生的思想,比如《天朝田亩制度》所设想的"无人不饱暖,无处不均匀"这种古老的均贫富主张,它看起来也是美好的,但其实只是一些前逻辑的纯主观空想,在实践中往往造成和其主观愿望完全背离的严重后果。本书的新框架不仅可用于甄别一种正义主张究竟是等级的或非等级的,还能够确认它是何种意义上和哪种程度上的等级或非等级,并严格考察它的理论逻辑和实践后果，在此基础上提出对这一正义主张尽可能周详的谨慎评价，这显然不是"按学派分类"或"按所涉领域分类"等分析方法所能承担的工作。

如果我们不能指望一劳永逸地获得关于正义的最后真理，那么有益于澄清问题的任何正义分析框架就都有其价值，即使一个框架对正义的真相只有最少或最小的映显也是如此。本书新框架的提出正是建立在这个基本信念之上的。

# 第二章

# 一个新的分析框架

本章的主题是提出一个新的正义分析框架，即把正义区分为二元对举的等级正义和非等级正义，认为它和上一章展示的几种正义分类相比——分类本身是一种基本的和有效的分析——具有某种不可替代的优越性，并进而运用日常语言分析的方法呈现新框架多方面的品格特征。必须说明的是，首先，"不可替代的优越性"只是强调这一分析框架的独特价值，在其独特性方面不可被人替代，并不是自矜在总体上比别的分析框架更加优越，或者可以反过来替代别的分析框架。其次，等级的和非等级的正义这种区分确实不免二元论嫌疑，存在着使问题简单化或强行给事物排队等可能性，但既然对此达到了先行的自觉，就应该可以最大限度地克服二元论的先天缺陷，反过来充分利用其所具有的能使问题更加清晰和直观的分析优势。就是说，二元论不该被污名化和被抛弃，作为一种有用的工具，应该做的只是认识到它自身的不足，就像应该认识到任何工具都不是万能的一样。

## 第一节 正义的意谓

本书对新框架的推导进路是从对正义概念的追问开始的：什么是正义？如何描述其基本属性和本质特征？这一追问不仅关涉形式逻辑下静止不变的正义定义，而且还关涉辩证逻辑下正义的发生和发展，从而联合构成一个完整的追问：当我们谈论正义时，我们究竟在谈论什么？对这个追问的回答就是本书的新框架：当我们谈论正义时，我们要么在谈论等级的正义，要么在谈论非等级的正义，舍此无他。

### 一 正义是"应该"得到了实现的状态

很多重要的理论家都以他们各自的方式讨论过正义的定义问题,但就本书所欲求的一个描述性的正义定义而言,这些理论家的很多经典说法仍给人言不尽意乃至言不及义之感。亚里士多德说"公正的事也就是一种适度"①,适度确实重要,它指的是既不太多,也不太少,确实和正义的某种核心要求相关,但还不是正义定义中至关重要的元素。至于是什么东西的适度,或者哪方面的适度,或对照什么标准衡量适度与否,亚里士多德并没有详细讨论,令人感到有些言不尽意;罗尔斯说"正义是社会制度的首要德性",这是在称颂正义之美,而不是描述正义是什么,把这个当作正义定义的话,又会令人感到言不及义。

对于正义之类的重要范畴,每个时代都可能有不同的偏好诉求,每个人都可以有自己特别的理解,但某种静止不变的"共时态正义"必定存在——否则就不能说罗尔斯、休谟和亚里士多德谈论的是同一件事情——追寻这个共时态正义正是我们首先要做的工作。如果"哲学就是哲学史"这一信念有其合理性,那么我们可以先从回顾柏拉图等经典作家如何界定正义入手,找出他们的关键词,以此逐步接近一个合适的正义概念。

柏拉图对正义有两个不同角度的说法,用今天的标准看来,讨论的都是分配正义。一个是谈社会善品的分配,即人们应该得到多少:"正义是给每个人以适如其分的报答"②,意思是说,每个人所能实际得到的社会善品,正好就是他应该得到的,既不太多,也不太少,此谓正义。一个是谈社会责任的分配,即人们应该做到什么:"每个人都作为一个人干他自己份内的事而不干涉别人份内的事"③,统治者、护卫者和生产者各司其职、各负其责、各安其位,即谓正义。

把上述两个方面概括起来,可以得到:城邦中每个人尽到自己**应尽**的职责,得到自己**应得**的报偿,即是正义。④ 这里重要的当然不是任何技术性

---

① [古希腊] 亚里士多德:《尼各马可伦理学》,廖申白译,商务印书馆 2003 年版,第 147 页。
② [古希腊] 柏拉图:《理想国》,郭斌和、张竹明译,商务印书馆 1986 年版,第 7 页。
③ [古希腊] 柏拉图:《理想国》,郭斌和、张竹明译,商务印书馆 1986 年版,第 154—155 页。
④ 粗黑字体为笔者所加,意在强调。下同。

的规定，诸如"木匠做木匠的事，鞋匠做鞋匠的事"①，而是一种原则性的道德判断，即"**应该**"。无疑，在应尽的职责和应得的报偿能被合理地谈论之前，当然已经预设了某种社会善品的分配尺度，即亚里士多德所谓分配正义，亦即这里的"应该"是如何被确定的，但此处暂时只谈"应该"。

正义就是某种"应该"，柏拉图的上述讨论非常类似孔子"君臣父子夫妻"的正名思想。尽管在孔子的时代，正义一词还没有面世，稍后于孔子而最早使用正义一词的荀子，其所谓的正义仍不具有后来的伦理学或政治学含义，仅仅指向个人的德性（"不学问，无正义，以富利为隆，是俗人者也。"），但"齐景公问政于孔子"这句话还是可以大致理解为，齐景公向孔子询问：一个正义的社会是什么样的？这样一来，"君君臣臣，父父子子"很显然就可以看作孔子对正义问题的回应了。"君君臣臣"就是在说，"领导**应该**像个领导，要保护和爱护自己的下属，不能尸位素餐；下属应该像个下属，要乐于奉献牺牲，忠于职守不僭越。"这不就是柏拉图所要求的"每个人在国家内做他自己份内的事"②？"父父子子"等的含义依此类推，"必也正名乎"的精神实质也不外此，关键词都是"**应该**"。

其他许多作家也持有类似看法。比如，前述亚里士多德说"公正的事也就是一种适度"③，还有，"分配的公正在于成比例，不公正则在于违反比例。不公正或者是过多，或者是过少"④。这其实也就是要求给"每个人以适如其分的报答"，既不太多，也不太少，就像儒家所称颂的中庸那样，关键同样在于"**应该**"。

这立刻使人们想起西方思想史上被广泛接受的正义定义，该定义的首创者据说是古罗马的法学家乌尔庇安，"正义乃是使每个人获得其应得的东西的永恒不变的意志"⑤。不过，亚里士多德在他的著作中还引用过一句无法追溯其出处的话，"一个人做了什么就得什么回报，才最

---

① ［古希腊］柏拉图：《理想国》，郭斌和、张竹明译，商务印书馆1986年版，第172页。
② ［古希腊］柏拉图：《理想国》，郭斌和、张竹明译，商务印书馆1986年版，第155页。
③ ［古希腊］亚里士多德：《尼各马可伦理学》，廖申白译，商务印书馆2003年版，第134页。
④ ［古希腊］亚里士多德：《尼各马可伦理学》，廖申白译，商务印书馆2003年版，第136页。
⑤ ［美］E. 博登海默：《法理学：法律哲学与法律方法》，邓正来译，中国政法大学出版社2017年版，第281页。

公正"①，并说毕达哥拉斯学派"把公正规定为不折不扣的回报"②，这两句话和乌尔庇安所说十分接近，可见这种"应该"的思想古已有之，乌尔庇安不过说得更明确些。资本主义"应得正义论"就是由此而来：给予每个人所应该得到的东西，即是正义。

以此看来，在形而上学的静止意义上，可以如此表达："正义即是应该"，即一组关乎价值判断和行为规范、有着先后次序和强弱分别（这是说，正义是一组而非某个单一的价值判断，其中有的价值居于逻辑在先或重要性在前的位置）的道德信念，包括哪些事是好的或坏的，善的或恶的，哪些事能做，哪些则不能，哪些事必须去做，必须做的事如果没有做或者做了，绝对不能做的事如果做了或者没有做，分别应该给予何种奖惩，等等。

作为道德哲学和政治哲学的一个专门术语，这里的"应该"没有日常语言中那种委婉的建议和推测之意，反而是命令式的，因为在逻辑语义上，这种应该其实是一种"必须"。一个人既然秉持着某种道德信念，就必然有所坚持和反对，有所为且有所不为，并在众多价值判断中取其最大值，否则应该就不成其为一种应该了。虽然这里的应该还只是一种马克思所反对的"稀薄的抽象"③，实际的内容还很贫乏，但正义确然就是应该。每个有理性的人都秉持着某种应该，也就是所谓的正义观和正义感。

但"正义即是应该"这个命题还有一个明显的不足，就是似乎把正义仅仅看作一种主观性的东西，而不是看作一个行动。但正义必须终归是一个行动，并且必须是一个能够或已经实现其既定目标的行动。如果正义不是这样，而是仅仅停留为一种纯粹精神和观念的状态，如同乌尔庇安所说的那样，"正义乃是使某个人获得其应得的东西的永恒不变的意志"，如果正义仅仅就是正义感，一个尚未落实的意志，如何可以被称为"社会制度的首要德性"就是值得怀疑的。④ "正义可能

---

① [古希腊] 亚里士多德：《尼各马可伦理学》，廖申白译，商务印书馆2003年版，第154—155页。

② [古希腊] 亚里士多德：《尼各马可伦理学》，廖申白译，商务印书馆2003年版，第154页。

③ 《马克思恩格斯文集》第8卷，人民出版社2009年版，第24页。

④ [美] 约翰·罗尔斯：《正义论》，何怀宏等译，中国社会科学出版社2009年版，第3页。

迟到，但不会缺席"① 这句话中称颂和坚信不疑的，正是正义的实践性。

休谟批评过一个正义的定义："人们通常把正义下定义为：使每个人各得其应有物的一种恒常和永久的意志。"② 他认为这个"意志"定义的错误之处就在于假设"人们即使不曾梦想到实践那样一种的德，权利和财产权仍然会存在的"③。这就表明，在休谟看来，正义感与私有财产的生成直接相关，因此正义不是自然的而是人为的德性，也就是行动的产物。休谟反对把正义看作一种生而有之的意志和一种纯粹的精神状态，认为正义必须是一种实践之德。因为在人类行动之前和之外，不存在财产权和任何权利之类的东西，而除去了财产权等一系列权利和义务，正义就会变得空无一物。

既然正义不是先验的，而是休谟所说"人为的德"，这种德性体现在社会关系之中，就必然与行动和行动的结果相关。亚里士多德说"通过做公正的事成为公正的人"④。一个人被看作正义的，当且仅当他采取过某种行动，维护了某种应该，从而使正义得到了伸张。他的行动可能并可以失败，但他确实以某种应该所要求的那种方式行动了——在技术上，行动也可以包括语言的表达和"拒绝行动的行动"，即不去行动。比如强迫一个人加害无辜，他拒绝行动保持静止，也就成为一种正义的行动。"一个正义的人"关键在于正义的行动，而不仅仅在于持有正义的信念，一种纯粹精神状态的应该无法证成其自身，不配充当正义。正因为如此，亚里士多德才把正义归为"道德德性"而非"理智德性"，即一种"实践的逻各斯"。道德德性"不是思辨的，而有一种实践的目的"，即"不是为了解德性，而是为使自己有德性"⑤。

根据上述，必须把"正义即是应该"进一步扩充为"正义是应该得

---

① 这句话英文最有可能是"Justice delayed is justice denied"，是没有确切出处的一句法谚，意为"迟到的正义，就是违背正义"，广泛流传的中文版实际上对原句存在误解。但西方同样有许多类似中文版的说法，如"The day of justice may be late, but it will arrive"（*The Memoirs of Duke of Rovigo*, Volume 1, Pickle Partners Publishing, 2014）。及时无疑是正义的宝贵特质，但即使迟到的正义也绝不是无意义的。
② ［英］大卫·休谟：《人性论·下册》，关文运译，商务印书馆1980年版，第562页。
③ ［英］大卫·休谟：《人性论·下册》，关文运译，商务印书馆1980年版，第562页。
④ ［古希腊］亚里士多德：《尼各马可伦理学》，廖申白译，商务印书馆2003年版，第36页。
⑤ ［古希腊］亚里士多德：《尼各马可伦理学》，廖申白译，商务印书馆2003年版，第37页。

到了实现的状态"。正义首先是一个意志，但不能停留为一个意志。意志既可导致行动，也可胎死腹中，而行动才能改变世界。"社会制度的首要德性"必须是改变世界的。

## 二　两种应该和两种正义

"正义是应该得到了实现的状态"，这个表述已经是描述性的，向一个具象的正义定义又迈进了一步，但还缺少一些具体的规定性，处在某种"纯粹的无"的状态。我们仍然需要继续向前思考，追寻更多的实际内容，赋予正义更多的实体性。

作为一种道德信念，应该在具体行为方面的表现形态几乎是不可穷尽的：应该同情弱势群体、应该爱护公物、总统应该得到特别的安全保护、不应该假公济私……通过不断的抽象，排除掉一切感性杂多的具体内容，最终可以得到两种不可化约的应该，相应地也就有两种不可化约的正义，这就是本书提出的等级和非等级的正义这个正义分析的新框架。

一种应该可称为结果论，认为人们应该得到与其社会地位或行为的现实结果相称的报偿，对应的是等级正义。这里的"结果论"所谓结果不是指某人所应得的报偿，而是指一种报偿应该与之匹配的既定状态。比如某人的职务为部长，这个身份或地位作为一个结果，就应该得到与之匹配的报偿，出差在外就需享有每天800元的补助标准，而一个处长则只享有每天400元的补助。一个人犯下极恶的罪行，作为一个结果，其应该得到的报偿之一是被处死；另一个人努力工作，作为一个结果，其应该得到的报偿是被表彰和奖励。总而言之，结果论的要义是根据某种既成事实给付奖惩，既根据这种事实的质，也根据这种事实的量。理论上讲，每个人在同一时刻的这种事实必然是有差异的，因此每个人实际所得的奖惩在结果论规则下就必然是不同的，甚至有可能是天差地别的。因此结果论被称为等级正义，即认为人和人之间有差别的对待才是正义的。

另一种应该可称为人本论，主张不论社会地位和行为结果，每个人都应该得到平等的或所欲的报偿，对应的是非等级正义。非等级正义不仅要求部长和处长的出差补助不应该有区别，而且还要求部长和处长这种职位等级本来就不应该存在。人们之间可以有分工的不同，但这种分工无贵贱高下之分，不可因这种分工区别而得到不同的报偿；同理，一个每天生产一万个单位产品的人和一个每天仅仅生产一百个单位产品的人，他们也应该得到同样好和同样多的报偿；一个缺失劳动能力的人也应该和其他正常劳动的人得到同样好和同样多的报偿。由于每个人都应该得到同等的对待，因此人所熟知的因血统贵贱、地位高低、能力大小和贡献多少等而造成的人与人之间的差异性善品分配，就都被彻底地取消掉了。这种要求不免令主张等级正义的人感到吃惊，看来非等级正义需要为它的上述要求提供一些合理性和可行性的论证，以解答结果论者可能油然而生的许多疑问，这将在后面的"非等级的正义"一章进行具体讨论。不过，就本书所知，人本论的非等级正义并没有打算论证得太多，它的名称"人本论"也许就是它最强有力的论证：每个人都应该得到同样好的对待，这是他们与生俱来的平等权利，此外的论证都不是本质重要的。总之，非等级正义强调的是：正义是且仅是非等级的，人人完全平等的，任何有差异的善品分配都不正义，无论其理由是什么。

　　那么，人本论的视域中还存在惩罚或有区别的奖惩吗？至少，非等级正义的集大成者马克思没有谈论过惩罚的问题。根据马克思的相关文献，特别是《哥达纲领批判》，也许可以合理地假设，马克思所设想的非等级正义业已得到实现的那个社会，由于人们道德水准的普遍而极大地提高，劳动成为第一需要，而且每个人都得到了"全面的发展"，需要惩罚的情形已很稀少甚至已经消失了，因此他没有考察那种情形。

　　上述两种应该和正义的具体内涵、论证、应用和局限等的详细讨论暂不展开。现在的问题是：如何可以说，结果论和等级正义、人本论和非等级正义，是两种不可化约的道德信念？就社会善品的分配而言，正义总是和等级与平等密切相关（对守护或破坏这种分配的奖惩同样如此，如"礼不下庶人，刑不上大夫"）。一个人要么认为某种等级差别是正义的，要么认为只有非等级的平等才是正义的，不存在除此之外的第三个选项。"人与人之间的差异不仅表现在外部特征上（如继承而来的不同数量的财产财富、我们所处的自然环境和社会环境等），而且也反映在个体内部特征上（即生理特征，如性别、年龄、染病概率、体能和智能等等）。这样，在评估平等主张时就不能忽视普遍的人际相异性存在的这个事实。"[①] 这里的平等不是"每个人都执行同样的标准或程序"这种形式上的平等，而是"每个人都得到同样好的或他自己想要的东西"这种结果和实质上的平等。人们不可能逸出这种意义上的等级和平等谈论正义问题，因此说这两种应该和正义是不可化约的。在这个语境中，既不可能说出比等级正义和非等级正义更多的东西，比如除此两者以外的第三种不可化约的正义；也不可能说出比这两种正义更少的东西，比如仅用其中的一种正义就能够具有完全的周延性。这个判断虽然欢迎被证伪，却是不可能的，因为其正确性是被逻辑决定了的。这两种应该和正义不仅不可化约，还互相冲突。这实际上也是逻辑必然的：两种实体如果不是互相独立于对方，也就是和对方构成一种紧张、冲突和排斥，它们就不是不可化约的。

以下尝试对两种正义做出原则上的扼要分析。先看第一种，即结果论的等级正义。结果论之所以对应等级正义，是因为结果论要求考察每个人在社会关系中的某种现实结果，不论这种结果是既定的社会地位还是既定的劳动贡献，或者只是某种自然的结果，比如种族或年龄的差异等，总之每个人的这种结果必定有所差别，然后根据这种结果确定人们应得的报偿。很显然，结果论所能得到的分配结果必然表现为某种尊卑贫富和苦乐不均的等级链条，而这正是结果论所欲的。换言之，等级正义明确地承诺了人和人之间等级差别的价值正当性。

应该先行扼要说明的是，这里是在特定的含义上使用"等级"一词的，所谓等级包含但不限于阶级，在本书中，"等级"实际上不是通常那种政治学或社会学的词语，而就是一个涵盖所有人际差别的普通名词或形容词，不论人的社会差别或自然差别，凡是影响到人的社会善品之分配结果的，就都构成本书的等级，比如年龄长幼，体力强弱，地位差异，贫富分别，等等。这意味着本书的等级不仅包括了通常所谓不平等所指认的那些东西，比如主人和奴隶、工人和资本家，也包括了一般平等所指认的绝大部分内容，比如同工同酬、按劳分配、法律面前人人平等之类，因为这些所谓平等仅仅是形式平等，在本书意义上的"等级"看来

---

[①] ［印］阿玛蒂亚·森:《论经济不平等/不平等之再考察》，王利文、于占杰译，社会科学文献出版社 2006 年版，第 224 页。

仍然是不平等的。也许要在它的对立面"非等级"的映照之下,"等级"的特质才能看得更清楚:既然所有导致社会善品分配差异的人际差别都属于等级,那么非等级就只有一种,它不是通常所说的那种平等,而是结果的和实质的平等,或者说,绝对的和完全的平等。

在现代市民社会的语境下,表面看来,等级正义强调的是一个人的应得与其行为的现实结果相称。但不同的人会造成不同的结果,因此实际上,等级正义的要旨在于强调人际差别,包括人的体力和智力差别,以及在各种先天的禀赋和后天习得的才干等方面的差别。等级正义认为这些差别不仅是自然而然的,而且对一种良性的竞争秩序而言也是积极的。如果无视这些差别的客观性,人为推进过多的平等,就可能消弭社会活力,最终导致社会的衰退。

结果论和等级正义的合理性看起来是不证自明的:人分三六九等,"唯上智与下愚不移",不同的人有不同的社会贡献,理当得到不同的报偿。唯其如此,才会形成一种强有力的激励机制,鞭策人们出于自利而努力工作,从而客观上推动社会进步。如果1905年以后的爱因斯坦仍只能得到一个专利局普通职员的报偿,那对所有人而言最终都是不正义的,因为那会对更多可能的爱因斯坦造成一种实际上的禁止。无疑,等级正义具有一种清晰有力的内在逻辑,它必然强调私有财产的重要性,并认为效率是一个社会最首要的追求,因为没有效率,公正就是无源之水、无本之木,既不自然,也不持久。

等级正义是一个古老而庞大的家族,其自身有一个从粗鄙野蛮到比较文明的发展过程:从早期的血统等级到后来的社会地位和职业等级,一直发展到当代资本主义竞争体系下的资本等级和劳动等级。人所熟知的社会主义初级阶段的分配原则"多劳多得,少劳少得,不劳动者不得食",马克思认为原则上仍是一种"资产阶级权利"[1],即仍然是等级正义的一种形式。可见等级正义的生命力顽强而持久。

再看另一种道德信念,即人本论的非等级正义。人本论反对等级正义观对结果的考察,它强调的是人之为人本身的价值:仅仅由于作为同样的人,无须考察任何特定的结果,每个人就应该得到同样的对待——

---

[1] 《马克思恩格斯文集》第3卷,人民出版社2009年版,第434页。

不论智愚勤懒，每个人都能得到同样好和同样多的东西。这种思想总能引起广泛而持久的共鸣，代表着一种"人人生而平等"和"四海之内皆兄弟"的古老梦想。从太平天国朴素的"有饭同吃，有钱同花"，到马克思共产主义的"各尽所能，按需分配"，非等级正义建立在一个共同的思想基础之上，即认为人们"并不应得自己在自然天赋的分布中所占的地位，正如并不应得在社会中的最初出发点一样"[1]，要求把每个人的天赋看作社会的共同资产，反对天赋的应得，这个明显来自马克思的思想不仅是正当的，而且是高尚的。

非等级正义的内在逻辑要求否定私有财产，并认为一个社会的首要追求是平等公正而非效率。缺失平等公正的效率不值得追求，而且不会持久。等级正义能够得到的充其量只是某种形式的或程序的正义，由于所有形式的等级正义都建立在人际差别之上，因此归根结底是不正义的，应该在历史的进步中予以扬弃。

就像等级正义有一个由低到高的发展链条一样，非等级正义也有它自身的发展过程，即从朴素平均主义的非等级正义到马克思主义的非等级正义。马克思主义的非等级正义要求生产力水平的高度发展，从而超越休谟和罗尔斯所谓"正义的环境"，即"客观环境中的中等匮乏，主观环境中的利益冲突"[2]，因此可以说，这种非等级正义是经过理性论证的和科学的——就科学一词的形容意义而言。而朴素平均主义的非等级正义却与生产力水平无关，它希望在"人的自私和有限的慷慨，以及自然为满足人类需要所准备的稀少的供应"[3] 的前提下消除人际差别，因此常常体现为一种黑格尔所说的"纯粹主观性"。

等级正义对非等级正义的主要批评是乌托邦幻想，以及在非等级正义的实践中形成庞大政府和专制权力的逻辑必然性。等级正义坚持说，非等级正义即使从好的目的出发，其结果也必然是坏的，追求绝对平等的结果只能是更大更坏的不平等。不平等固然是不幸的，但不必是不公

---

[1] ［美］约翰·罗尔斯：《正义论》，何怀宏等译，中国社会科学出版社2009年版，第79页。

[2] ［美］约翰·罗尔斯：《正义论》，何怀宏等译，中国社会科学出版社2009年版，第98页。

[3] ［英］大卫·休谟：《人性论·下册》，关文运译，商务印书馆1980年版，第532页。

平的，因此无须大费周章地刻意消除。诺齐克在评价一种带有社会主义色彩的分配主张时说，我们"面对的就是这种主张，社会……应该为其所有成员的重要需要提供保障。……像其他人一样，威廉姆斯仅仅关注分派的问题，他忽视了准备加以分派和分配的东西或行为从何而来的问题"①。诺齐克的这段话有三层含义，其一，社会没有义务且没有能力为其所有成员的重要需要提供保障；其二，社会主义分配方案准备分配的东西本来已经是别人的劳动成果，因此这种分配没有合法性；其三，实施这种分配势必抑止积极劳动、勤俭节约、勇于创造等一系列支撑社会进步发展的良好行为，久之则将来不会再有可待分配的劳动成果，因此这种分配没有可持续性。诺齐克的这种批评相当程度上代表了哈耶克、休谟、洛克乃至轴心时代那些知名作家如柏拉图、亚里士多德、孔子和孟子等的思想，可以说所有这些前人都是结果论和等级正义的支持者。

非等级正义对等级正义的主要批判则集中在等级正义所造成的人际压迫和剥削、异化及其对人性的戕害等方面，而所有这些都会妨碍人的自由全面发展。马克思的著名判决是："至今一切社会的历史都是阶级斗争的历史。"②阶级无疑是等级的一种，阶级之间的斗争性比其他任何等级之间的斗争性都更为激烈，并造成了对生产力的巨大破坏。这意味着，等级正义是人际压迫和剥削、人的全面异化、阶级分化和社会动荡的直接肇因。马克思还相信，等级正义最终也会妨碍效率的提高，或者说，效率提高到一定程度时最终必然要求取消等级正义，尽管等级正义曾经是效率最好的发动机。非等级正义的核心理念是平等，马克思是非等级正义最强有力的主张者，马克思主义者是这个阵营中最主要的力量。在或强或弱的意义上，也有一些非马克思主义的理论家在某种意义上支持这种正义观，比如罗尔斯。

现在，通过简要的分析，正义的内涵略微充盈起来，有了一些立体而非单薄的面相。等级和非等级两种正义的互相排斥看起来如此强烈，以致那些著名的思想对立和实践冲突，如激进和保守、左和右、公平和

---

① [美]罗伯特·诺齐克：《无政府、国家和乌托邦》，姚大志译，中国社会科学出版社2008年版，第282页。

② 《马克思恩格斯文集》第2卷，人民出版社2009年版，第31页。

效率、公有制和私有制等，都可以在两种正义的不可化约中找到它们的滥觞，这似乎不是一种黑格尔所说的"理性与现实和解"的理想状态。不过，如果让思想继续深入，让辩证逻辑超越形式逻辑，就像马克思主义一贯要求的那样，就可以在非等级正义的内在逻辑中，发现一条允诺了两种正义之辩证历史统一的通道，那就是马克思开辟的历史唯物主义的思想道路。在历史唯物主义的观照之下，等级与非等级两种正义的互相排斥，以及把这种互相排斥作为战场的那些对立和冲突，最终都必然达成和解，只不过站在和解终点的只有非等级正义。作为一种个性鲜明的正义观，非等级正义一身二任，它既是两种正义的其中之一，又应该被看作正义发展的历史终局——等级正义所有的历史合理性最后都消融在了非等级正义之中，世界迎来了正义的大同，这是马克思主义唯物辩证法所描绘的世界历史长卷的最终画面。

### 三　马克思对两种正义之辩证统一的努力

毫无疑问，马克思在根本上是反对各种形式的等级正义、期许共产主义非等级正义的。但不能因此就把马克思理解成类似罗尔斯那样的理论家，尽管罗尔斯确实受到过马克思的显著影响，并以一种非马克思主义者的姿态和马克思站在了相邻的位置。罗尔斯和他的批评者诺齐克，以及他们的前辈学人休谟和洛克等，有一个共同的理论特点，那就是非历史化的正义观。他们都习惯"静止地"讨论一个问题，就像"正义是应该得到了实现的状态"这种命题所表明的那样。比如罗尔斯把自己对正义的讨论拘禁在一种"理想的理论"和"完全正义的社会"中[1]，休谟则只讨论中等匮乏和中等自私环境下的正义问题[2]。这样一来，罗尔斯就需要一个接一个的思想假设，休谟就不会去设想正义环境变化的可能性。这种研究的进路方法当然是合法合理，并可以是成果卓著的，但却不是马克思会选择的进路方法。马克思不依赖思想假设，也从不将自己的讨论局限在某个静止不动的语境之下。相反，出于对"历史从哪里开始，思想进程也应当从哪里开始"这一原则的笃信，马克思考察真实的

---

[1] ［美］约翰·罗尔斯：《正义论》，何怀宏等译，中国社会科学出版社2009年版，第7页。
[2] ［英］大卫·休谟：《人性论·下册》，关文运译，商务印书馆1980年版，第532页。

历史，即考察事物的起止、运动和发展，在一个完整的过程中呈现事物的性质，并对事物的继续变化保持开放的姿态——这种进路方法被称为历史和逻辑的统一。恩格斯评价黑格尔辩证法时说："黑格尔的思维方式不同于所有其他哲学家的地方，就是他的思维方式有巨大的历史感作基础。"[①] 这也正是马克思的进路方法最根本的特点，即历史唯物主义的方法论。

因此，马克思不会持有非历史地否定等级正义的观点，就像诺齐克对分配正义的拒斥那样；相反，马克思对等级正义表达了某种"理解之同情"，辩护了等级正义的历史合理性。只不过，马克思预言，随着文明的进步，等级正义终将被非等级正义取代，就像市民社会终将被"人类社会或社会的人类"取代一样。这种思想展示了一种历史的眼光，即正义的其来有自和其去有因的历史全景，从而为两种正义的历史性和解提供了某种理论上可能的背景。

就正义主题的讨论而言，最能体现马克思上述思想风格的典型文本，莫过于《哥达纲领批判》。马克思在《哥达纲领批判》第一节的第三条批注中集中讨论了罗尔斯所谓"正义的首要主题"，即"社会主要制度分配基本权利和义务，决定由社会合作产生的利益之划分的方式"[②]，一言以蔽之，即"怎样的社会基本结构是正义的"这一问题。可以认为马克思在这里讨论了等级的和非等级的两种正义，并对它们的合理性都给予了程度不等的肯定。但这种肯定不是共时态的，而是以不同历史阶段为背景给出的，即"共产主义社会第一阶段"和"共产主义社会高级阶段"。无疑，"共产主义社会第一阶段"即使仍然存在着休谟所说的中等匮乏和中等自私，它也已经超越了最好的资本主义，如果"第一阶段"仍然残存着等级正义的某种形式，那就更不用说"第一阶段"之前了，那里的等级正义只会更加粗暴和更加茂密。

马克思在谈到"共产主义社会第一阶段"社会善品如消费资料的分配问题时，提出了两个引人注目的重要判断。

第一，正如前面已经提到的，马克思把共产主义社会第一阶段中消

---

① 《马克思恩格斯文集》第2卷，人民出版社2009年版，第602页。
② [美] 约翰·罗尔斯：《正义论》，何怀宏等译，中国社会科学出版社2009年版，第6页。

费资料的分配原则称为"资产阶级权利",因为这个分配原则实际上即是劳动结果面前人人平等:一个人为社会提供了多少劳动,在除去必要的公共扣除后,就能从社会领取多少消费资料。无疑,这种平等还不是真正的平等,不是因为人之为人本身而应有的那种平等。马克思写道:"这里通行的是商品等价物的交换中通行的同一原则,即一种形式的一定量劳动同另一种形式的同量劳动相交换。所以,在这里平等的权利按照原则仍然是资产阶级权利,……这个平等的权利总还是被限制在一个资产阶级的框框里。"① 所谓的"资产阶级权利"和"资产阶级框框",主要就是仅仅强调某种形式的或程序的正义,也就是对每个人都按照同样的标准进行衡量,比如上述劳动结果面前人人平等,"平等就在于以同一尺度——劳动——来计量"②,而客观存在的劳动者的个体差异,不论身体素质、劳动技能还是家庭情况,则统统不在考虑之列,因此实质正义往往付诸阙如。这在根本上仍是一种等级正义,在马克思看来,是需要在历史进步中加以扬弃和克服的东西。

按劳分配原则的弊病在某种程度上也是存在的:那些身体不健全或劳动能力低下的人,由于无力提供和别人同样多和同样好的劳动结果,就极有可能比别人生活得更差;或者像马克思所说,那些已经结婚、有更多子女需要抚养的劳动者,即使提供的劳动结果和别人同样多和同样好,还是要比别人生活得更差。这是不合理的。这种分配原则的思想基础,就是"默认劳动者的不同等的个人天赋,从而不同等的工作能力,是天然特权"③。马克思虽然反对这种特权,但问题在于,思想的基础是生活现实。就像罗尔斯评论《哥达纲领批判》时所说的那样,由于在共产主义社会第一阶段"不平等和劳动分工这两个缺陷"仍然存在④,就暂时还谈不上人的全面解放,人们"必须等待经济条件的改变"⑤。

---

① 《马克思恩格斯文集》第3卷,人民出版社2009年版,第434—435页。
② 《马克思恩格斯文集》第3卷,人民出版社2009年版,第435页。
③ 《马克思恩格斯文集》第3卷,人民出版社2009年版,第435页。
④ [美]约翰·罗尔斯:《政治哲学史讲义》,杨通进等译,中国社会科学出版社2011年版,第379页。
⑤ [美]约翰·罗尔斯:《政治哲学史讲义》,杨通进等译,中国社会科学出版社2011年版,第380页。

第二，上述"资产阶级权利"造成了一系列实质不平等的弊病，特别是消费资料占有的贫富不均。"但是这些弊病，在经过长久阵痛刚刚从资本主义社会产生出来的共产主义社会第一阶段，是不可避免的。"[1]

为什么即使在共产主义社会（尽管只是"第一阶段"），仍将实行一种"资产阶级权利"？而且，这种资产阶级权利虽然造成种种社会弊病，马克思还要认为其"不可避免"？正是在这样的地方，马克思表现了他"巨大的历史感"，而不是无条件地、先验地、非历史地拒斥或欢迎某种社会基本结构。在马克思的预想中，第一阶段的共产主义社会仍将面临中等匮乏和利益冲突这样的"正义环境"，社会生产力水平仍然有限，等级正义仍将扮演着刺激工作积极性和限制消费的重要角色，社会"在经济、道德和精神方面还带着它脱胎出来的那个旧社会的痕迹"[2]，最根本的是在"经济"方面：它的发展水平还不足以支撑起一个非等级正义的社会，因此马克思就认为"资产阶级权利"的实行仍然"不可避免"。这里并没有给主观性或者康德的绝对命令留下太多发挥空间，起作用的只是马克思揭橥的那些"铁的规律性"："物质生活的生产方式制约着整个社会生活、政治生活和精神生活的过程"[3]，"权利决不能超出社会的经济结构以及由经济结构制约的社会的文化发展"[4]。

等级正义尽管有其历史合理性，但并不意味着历史的终结，它终将被生产力的高度发展彻底超越。按马克思的描述，"共产主义高级阶段"有三个标志性的事件，即强制分工的消失、物质财富的极大丰富、劳动成为"第一需要"。可以把前面两种看作"客观环境中的中等匮乏"的消除，把最后一种看作"主观环境中的利益冲突"的克服。这意味着，所谓"正义环境"已经不存在了，等级正义的历史使命宣告终结。只有到了这个时候，非等级正义才真正如阳光一般普照大地，人类社会的"史前时期"才可能真正结束。

马克思在根本上反对依据不平等的天赋和才能享有特权，痛恨人际

---

[1]《马克思恩格斯文集》第3卷，人民出版社2009年版，第435页。
[2]《马克思恩格斯文集》第3卷，人民出版社2009年版，第434页。
[3]《马克思恩格斯文集》第2卷，人民出版社2009年版，第591页。
[4]《马克思恩格斯文集》第3卷，人民出版社2009年版，第435页。

压迫与剥削，认为一切等级正义终归都是不正义的，并妨害人的全面发展。他主张一种实质的而非形式的、结果的而非起点的完全平等，对非等级正义做出了最强劲的表达。但马克思的非等级正义被他自己看作一种基于历史发展的科学推导，即一种"实证科学"，与他坚决反对的任何形式的思想预设和形而上学玄想无关。换句话说，马克思认为，这种非等级正义是历史生成的，它的现实性是由不断进步的生产力水平所决定，并经由各种形态的等级正义逐步发展而来。马克思从不否定等级正义的历史合理性，他和一切等级正义理论家的根本区别在于，他否定等级正义的永恒性，认为一切守护私有财产的应得正义都只是"通往自由生产者之联合体社会的必经阶段"①，最后都将消融于"各尽所能，按需分配"这个"人类社会"的正义原则之下。

马克思在这里确实显示了他独特的思想品格：他不像罗尔斯或诺齐克，或者更早的休谟和洛克，或者孔子、老子和亚里士多德，当所有这些先哲和后人都站在非历史的立场上要么赞许要么反对等级正义时，马克思却企图把等级和非等级两种正义放置在历史的无限进程之中，着力于二者的辩证统一。正如恩格斯所说："历史从哪里开始，思想进程也应当从哪里开始，而思想进程的进一步发展不过是历史过程在抽象的、理论上前后一贯的形式上的反映。"② 按照这个思路，历史本身有其逻辑层次，人类认识的发展秩序和客观事物的发展秩序可以是同一个东西，历史和逻辑是可以统一的。那么，就正义而言，事情应当是这样的：原始共产主义社会从"人人平等"的非等级正义开始，但这种人人平等并不令人向往，它建立在内部环境极度匮乏、外部环境极度恶劣之基础上，停留在一种单纯主观性的状态，因此不可避免地迎来它的自我否定，各种形式的非等级正义渐次被等级正义取代了。不论最初的血统等级，或紧随其后的地位和职业等级，还是"资产阶级权利"的劳动贡献等级，本质上都体现了一种纯粹的客观性，即人类尊严臣服于自然必然性之下。这还称不上真正的正义，还需要再一次迎来自我否定。当人类的实践活

---

① [美] 约翰·罗尔斯：《政治哲学史讲义》，杨通进等译，中国社会科学出版社 2011 年版，第 369 页。

② 《马克思恩格斯文集》第 2 卷，人民出版社 2009 年版，第 603 页。

动深入到这样的程度，以致足以"确认思想与经验的一致，并达到自觉的理性与存在于事物中的理性的和解，亦即达到理性与现实的和解"时①，等级正义就最终被共产主义非等级正义扬弃了。

上述过程是一个典型的黑格尔辩证否定的过程：一方面，等级正义是非等级正义的现实性，没有等级正义的历史合理性，非等级正义就沦为空想。另一方面，非等级正义是等级正义的超越性，没有非等级正义对不平等的革命性批判，等级正义就是庸俗的现实主义。等级正义自其诞生之日起就不断地走向自己的反面，或者毋宁说走向自己的开端，向着自己的出发点非等级正义渐次演进，无限趋近，不断回归。这里没有什么东西是固定不变的和多余的。就像种子、花朵和果实的关系那样，"它们的流动性却使它们同时成为有机统一体的环节，它们在有机统一体中不但不互相抵触，而且彼此都同样是必要的；而正是这种同样的必要性才构成整体的生命"②。当然，这一辩证否定过程的论证是否充分合理，是否真的做到了"历史和逻辑的统一"，一言以蔽之，即非等级正义是如何可能的，还可以更进一步深入讨论，为不同意见预留空间。但可以肯定的是，如果马克思要用一句话来表达他对正义的看法，不会像罗尔斯那样说"正义是社会制度的首要德性"，而很可能会这样说：正义是辩证的，在历史演化中不断进步的。由此可见，尽管马克思对黑格尔有过许多批评，其中一些批评还相当激烈，但他的思维方式还是早已不可磨灭地打上了黑格尔的烙印。无论成败毁誉，马克思对两种正义之辩证统一的思想努力，对本书新框架而言都是极其重要的，实际上也应该是正义思想史上不能被略过的一页。

## 第二节 新框架的日常语言分析

上一节对新框架的论述，总结起来，提出的核心观点如下。

观点1：正义是应该得到了实现的状态。而所谓应该，即一组有其先后次序和强弱分别的关于价值判断和行为规范的道德信念。

---

① ［德］黑格尔：《小逻辑》，贺麟译，上海人民出版社2009年版，第60页。
② ［德］黑格尔：《精神现象学》，贺麟、王玖兴译，商务印书馆1976年版，序言2。

观点2：正义总是与平等紧密相关。对平等的不同信念和要求，形成了两种不同的正义，即等级正义和非等级正义。一个人要么认为只有彻底消除人际差异的完全结果平等才是正义的，即认为每个人仅仅因为自己是人，就应该享有和其他人获得同样多和同样好的社会善品的权利，这被称为人本论或非等级正义论；要么认为只有尊重人际差异的现实性之相对平等才是正义的，即认为每个人仅仅应该获得和他的社会地位、责任和实际贡献相称的社会善品，这被称为结果论或等级正义论。除此之外不存在第三种立场，因为等级的和非等级的两种正义是不可化约的。

在上一节中已经对观点1和观点2给出了基本的说明和论证，这些观点看起来应该比较清晰并已经初步交代了它们各自的内在逻辑，为了更充分地展示与分析新框架，以便对它达到更加深入的认识，本节选取了三句日常用语，即一个正义的人、正义得到了伸张、一个正义的社会，试图通过对三者的语言分析，进一步论证新框架提出的核心思想，指出等级和非等级两种正义在各种不同语境下究竟意味着什么，它们对各自的证成将提出哪些条件，这些条件从而这种证成是否是可能的，等等。本书期待通过这些分析，对新框架达到一种全新的认知程度，比如说，两种正义观是否都能被证实，而不能被证伪，等等。至于为什么是这三句日常用语而不是别的什么话，只是因为它们是常用的，而且互相之间具有某种独立性，即这三句话有着各自侧重的语义（"一个正义的人"侧重描述个人的德性，"正义得到了伸张"则侧重事件的性质和状态，这两句话都可以是单数人称的，或仅指代单个的事件；但"一个正义的社会"却是无数事件组合的结果，它指向一片连绵时间内宏观上持续的状态），此外并没有什么特别的挑选标准。就是说，如果愿意的话，换成别的几句话也不会对分析产生本质不同的影响。

## 一 "一个正义的人"

正义的人在中国古代往往被称为义士，或侠义之士，即勇于牺牲生命和财富以维护正义的人。那么，"某人是一个正义的人"这个表达要实现表意完整，按照本节观点1，如下义项显然必不可少。

（1）某人必定采取了一个或一组行动。因为正义是实践的和人为的德，不能仅仅停留在纯粹意志或精神的状态。

（2）某人的行动必定成功地维护了某个特定社群之普遍确信的某种应该，无论这种应该采取了法律的还是仅仅习俗或禁忌的形式。

（3）既然某人的行动使某种应该得到了实现，那么某人的行动就是一个正义的行动，因此就可以说某人是一个正义的人——因为"我们通过做公正的事成为公正的人"。

下面且以《水浒传》第二回"鲁提辖拳打镇关西"为例，把某人具体落实为鲁达，依次讨论这三个问题。鲁达即鲁智深的故事广为人知，因此仅提示要点。

1. 如何可以说鲁达是一个正义的人？

必须注意区分"一个正义的人"和"一个有正义感的人"这两种表达。一个人有是非立场和道德义愤，并用恰当的方式在人群中表现出来，人们就可以说，这是一个有正义感的人，但还不能说这是一个正义的人，因为后者依赖于行动的证成，鲁达即是如此。

（4）依照上面的（1），鲁达为酒楼偶遇的金翠莲父女采取了一组行动：一是为金氏父女赠送盘缠（鲁达把这十五两银子与了金老，分付道："你父女两个将去做盘缠，一面收拾行李。俺明日清早来发付你两个起身，看那个店主人敢留你！"[①]）；二是协助父女二人逃脱（鲁达寻思，恐怕店小二赶去拦截他，且向店里掇条凳子坐了两个时辰，约莫金公去得远了，方才起身，径到状元桥来。[②]）；三是为父女报仇雪恨，打死了郑屠（鲁达寻思道："俺只指望打这厮一顿，不想三拳真个打死了他。酒家须吃官司，又没人送饭，不如及早撒开。"拔步便走。[③]）。总之，鲁达的所为完全符合（1）的要求。

（5）遵照上面的（2），鲁达的一系列行动成功维护了中国传统社会几个重要的应该即道德信念，比如应该扶危济困，救助弱小，因此鲁达见金氏父女危难而挺身相助；又比如，人们普遍认为义高于利，孔子说"君子喻于义，小人喻于利"（《里仁》），此处的"义"就是一种普遍的道德原则，因此鲁达虽不富裕，却为金氏父女慷慨解囊；还有，恃强凌

---

[①] 施耐庵：《水浒传》，人民文学出版社2005年版，第47页。
[②] 施耐庵：《水浒传》，人民文学出版社2005年版，第48页。
[③] 施耐庵：《水浒传》，人民文学出版社2005年版，第50页。

弱的行为必须受到惩罚，因此鲁达路见不平一声吼，三拳打死了镇关西。鲁达的行动确实满足了（2）的要求。

（6）因此，按照（3），由于鲁达采取了一系列矫正的行动，从而使受到欺凌的人得到救助并得以申冤，并且鲁达的这些行动与贪图钱财、美色等私人回报无关，也就是说，鲁达的行动使得好几种应该得到了实现，这种行动肯定属于正义的行动，因此可以说鲁达是一个正义的人。他的行动一直以来都受到赞美，金圣叹就说"写鲁达为人处，一片热血直喷出来，令人读之深愧虚生世上，不曾为人出力"①。

不过，按照亚里士多德"通过做公正的事成为公正的人"这个原则，只能说鲁达在这件事情上确实是一个正义的人，而不能因此说鲁达无论如何都是一个正义的人。一个正义的人这个判断只能是一个特称判断，即"鲁达在处理金翠莲父女受到郑屠欺凌这件事情上是一个正义的人"，而不能说"鲁达因此就始终都是一个正义的人"，一个正义的人不是一劳永逸的荣誉，需要不断地被证明，也随时可以被否证。比如"鲁智深大闹五台山"这件事就不能说是正义的，这件事情上的鲁达就不能说是一个正义的人。把"一个正义的人"当作全称判断是危险的，很难被证实，却容易被证伪——因为任何人在正义德性方面都不太可能是毫无瑕疵的。正义不是一般的德，它本来就是德性的全部。

2. 鲁达维护的是一种等级的还是非等级的正义？

按照本节前述的观点2：

（7）鲁达的正义故事中有各种身份和地位不同的人，如低级军官（鲁达）、较富裕的商贩（郑屠）、卖唱还债的破产者（金氏父女）等，很显然，这是一种典型的休谟正义环境。按照休谟的看法，正义不是人类自然而然的情感，也不是随着历史发展自然地出现的，而是一种"应付人类的环境和需要所采取的人为措施或设计"②，是某个特定环境中规范各种社会安排、使不同人的不同利益诉求尽量得到满足的一套规则。作为特定社会、历史和自然环境的产物，正义的出现只有在那个特定的环境中才是可能的和必要的。一个等级差异显著的社会，资源匮乏（不

---

① 《水浒传（会评本上下）》，陈曦钟等（辑校），北京大学出版社1987年版。
② ［英］大卫·休谟：《人性论·下册》，关文运译，商务印书馆1980年版，第517页。

然金氏父女就不会无力还债，流落他乡），人性自私（不然郑屠就不会逼良为妾，又始乱终弃），这样的社会环境中不可能存在非等级正义。

（8）在上述以等级差异为背景的正义故事中，"正义的人"鲁达显然处于各路有关人物的社会等级链顶端，并且他正是凭借这种等级优势才得以主持正义的。比如，就社会地位而言，鲁达是军官，吃皇粮的人，郑屠见了他，"慌忙出柜身来唱诺"，态度十分恭敬，更不用说金氏父女了。这就很可能使得鲁达在面对他们时具有一种心理上的优越感，虽然他利用这种优越感成就了正义之事，但就非等级正义的原则而论，人与人之间的这种优越感本来不该产生和存在，因为这是不公平的。就武力而言则更不平等，鲁达对郑屠处在绝对的控制地位，事实上他正是凭借武力上的这种绝对优势来维持正义并成为一个正义的人的，就事实本身而论，这不可能是非等级正义的。

（9）不仅如此，还可以合理地推测，还有一些别的常被人们忽视的等级差异，在这个正义故事中也可能扮演了重要的角色。比如金翠莲的外貌："那妇人虽无十分的容貌，也有些动人的颜色，拭着泪眼，向前来，深深的道了三个万福。"① 以此可知金女姿容不俗。那么，爱美之心，人皆有之，可以合理推测：如果金女相貌丑陋不堪，也许鲁达的正义之心就不会那么强烈地被激发出来，这个正义故事因此也就不会发生。毕竟，人的外表差别是人际差异中至关重要的一种，可以极大地导致社会善品的差异性分配（其中就包括了鲁达这种"正义的人"可能提供也可能不提供的社会救助），甚至超出人的智力或体力差异所能导致的社会善品分配悬殊。根据2013年的一项研究，在劳动力市场中，女性的体重每增加1千克，工资收入就会下降0.4%；身高每增加1厘米，工资则会提高2.2%。② 如果这个推测和研究是有道理的，如果确实看到有很多尽管遭际不同但和金翠莲同样不幸的人，她们的故事中却没有出现鲁达，如果鲁达又不是恰好不在故事现场，那么，综合（7）、（8）和（9），鲁达所维护的只能是一种等级的正义。

---

① 施耐庵：《水浒传》，人民文学出版社2005年版，第46页。
② 江求川、张克中：《中国劳动力市场中的"美貌经济学"：身材重要吗?》，《经济学（季刊）》2013年第3期。

实际上，即使不要（7）、（8）、（9），仅仅依凭"一个正义的人"这个表达本身，就可以确知它只能是等级正义的，因为"一个正义的人"只是一个特称判断，而正义的特称判断只是等级正义的社会所特有的。非等级正义社会没有正义的特称判断，只有全称判断。不能设想非等级正义的社会也有"一个正义的人"，那里每个人都是正义的，因此这种特称判断已经丧失它的表达价值了。由此推论可知，"正义得到了伸张"也只能是等级正义的，因为能够得到伸张的正义只能是特称的正义，没有可能全称的正义需要伸张，那意味着正义曾经全部被颠覆，荡然无存，而这是不可能的。

3. 私刑是正义的吗？

鲁达的故事还牵涉一个重要的问题，即矫正正义的合法执行主体，究竟应该只是国家或政府，抑或也可以是个人？就是说，私刑是正义的吗？

就国家的本义来看，由于国家是暴力的合法垄断者，当然只有国家才是矫正正义的合法执行主体，私刑不该存在，当然也就并不正义。但是，国家的正义执行能力总是有限的，它既不可能知晓所有的正义受到损害的情形，也不可能总能及时矫正它已经知道的那些受到损害的正义，更不可能确保它所有的矫正行为都是恰当的，既不太多，也不太少。国家正义能力的这种缺失必然导致经常的正义缺席或迟到，因此在客观上，国家需要反过来授权给它的人民，让他们成为某些特定情形下的正义执行主体。格劳秀斯就认为："惩罚他人的权利首先是自然法权利；个人对此项权利的原初占有是国家权利的起源，国家经由人们的让渡而取得它；无论如何，这一让渡并不是不可逆转的，在法律或政治的空白地带，在人们发现自己身处绝境时，个人实施惩罚的权利又复兴了。"[①] 国家治理越是粗放的地方，政府执法能力越是虚弱的地方，或者文明越是往前追溯的时期，对人民的这种授权就越是重要和迫切。否则政府的基本职能无力履行，公序良俗无法建立，社会就可能解体。美国历史上的赏金猎人，今天仍然在鼓励和保障的见义勇为行动等，其存在的合法性，就建

---

① ［爱尔兰］约翰·莫里斯·凯利：《西方法律思想简史》，王笑红译，法律出版社2010年版，第205页。

立在国家正义能力在时间上可能的不及时、在空间上可能的不周到等前提之下。除此之外，国家在正义的处置方面也可能不公允，那就涉及另一个问题，即在严重的情况下人民可能如何推翻一个违背民意的政权问题。在后面这种情况下，重要的不再是国家授权给它的人民执行正义这种第二阶的授权了，因为国家授予人民的这个权力本来就是人民授予国家的，而是人民授权建立国家和政府这种第一阶的授权。就是说，在某种严重情形下，人民将收回他们对某个政权的授权，重建令他们感到满意的政府——很大程度上即重建一套分配正义的体系。

由上述可见，经过授权的私刑可以是正义的，它甚至不应该被称为私刑，而是"替天行道"的一种方式，不论这里的"天"意味着什么。无论在哪一种社会中，即使在当代社会，"鲁提辖拳打镇关西"这种故事也始终被传为美谈，这不仅意味着正义总是供不应求而稀缺，也意味着人民对他们的政府永远也不会完全满意，凡是反政府的或填补了政府职能空缺的行为都倾向于受到赞赏，尽管他们实际上并非真的不需要或反对政府。但归根结底，私刑是有害的，不仅有害于政府，最终也有害于人民。在逻辑上，私刑将会造就一个无政府的丛林世界，这显然是一种文明的倒退。"人们充当自己案件的裁判者是不合理的，自私会使人们偏袒自己和他们的朋友，而在另一方面，心地不良、感情用事和报复心理都会使他们过分地惩罚别人，结果只会发生混乱和无秩序。"[①] 在鲁达的故事中，鲁达采取了三个行动，前两个行动可以说是完全正义的（赠金和帮助逃脱控制），只是实现了却没有违背任何应该。第三个行动即杀人则不那么正义了，因为鲁达没有遵循矫正正义中至关重要的数量平等原则，无论如何，至少在这件事情上郑屠罪不至死。矫正正义"依循的却不是几何的比例，而是算术的比例。……法律只考虑行为所造成的伤害。它把双方看作平等的"[②]。我们因此看到，纯粹拯救但不惩罚的私人援助行动肯定是正义的，在这种情形下，除拯救者损失了他自愿损失的部分

---

[①] ［英］约翰·洛克：《政府论》下篇，瞿菊农、叶启芳译，商务印书馆2018年版，第8页。

[②] ［古希腊］亚里士多德：《尼各马可伦理学》，廖申白译，商务印书馆2003年版，第137页。

钱财以转移给受助的人，就像鲁达把他自己和朋友的 15 两银子赠送给金氏父女那样，以及不义的人被迫终止了他的不当得利，就像郑屠在金氏父女出逃之后不再能够得到他们的卖唱收入那样，整个社会没有损失，反而有净增的利益，即社会的和谐。牵涉惩罚的私人对正义的援助行动往往得不偿失，这种行动即使是严格数量平等的，除非事前得到政府的明确授权，或事后得到政府的明确背书，总之，通过某种转移能够把私刑变得等同于官刑，否则就会对政府权威、最后也即对正义本身造成极大的伤害。因为这违背了暴力必须被国家垄断这个政治哲学最基本的原则。

### 二 "正义得到了伸张"

"正义得到了伸张"这个表达预设了正义曾经蒙尘，不过好在又重放光芒了。这个表达和"正义不会缺席"一样频繁，受到普遍的欢迎，但彼此的语义颇有不同：正义得到了伸张，是一种非常明确的状态，正义已经实现；但正义不会缺席却可以仅仅表达一种信念：正义虽然暂时还没有实现，但迟早一定会实现，也就是：正义可能迟到，但决不会缺席。

按照本节前述的观点 1 和观点 2，正义得到了伸张应该包括如下义项。

（10）某种被普遍认同和尊崇的道德信念受到了践踏和污损。

（11）由于有人采取了行动，现在，正义的践踏和污损者受到了应得的惩罚；同时，相关受害者也得到了应得的补偿。

（12）正义又恢复到了它被践踏和污损之前的状态。

这里仍然需要一个故事，以对上述各项情形进行具体的分析。还是以第一章提到过的那个真实的事件为例：26 岁的麻某强奸杀害了 23 岁的大四女生林同学，整整 28 年之后，麻某终于落网。2020 年 2 月 24 日，南京医科大学官方微博以"正义永远不会缺席"为题发表声明："2020 年 2 月 23 日，南京市公安局通报，已抓获 1992 年我校林姓同学被害案犯罪嫌疑人。学校全体师生员工终得慰藉，我们对逝者致以深切哀悼，对公安机关多年来执着追凶表示敬佩，对长期以来南医校友和社会各界人士的关心关注表示感谢。我们坚信，正义永远不会缺席，邪恶必受法律严惩。"这份声明激发了强烈的社会反响，而南京警方官方微博关于此案的破获通报点赞量也突破了105万,转发、评论量合计也高达15万。①

那么,首先,就(10)而言,人们普遍认同和尊崇的一组道德信念,依照由弱到强的意义顺序排列,应该是这样的:第一,由于每个人的生命都出自母亲漫长的孕育和辛苦的抚养,作为人类物种生命延续的唯一载体,女性的生命理当受到充分的尊重和保护;第二,对于弱者使用暴力会被视为懦弱无能和缺乏教养;第三,女性具有完全自主的性的权利,并且强奸常常伴随殴打伤害等行为,是极为严重的暴力犯罪;第四,非法剥夺他人生命不可饶恕,"杀人偿命,欠债还钱"是千古不移的正义法则。麻某违背了所有这些基本的道德信念,其行为激起了普遍的愤怒,而他的迟迟不能落网伏法则造成了持久的悲伤和恐慌,人们对"正义决不会缺席"的信念被极大地动摇了,而这种信念本来是一个优良社会不可缺少的。麻某的罪恶之所以极其巨大,不仅在于他践踏并剥夺了林同学的尊严和生命,让林同学的亲人陷入永远的痛苦之中,还在于他减弱了整个社会对正义的敬畏和信心,而这正是一个社会赖以维系和存续的最基质的东西。

其次,就(11)而言,第一,让麻某最终落网的正义行动是国家主导的。这印证并加强了前文关于个人正义援助的思想:个人对正义的援助是有限的,鲁达们很难实施这种甚至需要几代人长期坚持努力的行动。也正因如此,这个正义行动只可能发生在等级正义的社会。按马克思的设想,非等级正义的社会意味着国家已经消失,同时也不应该出现麻某这样的罪嫌,因为那时人际差别的善品分配模式已经被取消,每个人所欲的东西都能得到饱和的满足,犯罪动机不再存在。马克思虽然没有明确讨论过共产主义社会的犯罪问题,但根据他的逻辑确实可以推出上述令人困惑的结论——必须承认,运用现有的知识和价值体系,很难设想犯罪动机和行为的消失,实际上是很难设想"每个人所欲的东西都能得到饱和的满足"这种情形,这不仅意味着社会善品的总量无限巨大,任何人无论如何都不会遭遇匮乏;而且意味着社会善品的种类也无限丰富,任何人无论想要什么都能得到满足,包括爱情,而且包括爱情偏好的随

---

① 《人民网舆情数据中心发布2020政法系统微博榜周榜》(2月17日—2月23日),2023年6月10日,人民网(http://yuqing.people.com.cn/n1/2020/0227/c429234-31607717.html)。

时迁移。这确实是难以想象的,即使不考虑性别平等、人权、感情这些也许对彼时而言"很古老"的问题。如果不是如此,如果有人辩护说共产主义并不意味着"所欲的都能得到满足"这种庸俗的情形,那就无法理解按需分配究竟是什么意思;如果有人辩护说,共产主义社会人们的所需其实十分节制,因为"异化的扬弃将是全面的解放。它将不会局限于对物质对象的享乐和占有上。……需要和享受失去了自己的利己主义性质,而自然界失去了自己的纯粹的有用性"。这就要么需要一个生物学的解释,即为什么人的生理机能那时候发生了如此巨大的改变,"需要和享受失去了自己的利己主义性质",要么就会让人疑心,一个禁欲主义式的社会为什么值得向往。如果我们不能按照现有的知识和价值体系合理地解读共产主义,否则必将遭遇基本的逻辑困难,那么也会产生另一个严重的问题,即马克思是按照何种知识和价值体系设想共产主义的?没有可能马克思独自神秘地掌握了未来社会的知识和价值体系,从而设计了一个暂时无人理解其存在与运行逻辑的未来社会。在这里,要么现有的理解和推论出现了错误,要么就可能是关于共产主义按需分配的推理和论证存在着某种形式或程度的缺陷,也许是逻辑衔接不严密,也许是论证不充分。

第二,正义的践踏者受到了应得的惩罚,这意味着什么?在我们正在讨论的事件中,麻凶应得的惩罚没有悬念,按照现行的法律只能是死刑。但问题在于,在这里,就算古老的杀人偿命原则得到了落实,但正义是否真的得到了完全的伸张?因为,问题不只在于麻凶的伏法,还在于他伏法的时间,在于由迟到的正义所产生的凶犯的额外收益和这种收益对社会善品的侵占,以及这种情形对受害人造成的额外不公。本该在28年前杀人偿命的麻凶却在此期间结婚成家,生育子女,出国工作,这就不免让人思考更多的问题:按照矫正正义的要求,从他侵犯林同学尊严并且剥夺林同学生命的那一刻起,麻凶就已彻底失去了获得爱情、家庭和财富的权利,他本该立即去自首、伏法以补偿林同学,但他刻意逃避了正义对他的惩罚,用欺骗的方法获得了他本不该获得的社会善品分配,因此他所拥有的爱情、家庭和财富,以及28年的生命本身,显然都只是一种非法的所得。只要我们去设想,当凶犯非法地获取他实际上已经获得的那些善品时,无辜的林同学却早已失去了生命,而她才是本该正当地获取那些善品的人，她本该享有大好的人生，那么，在这样一种情形下，麻凶一死百了的惩处就有理由使我们感到不满。无疑，我们确知实际的结果只能如此，但我们也由此确信正义与时间相关。实际上一切均与时间相关，没有明确的时间界定，再美好的愿景也只是谎言。迟到的正义即使仍是正义，也已是大打折扣的正义，无论如何达不到亚里士多德所要求的"既不太多，也不太少"那种标准了。

第三，就（11）而言，真正让应得一词变得苍白空洞的是"受害者得到了应得的补偿"。当受害者已经死去 28 年之久，实在难以想象她还能得到什么应得。她的应得本来是活着，但已经被剥夺了，没有任何正义可以将这个应得还给她。除此之外，无论什么东西都不配充当她的应得。比如麻某的死，这不能在任何意义上增益于她。实际上她已经没有能力再得到任何东西了，我们所能做的任何事情其实都不是为她做的，而是为仍然活着的人做的，目的是在活着的人群中间建立或恢复一种信念和秩序。比如判处麻某死刑，"以告慰死者在天之灵"，但能被告慰的当然只是活着的人自己，人们借此重拾对"正义不会缺席"的信心，因此"受害者得到了应得的补偿"很多时候仅仅是一个比喻的说法。这意味着正义永远不会是足额的，有时候甚至是不可能的，特别是当正义与时间相关的时候，因为时间是不可逆的。生命的本质是拥有一段时间，时间可以被剥夺，却不能被给予。

因此，最后，就（12）而言，所谓"正义恢复到之前的状态"也只能是一个比喻，一个阿 Q 式的自欺，因为类似林同学这样的受害者已经不再可能获得他（她）们的应得。由此确知，"正义得到了伸张"或"正义不会缺席"并不像它们在经受上述分析之前那样美好，这些表达的背后所隐藏的真实情形是正义总是岌岌可危，如果把不足额的正义和完全不正义加在一起，那只能说正义是偶然和相对的，不正义却是必然和绝对的，这就是等级正义的真相。这意味着等级正义无论如何都不是最好的正义，它应该被超越，而非等级正义无论现实与否都是有价值的，它就像海上的灯塔那样照亮黑夜——尽管在逻辑上，非等级正义也可以不只有马克思主义所推想的那样一种情形。

### 三 "一个正义的社会"

"一个正义的人"和"正义得到了伸张"只能属于等级正义，因为它们都是特称判断，而非等级正义没有特称判断，只有全称判断。但"一个正义的社会"却既适合等级正义，也适合非等级正义。在理想的范型下，等级正义也可以是一个正义的社会，就是说，这个社会确立了经过普遍同意的法，分配的比例被普遍认为合理，任何对它的破坏也都能得到及时和无偏私地矫正，那么，按照等级正义的标准，这确实就是一个正义的社会。无偏私地矫正易于理解，之所以还要强调及时地矫正，是因为生命是一个时间概念，迟到的矫正则正义不能足额，甚至了无正义可言。"惩罚犯罪的刑罚越是迅速和及时，就越是公正和有益。"①

但现实中不存在理想的范型，上述等级正义的任何一项描述实际上都不可能达到它的理想状态。首先，不存在"普遍同意的法"，所谓的普遍同意，最好的情况也只是多数人的同意。其次，分配比例也不可能被真正"普遍地"认为合理，即人人都认为合理，总有一些人，特别是那些所占比例很低的人，不会同意某种对他们来说极为不利的比例安排，因为不可能有人就正好喜欢得到较少和较差的社会善品，过上更不舒适和更不受人尊重的生活。只不过这部分人的不同意要么不能得到表达，要么被强行忽略了；或者，即使很多人确实看到自己和爱因斯坦相比贡献较小，能力较差，在理智上确实同意自己应该得到比爱因斯坦更少和更差的善品，也并不妨碍他们实际上还是想要更多和更好的东西。这也是很容易理解的，人们对自己的处境心怀不满，即使这种处境是由经过他们理性同意的那些规则所造成的。再次，这些心怀怨尤和蠢蠢欲动的人总会在他们认为合适的时候破坏正义规则就不难想象。而一旦正义蒙尘（即使这个正义仅仅是法律意义上的等级正义），及时和无偏私地矫正就更加困难，就及时而言，总会存在类似林同学案件这种正义迟到的情况；就无偏私而言，不仅因私废公的情形所在多有，而且由于无知、傲慢、偏见等导致赏罚不公的例证也屡见不

---

① ［意］贝卡里亚：《论犯罪与刑罚》，黄风译，中国大百科全书出版社2003年版，第44页。

鲜。最后，一种更为常见的情形是，分配正义的理论规则和它的具体落实总是无法相称，即使理论上分配比例确实达到了理想状态，也丝毫不能保证它的实践效果。因此"庙堂之上，朽木为官，殿陛之间，禽兽食禄"这种情况就总会不断出现，一个社会虽然预先规定了多少人为官、各级官阶的分布结构、食禄多寡和任职资格等，即使这些规定科学合理，但究竟坐在某个位子上食禄的人是不是正好就是应该坐在那里的人，这件事情永远没有绝对正确和清晰的衡量标准。这就意味着，潜在的爱因斯坦并不总能成为真正的爱因斯坦，即使成了真的爱因斯坦也不见得就真能得到爱因斯坦所应得的报偿，这种情况下爱因斯坦就可能蜕变为黄巢或洪秀全这类人物——就是说，等级正义总是岌岌可危的，即使建立在形式上普遍同意的基础上，也只能依靠强力维系。因为它只有极小概率正好偶然地处于它的理想状态，正好实现了它所宣称和追求的等级正义。绝大多数的情况下它只是围绕着理想状态的等级正义沉浮波动，要么有人拿得太多，要么有人所得太少，要么有时正义太迟，要么正义一直阙如。经由以上种种考察，可以看出，等级正义社会的不正义是一种常态，除非处于理想状态之下，一个等级正义的社会不太可能称得上"一个正义的社会"。

非等级正义的社会情况则完全不同——如果真有这个社会的话——由于每个人的所欲在这里都能得到充分满足，每个人都没有任何遗憾和可抱怨的，而且不能设想这里存在任何不理性的社会成员，那样就不可能得到一个已经得到的这种非等级正义的社会，因此破坏这种状况的行为也就不可能发生。这无疑是一个可持续存在的和完全正义的社会，等级正义社会中那种无时不有的动荡和变化在这里永远不会出现，"一个正义的人"或者"正义得到了伸张"在这里根本没有用武之地。必须顺便指出的是，非等级正义的结果平等并不能理解为每个人最后都得到同样的结果，而应理解为每个人最后都得到了所欲的结果。对于这种非等级的正义，或者说真正的平等，德沃金有一个相当近似的表述，"第一类是平等对待的权利，这是某些机会或资源或义务的平等分配权利。……第二类权利是作为一个平等的个人而受到平等对待的权利，这一权利就是与其他人受到同样的尊重和关心的权利，而不是接受某些义务或利益的同样的分配的权利"①。比如晚餐想要龙虾的得到了龙虾,想要白粥的得到了白粥,爱好辟谷的就可以不吃任何东西。如果不是这样,而是每个人都得到同样的晚餐,那不是一个正义的社会。

非等级正义的社会看起来事事皆好,逻辑上任何故事都不会发生,但一个严重的问题在于,我们找不到这个社会持续存在的动力,这使得它的可持续性突然变得虚幻起来。"人类的发展植根于人的适应性和某些不灭的人类特质,而使其永不终止地追求更适合其内在需要的环境。"② 如果一个人无论怎样都能得到他所欲的东西,在人类已有的知识和价值体系看来,他继续工作的意义应该不复存在了。在等级社会里,人们因为生存压力和比较压力而工作,而这些压力在非等级正义的社会里都消失了。如果每个人都是如此——必然如此,因为非等级正义的社会消除了人际差异——那么这个社会就已经失去活力,在逻辑上必然走向衰亡。这意味着,即使不去追问一个非等级正义的社会如何可能得来,当它真的存在时,按照其品性,也不可能持续存在,因为它会导致"用勤劳的人的成果去奖励那些能够工作却选择游手好闲的人,所以绝对而无差别的平等根本就没有价值"③。如果上述推论是对的,那就意味着非等级正义只能是应然的,并且永远只能是应然的,它没有可能真的完全实现,即使真的神秘地突然实现了,也会迅速退回到从前没有实现的状态。但这个设想中的社会依然是有意义的,它就像一个标杆或一座灯塔,人们依照它的标准和指引,不断增进现存社会的正义性,从而无限地向它趋近。

而与此相反,等级正义社会尽管连等级正义都从来不能确保,并且即使达到了所能达到的理想状态也依然是不正义的,但这个社会却是真实的、大有活力和前途远大的。这里的每个人都拼命地追逐比自己已经获得的等级更高的等级,无数激情澎湃的力量经由自发秩序的引领最终形成历史的合力,推动着社会善品的不断增加和文明的不断进步,因此

---

① [美]罗纳德·德沃金:《认真对待权利》,信春鹰、吴玉章译,中国大百科全书出版社1998年版,第299—300页。

② [美]埃里希·弗洛姆:《自我的追寻》,孙石译,上海译文出版社2013年版,第32页。

③ Ronald Dworkin, *Sovereign Virtue: The Theory and Practice of Equality*, Cambridge, MA and London: Harvard University Press, 2000, p. 2.

不正义越来越少和正义越来越多就可以期待，"一个正义的社会"在这个过程中就越来越多地褪去它特称判断的色彩，越来越趋近全称判断了。这个过程实际上是社会等级和人际差异不断被减弱的过程，也就是弱势群体得到越来越多和越来越好的照看、等级正义不断奔向非等级正义的无限发展过程，这意味着更多的平等既是值得追求的，也是正义演进中必然如此的。总而言之，等级正义是实然的，是真实的社会生活，虽然也可以期待它变得越来越好，但它始终只能是等级的正义，并且它唯有保持这种性质才是实然的。非等级正义就像地平线一样，横亘在等级正义的前方向后者招手，但等级正义只会无限地趋近它，却永远也不会最终和它站在一起。归根结底，地平线只是一种错觉而非实存，尽管这种错觉也是有意义的。

可以把本节对新框架日常语言分析所获得的新知识归结为与观点1和观点2并列的观点3：等级正义是实然的，并将永远是实然的，即不可能被完全彻底地消除的，除非人类基本生物学结构得到了根本的改变；在同样前提下，非等级正义只能是应然的，即无法真正饱和实现的。但如果非等级正义"对我们来说不是应当确立的状况，不是现实应当与之相适应的理想"，而是作为某种"消灭现存状况的现实的运动"[1]，它对正义不断增进和现实不断改善具有重要价值。

**本章小结**

"等级—非等级"这一框架本身具有积极的学术意义。此前的研究对不同正义思想的区分，主要依赖对正义分级，比如"低阶的"正义如应得正义，和"高阶的"正义如结果正义等。这种区分的认识基础是黑格尔和马克思的历史进步论，当然有其合理性。正如罗尔斯所说，正义总是与平等相关。一种正义观要么主张平等（非等级正义），要么主张不平等（等级正义），舍此无他。"等级—非等级"这一框架能够使正义相关问题得到比从前更为清晰的深入观察，通过这一框架，那些著名的思想对立和实践冲突，如激进和保守、左和右、公平和效率、公有制和私有制等，就不仅可以很方便地看清楚对方的合理性，也可以很容易反观自

---

[1] 《马克思恩格斯文集》第1卷，人民出版社2009年版，第539页。

身的缺陷，在这一框架中，它们被彻底地、集中地呈现出来了，而且是对比性地被呈现出来的。这无疑对更为妥切地解答一系列重大的相关理论和实践问题提供了更好的视角，即使完全不去讨论双方在历史发展前提下的和解，即一种辩证的和解这个马克思主义的议题，这个框架的价值也显而易见。

  本章把马克思主义正义观描述成一种"历史和逻辑统一"的思想，并且认为，这比单纯的"共产主义正义"或"超越正义"等的描述更接近事实，也更契合历史唯物主义的原则立场，因此也就具有更加包容和宽广的解释力量。必须指出，作为西方哲学一个不应割裂的部分，当然也作为中国国家意识形态，本书将马克思主义作为新框架的一极而置于十分重要的对话地位，这一对话安排显然是新框架的题中应有之义，因为离开马克思就不存在这个新框架。但是，在本书中进行对话的马克思主义只是学术思想意义上的马克思主义，即一个19世纪的德国人马克思开创的马克思主义，这个思想体系与作为国家意识形态的马克思主义即中国化的马克思主义非常不同。两者当然不是没有联系，马克思的马克思主义是中国化的马克思主义的理论基础，但无疑本书更加看重的是它们有区别的一面，只有这样才能方便平等的对话（实际上对话必须预设平等），才能批评以马克思（一个19世纪的德国思想家）为代表的非等级正义思想的一些逻辑漏洞和缺陷，这种批评的对错仅与马克思个人有关，而很少关涉马克思主义，特别是中国化的马克思主义。

第 三 章

# 等级的正义（上）

等级的正义既指一种正义观，即认为无论奖惩，均应根据某种标准（伴随着历史变化和区域差异）给予不同的人以不同的对待，唯其如此才是正义的；也指根据这种正义观实行的社会制度安排，包括亚里士多德所说的分配和矫正两个方面。本书在不同语境下交替使用上述两种含义的等级正义一词，并认为这不会造成使用和理解的困扰。因为对等级正义来说，这两种含义从未分离，思想和历史始终紧密地契合在一起。除了语焉不详的传说中人人平等的史前时期（所谓原始共产主义社会），有史以来人们一直生活在等级正义的制度安排中，熟知有关等级正义的一整套观念，并在一般情况下认为人分三六九等是天经地义的（"帝王将相宁有种乎"并不否定人分三六九等，只不过想要调换彼此的等级位置）。等级正义观念和等级正义制度同时存在，互证互文，人们无须刻意对二者进行区分，也常常难以进行这种区分。这和非等级正义的情形相当不同，因为非等级正义在很大程度上只是一个纯粹的观念，人们暂时未能建立与之配套的社会制度。共产主义运动史上所有的实践，都还称不上本书所指的真正非等级正义的社会。

等级一词的含义在本书中是宽泛的，并不限于通常的社会学含义（不同经济利益的人群区分）或政治学含义（不同权力和权利的人群区分），一切能够导致社会善品之差异性分配的人际差别，都囊括在本书所称的等级之内。

马克思主义给人的印象之一是对等级分析的专擅，特别是专擅其中的阶级分析。就马克思主义的一般理解范式而言，人们通常把等级理解为政治学意义的，即对享有不同权利的人群之区分方式，而把阶级主要理解为社会学意义上的,即对拥有不同经济利益的人群之区分方式。当然,马克思本人有时候也把等级看作阶级的下一级词汇,比如,当他在《德意志意识形态》中说"资产阶级已经不再是个等级"时[①],他说的是由于资产阶级已经上升为社会的统治者,即资本主义社会绝对掌握生产资料的阶级,不再是从前的行会师傅或小作坊主人了,而行会师傅或小作坊主人在封建时期也和帮工一样受到贵族的压迫剥削,尽管他们同时也压迫剥削比他们等级更低的人,就是说,资产阶级曾经也是被压迫阶级。在这里,马克思显然是在代表经济地位的社会学意义上使用等级一词的(就像阶级一样)。不过,列宁使用等级一词具有明显的政治学意义,他说:"……奴隶社会和封建社会(以及农奴制社会)的阶级同时也是一些特别的等级。相反地,在资本主义社会中,所有公民在法律上一律平等,等级划分已被消灭(至少在原则上已被消灭),所以阶级已经不再是等级。"[②] 他的意思是说,由于资本主义社会建立了法权平等,资产阶级在法律意义上并不享有高于工人阶级的任何特权,因此劳资关系和传统时代的贵族平民的关系截然不同了,形式上的平等已经确立,等级制度已经消灭。但本书不在列宁的政治学意义上使用等级,也不准备局限于仅仅运用阶级分析的方法。马克思不会认为性别或外貌这些东西与等级相关,但在本书视野中它们构成重要的等级。

一个和等级相关的紧迫问题是对自然等级和社会等级的区分,实际上即对先天获得的等级和后天习得的等级的区分。这种区分相当必要,因为先天和后天的等级常常显著不同,理应将其区别开来,以便更好地认识并有区别地对待它们。比如,人们通常认为品德和才干是后天的、人为的,即主观努力能够有所作为的;而外貌则是先天的、主观上无能为力的(不考虑整容的情形)。所以以貌取人一般会遭到反对,因为外貌是一个人不该得的,这对外貌不符合主流审美的人不公平;而强调用人以德以才,因为德才是个人努力的结果,从而是一个人应该得到的。但这里也存在两个问题,第一,德才和外貌究竟谁

---

① "因为资产阶级已经是一个阶级,不再是一个等级了。"《马克思恩格斯文集》第1卷,人民出版社2009年版,第583页。

② 《列宁全集》第6卷,人民出版社1959年版,第93页。

更重要的标准并不在于它们来自先天或后天，也不是后天努力的德才就必然优胜于先天获得的外貌，而应该是它们在不同的领域、不同的时间、不同的用途各有其不可替代的重要性；第二，更重要的是，先天后天彼此纠缠，实际上难以截然区分，很难说德才纯粹是后天习得的而与先天基因无关。在基因决定论看来，所谓后天因素很大程度上是个伪命题，一切早已写在个体的基因表达式里。基因决定论的这种观点未免偏颇而容易滑向宿命论，但在区分自然和社会等级时，应当对这种情况有所自觉：对自然等级和社会等级的区分只是相对合理，有时仅仅为了言说的方便。等级很重要，但把各种等级区分开来这件事本身却并不那么重要；在必须区分两种等级时，自然等级的基础地位是更应该被强调的。

无论自然等级还是社会等级，都可以有众多甚至无限多的区分标准。下面仅就其中最重要的几种进行扼要分析，并讨论它们对差异性善品分配的影响。

## 第一节 自然等级

### 一 种族

由于历史上的惨痛教训以及极易导致群体性的意识觉醒与冲突，种族话题已经成为全球最大的政治禁忌。种族之间的相互恐惧和相互妖魔化，是人类根深蒂固的一种心理情结，表现了人类对族群生存和资源竞争的天然警觉。在政治哲学领域，受关注较多的是不同种族间的意识形态区隔和文化差异，但本书认为，这些区隔与差异背后还有一个真正重要的物质力量，那就是种族排斥。种族对意识形态和文化的重要性通过一种奇怪的方式表现出来，即种族话题逐渐成为一种禁忌，而意识形态和文化话题则无须如此。意识形态和文化等人类构建的东西都可以继续还原，因而不是始基性的。但种族无法再还原，最多只能追溯其发生发展的历史，无论怎么还原，种族还是物质性的，是真正坚硬的实体。不用说，种族融合古已有之，但人类学意义上的几大主流种族的生物学区隔依然是有目共睹的，不承认或刻意回避这一人类文明基础性的物理事实于事无补。自从地理大发现以来，过去漫长时期内很少或从不来往的各个种族被迫开始彼此密切交往，科学技术占据优势的发现者们（通常即白人种族）曾经制造无数的惨剧。目前，种族平等至少在绝大多数社会都是公认的价值规范，尽管实际上种族平等的实现还需要不懈的斗争。有人把种族描绘成想象的共同体，即种族并不真的以人们认为的那种实体方式而存在，而仅仅是某种文化心理认同，这不是真的。当然安德森在使用这一术语时描述的是比种族的实体性稀释得多的民族，他可能本想强调民族是历史文化的产物，但"想象的共同体"① 这个称谓确实极大地瓦解了民族及种族的真实性和严肃性。

种族作为等级，一个最重要的特征是群体性，即只要存在种族歧视和压迫，被歧视和压迫之种族的所有个体理论上就无一幸免。种族的特性承载在它的每个个体身上，可以和种族内部的尊卑贵贱无关。群体性是种族问题极易引发激烈冲突的根本原因，一方面，每个族群成员都难以置身事外，由此往往造成空前的团结，另一方面，群体性也在很大程度上免除了族群个体的责任和恐惧，为最猛烈的暴力行为扫除了障碍。因此，在人类的所有冲突中，种族冲突既是最经常的，也是最惨烈的。一些别的等级看起来也是群体性的，比如性别，却不造成类似的冲突。因为性别等级虽然是群体性的，但同时也是分散的，没有可能把所有的男人或女人集中区隔开来进行对峙；而且性别双方力量之不对等是清晰可观察的，种族之间的力量悬殊常常被有意无意地遮蔽掉了；更重要的是，性别等级总能得到爱情和亲情的补偿——这种亲密关系往往是无以复加的巨大补偿——其冲突性因此被极大地削弱和消弭了。

讨论种族等级如何形成超出了本书的能力范围，在此仅仅需要指出这一事实：种族等级始终存在，并且高居各种千奇百怪的等级链条之首。种族的等级一旦存在就会使得其他等级变得相对次要，其他等级在种族等级面前一律被平等化了。在蒙元王朝，社会管理实行四等人制，依次是蒙古人、色目人、汉人（曾在金朝管制下的汉族、女真族、契丹族等）、南人（最晚归附的南宋汉人）。蒙古人和色目人享有法律规定的许

---

① ［美］本尼迪克特·安德森：《想象的共同体》，吴叡人译，上海人民出版社2011年版，第6页。

多特权（政治、军事、文化、法律、科举等各个方面），这是种族等级在分配正义中发挥作用的一个著例。[①] 全球化时代之前，在不同历史时期和不同地理区域，总会出现一些占据优势地位的种族，在很大程度上由这些种族主宰着区域内其他种族的命运，比如东亚地区的华夏汉族。"非我族类，其心必异"，这种文化观念根深蒂固，并在社会的实际运行中制造出个体无法抗拒的喜怒哀乐和悲欢离合，金庸小说《天龙八部》中乔峰的悲剧即缘于种族区隔，足见种族等级在社会善品分配体系中的伟力。

现代社会的种族等级之森严、之分明，分配比例差别之大，较之传统时代不遑多让，只不过可能披上了一件法律或者市场面前人人平等的文明外衣。南非历史上长期存在的种族隔离制度就是一个例子。这项制度早在荷兰殖民统治时期就已现雏形，到1948年南非实行普选时成为正式制度。政府规定白人是最高等级，印度人后裔（19世纪来到南非种植园的劳工后代）、有色人种、黑人的等级依次降低——可见种族隔离政策的依据仅仅是人们的肤色。并且从1960年开始，将非白人的南非人驱逐出原本的居住地，强制迁入就近的隔离区域。[②] 规定其他三个等级禁止与白人通婚；黑人儿童只能去专为他们开设的教育机构，在那里他们将会被教导成未来的劳工；更不用说黑人不享有选举权与被选举权；等等。这些政策的目的在于使占人口少数的白人在国内享有政治、社会、经济的绝对优势，稳固白人的统治。[③] 尽管作为种族隔离法律基础的《人口登记法》已于1991年废除，但时至今日南非社会仍然存在种族隔离的深深影响。印度的种姓制度同样是一种种族等级，种姓越高的肤色越浅，反之则越深，指征着某种类似中国"肤白貌美"或"一白遮百丑"的浅肤色崇拜。种姓制度在法律意义上虽然已经被取消，但实际上依旧运行良好，在职业准入、婚姻选择、收入高低等各方面发挥重要作用，仿佛斯密所说的"一只看不见的手"。[④] 白人最近300多年来一直居于世界支配

---

[①] 刘浦江：《元明革命的民族主义想象》，《中国史研究》2014年第3期。

[②] Beker R., *The history of South Africa*, Greenwood Publishing Group, 2000, p.128.

[③] Mayne, Alan, *From Politics Past to Politics Future: An Integrated Analysis of Current and Emergent Paradigms*, Westport, Connecticut: Praeger, 1999, p.52.

[④] Darshan Singh, "Development Of Scheduled Castes In India-A Review", *Journal of Rural Development*, Vol.28, No.4, 2009.

地位（尽管人种概念已经被人类学摒弃，认为其分类的依据只是不同人的肤色、发质和面部特征，而这些都是人类正常与自然的体现，是每个人都与众不同的，但考虑到现实存在的以人种为依据的种种歧视现象，本书仍将同等地使用人种或种族等概念，并倾向于认为，人种概念被摒弃主要依据政治正确，而不是客观的生物科学），非裔和亚裔一直居于弱势，是一个不争的事实。只要看看全世界贫困线以下有多少非裔，再看看不同族群的人均收入和资源占有数量，看看白人主导的生存空间最近几百年来发生的巨大扩张，情况就很清楚。近代以来以种族为名的大屠杀、以色列和巴勒斯坦的持续纷争、美国黑人面临的结构性和制度性的困境等提示我们，种族等级否定人的价值，其历史合理性（如果曾经有过）早已消失殆尽，不论是明文规定的还是约定俗成的，都亟待彻底废弃。

如何消除种族等级，理论上存在的方案一个是消除种族本身，即实现各个种族的完全融合。但这个表达逻辑上存在矛盾：正因为种族之间是冲突的，所以种族的完全融合是不可能的，只要有两个以上的种族，就总会分别出成绩优劣和贡献大小，种族等级就是不可避免的——就像种族内部个体之间的等级不可避免一样，只不过种族等级的危害尤为显见。另一个方案是消除资源的有限性，使得所有种族都能无限制和无差别地得到同样多和同样好的东西，亦即达到等级正义的历史终点非等级正义。上一章的讨论认为，无限趋近非等级正义是应当和可能的，但把非等级正义当作实存性的"应当确立的状况"，则只是一个未经周密论证的社会计划。

## 二 血统

种族问题某种程度上与血统问题相关，或者反过来说也是一样，血统问题根本上也就是一个细化版的"种族"问题，二者的关键都是将人们按照生理学特征及血缘远近分门别类，区别只在于其所在乎的生理差异的程度或范围。

血统作为等级对社会善品分配的直接影响，主要体现在已成过去的封建时代，以中国的周朝，又特别是西周为著例。在那里，社会上绝大多数的人仅仅因为出身就无权接受教育和担任公职，底层上升的社会通道被彻底堵绝，贵族和平民之间的等级区别被制度性固化，血统等级之不公，莫此为甚。贵族内部也有等级，比如论长不论贤的嫡长子继承制度，就排除了所有非嫡长子贵族成员的爵位继承权，无论他们多么贤德和能干都是如此。当然，这个等级差异仅对贵族当事人可能不公平，对整个社会的影响倒主要是正面积极的，因为这样减少了可能发生的贵族权力争斗，殃及平民的可能性也就小了。血统等级的正当性在漫长时期得到广泛的接纳，不仅贵族们相信人的尊卑贵贱与生俱来，而且被压迫的等级也不例外。项羽叔侄起兵造反之初，不敢自立为王，而要把流落在民间放羊的楚怀王的孙子请出来作为领袖，"从民所望也"①，可见人们对"龙生龙，凤生凤"的血统等级持有一种坚定的信仰。

有赖于现代性启蒙之力，今天大部分人们对各种依靠血统红利的"二代"们不再高看一眼，甚至加以嘲讽。个体性觉醒后，血统等级越来越失去了社会意义，其作用越来越局限于家庭内部。从传之久远的滴血认亲到今天流行的亲子鉴定，对当事者而言固然悲喜攸关，但对旁观者和整个社会则意义甚微，因为这些事件和社会善品分配一般而言已了无关系。除了极少数仍然实行世袭政治的地方，血统等级在历史进步中渐行渐远，只留下了一个孤独落寞的背影。

### 三　性别

性别等级持久而普遍地存在，并常常造成悲惨的后果。但由于以下原因，这一等级的不公常被忽视，以至于即便在现代社会也没有得到像血统等级那样足够的改善：一是伪合理性，即人们总能为性别等级找到足够多甚至足够好的理由，以证实性别等级是自然的，不可能改变且无须改变的，连女性自己也往往对这些理由深信不疑。比如女性在体力上和男性的显著差距，或者由于生理原因不适合长期的野外工作（包括作战），或者由于怀孕、生产和哺乳不得不依靠男性的经济支持，等等。这些理由看起来都是无可辩驳的，足以证实女性比较次要的地位乃是出于自然法则。但毫无疑问，所有这些事实本身都不能证明所谓"第二性"的评价是正当的，除非对这些事实加以某种价值标准的解释。任何"第二性"的评价均有赖于对女性劳动价值的刻意贬低——就像对农产品价值的刻意低估一样——比如，更大的体力是否一定具有更大的价值这一

---

① 司马迁：《史记（点校本二十四史修订本）》第一册，中华书局2013年版，第381页。

点。也许冷兵器时代的狩猎和战争偏好更大的体力（必须指出，狩猎或其他生存性活动偏好更大的体力，其合法性无人质疑，关键在于战争为什么存在。战争不是女性的需要，女性也从不是战争的原因，强迫女性为战争买单没有道理），但现代生活中体力极大地贬值了，贬值到性别差异几乎可以忽略不计的地步，除非体力就是专门用作性别对抗的，那么男性的胜利当然没有悬念。至于认为女性的怀孕、生产和哺乳没有价值或价值很低，从而认为这些过程中女性是在"仰仗"男性的供养，因此低于男性一等就更加荒谬。一方面，女性处于这样的状态理应是双方达成契约的结果，没有可能女性强迫男性达成了这个契约（事实往往相反），因而双方的责权利是自愿而对等的，否则女性本来也可以不处于这样的状态；另一方面，女性在此过程中所负担的工作之难也许十倍于男性同期的觅食工作，并且人口生产是女性独有而且对种群繁衍至关重要的职能，没有什么理由认为女性反而付出较少得到较多。"男人养活了女人"这种由来已久的论调的错误，或者是出于一种狭隘的劳动决定论（获取生存资料的体力劳动特别是重体力劳动决定论），或者是长期对女性的他者化观念作祟。狭隘的劳动决定论认为取得生存资料的劳动才是劳动并有巨大价值，人口生产因为看起来是自然而然的，似乎并不需要女性格外的"创造性"付出，所以即使人口本身有价值，生育行为也不被认为是一种类似觅食那样有价值的"创造性"劳动；而家务劳动的价值更是长期被忽略，历来被看作一种依附性质的琐碎活动，因而价值较低。但实际上，家庭内部女性的家务劳动当然是生产性劳动，除了劳动本身的经济价值外，还生产劳动力，在这一过程中女性需要付出巨大的时间、精力、感情和健康代价。[1] 这种劳动对家庭维系和后代培育的意义，从而对整个社会秩序延续的意义，是无论怎样高估都不为过的。同时，在女性与男性同样进入职场工作的现代，家务劳动仍然主要由女性承担，女性在家庭内外要承担倍于男性的劳动总量。[2] 在这种情况下，也

---

[1] 本斯顿称之为"私人的生产"。Benston, Margaret, "The Political Economy of Women's Liberation", *Monthly Review*, Vol. 21, No. 4, 1969.

[2] Lennon, M. C. & Rosenfield, S., "Relative Fairness and the Division of Housework: The importance of Options", *Journal of Sociology*, Vol. 100, No. 2, 1994.

许由政府统一采购女性特有的生育活动及家庭内部的家务劳动才能使人正视女性独有的劳动之价值，否则女性的劳动价值就必然被严重低估，甚至始终只能隐而不彰（对家务劳动计酬也有许多问题，在此不讨论）。

事实上，根据马克思主义女性主义的理论，家务劳动、生产（物质生产）、再生产（人口生产）等都具有高度的相互关联性[①]，为此女性主义者进行了诸多开创性的研究工作。为考察社会劳动分工的性别化特征及情感支出与控制在有偿和无偿劳动中的价值，女性主义对马克思的劳动概念进行了延伸扩展，提出了情感劳动概念。情感劳动特指一些主要依靠情感支出和控制的劳动，比如照顾性和护理性工作，后来扩展为一切劳动中可能附着的情感支出。在女性主义看来，这种劳动历来极不公平地主要由女性承担，它们既可能是有偿的，如护士或银行雇员的劳动，也可能是无偿的，如家庭主妇的劳动，但都是资本主义剥削体系的有机部分。这意味着，女性所承担的劳动不仅是身体上的，更是情感上的，也就是说，在劳动中存在一种性别分工，而这种分工是不平等的。这种分工方式在原始社会已经出现，基本特征是女性的劳动主要关涉再生产（与人口生产相关的），男性的劳动则主要关涉生产（与物质生产相关的）。女性劳动于私领域，男性劳动于公共领域。随着工业革命及生产力的发展，越来越多的女性打破私领域的束缚进入公共领域，在劳动力市场中占有一席之地，但劳动的性别分工在家庭内部和劳动力市场中仍然普遍存在，情感劳动仍然不成比例地分配给女性。

情感劳动之不成比例地由女性承担，典型地体现了两性之间权力关系的不平等。女性主义认为，劳动性别分工与公私领域的二元对立赋予了不同劳动不同的价值，隐含着两性的权力关系等级。女性从事的劳动是感性的、不可量化的，因而其价值就难以确定，商品化的难度也更高；男性的劳动则是理性的、可量化的，易于确定价值的。因此女性劳动的价值一直被低估，难以获得应有的报酬，这种差异塑造了女性无关紧要的印象，使女性作为从属者、第二性的、辅助的性别形象固定下来，男

---

[①] 当马克思谈论再生产时，他所指的是社会总体的再生产，而马克思主义女性主义谈论再生产时，一般指作为商品的劳动力的生产和再生产，包括怀孕、分娩、养育、照料等与人口再生产相关的劳动，还包括家务劳动等生产劳动力所必需的劳动。

性则具有更多的优势和机会,两性间的权力关系日益固化。情感劳动的这种二元建构方式在各种维度上损害着女性的利益。从根本上来说,情感劳动的价值之所以常常被忽视,是因为人们持有一种伪善的情感纯粹主义观念,认为感情不应该以金钱来衡量,情感劳动者的报酬因此常常是较低的,有时甚至没有报酬。出于对情感纯洁品质的虚伪保护,女性情感劳动的市场价值受到抵制。如吉利安·达利(Gillian Dalley)认为,在资本主义制度下,家庭劳动的不平等问题被人性价值与劳动力之间的冲突掩盖,女性不得不在照顾劳动的商品化和无偿利他的社会期待两者之间做选择[1];卡罗尔·罗斯(Carol Rose)则反对公共领域与私领域的划分,认为所有层面都是相互作用的;瑞娃·西格尔(Reva Siegel)指出,把女性的情感劳动隔离在市场之外的系统使女性失去了对其生存至关重要的、应有的劳动报酬[2]。

性别等级不公地被忽视,原因之二是它的隐蔽和分散,以及人们普遍的绥靖态度,也包括女性本身在长期被规训下的绥靖。性别等级分散在广阔的城乡,隐蔽在无数表面平静的家庭生活之中,无论女孩被遗弃,或受教育权利被剥夺,或恋爱婚姻被干预,或就业被阻止被歧视,或妻子遭遇家庭暴力,所有严重的情形,都会很轻易地在"家丑不可外扬"的信念中被遮蔽,即使暴露出来,也会被另一些信念如"清官难断家务事"或者"家家有本难念的经"彻底消解,最终好像任何事都没有发生。这种绥靖态度同样建立在人们对性别等级的认同之上,无论是积极的认同或消极的认同。比如女性对性别等级的自我认同通常会是消极的:虽然这很不好,但谁也无法改变,只能认命。但实际上当然不是谁也无法改变。女性被迫认同自己的被欺凌,主要无非因为经济上对男性的依附。因此,使更多女性受到良好的教育,发展女性广泛的就业,特别是高水平的就业,就能在很大程度上改变女性在性别等级中的不利地位——这种情形验证了马克思主义经济基础决定上层建筑之历史唯物主义的绝对

---

[1] Dalley G., "The principles and practice of collective care", in *Ideologies of Caring, Women in Society*, London: Palgrave, 1996, p. 136.

[2] 马冬玲:《情感劳动——研究劳动性别分工的新视角》,《妇女研究论丛》2010年第3期。

真理性。

性别等级还具有易于中和的特点，即这种不公总是会被很多别的因素所中和，不公正的感觉容易被稀释，因此到后来好像也就不那么重要了，这也是性别等级很少引发显性的严重社会冲突，因而也就不太能够引起普遍重视的一个原因。中和性别等级的因素很多，主要是双方的感情联结和对家庭子女的共同责任，而后者最终仍需主要归结为经济原因：如果不是因为贫穷，并且不仅女方贫穷，男方也同样贫穷，双方的父母也都贫穷，那么离婚本来就不应显得那样艰难，以致往往很难成为一个现实的选项。在生存面前（女性自身的和子女的生存，有时是整个家庭的生存），无论尊严或自由都只能屈居其次。

生理性别是天然的，但性别等级是建构的，随着技术和经济的不断进步，女性能够得到不断的解放即是一个明证。但女性解放的程度暂时还很小，物化女性的现象还很普遍，这是长期的父权社会不断规训的结果。恩格斯在盛赞傅立叶的社会主义思想时说："他（指傅立叶，引者注）第一个表述了这样的思想：在任何解放中，妇女解放的程度是衡量普遍解放的天然尺度。"[1] 这意味着，如果人类终将走向解放，必须首先解放妇女，像放弃血统等级那样最终放弃性别等级。按照黑格尔主奴辩证法的逻辑，性别等级的存在不仅意谓女性未被解放，同时也意谓男性未被解放，最终也就是人类全体未被解放，因此消除性别等级绝不仅仅是一个女权主义的话题。

### 四 外貌

外貌包括人的长相、肤色、身高和身材等，总之即一个人的"色"，即可观察到的人的身体的外在因素。人的外貌差别之大，以及这种差别对人在社会善品分配中所占比例的巨大影响，即使仅就一般经验范围之内所能看到的情形而言，也足以令人触目惊心，自古皆然。唐宋取士就有"身言书判"的明确要求，"凡择人之法有四：一曰身，体貌丰伟；二曰言，言辞辩正；三曰书，楷法遒美；四曰判，文理优长"。[2] 劳动经济

---

[1] 《马克思恩格斯文集》第3卷，人民出版社2009年版，第531—532页。
[2] 欧阳修等：《新唐书·卷四十五选举志下》，中华书局1975年版，第1171页。

学的有关研究证明，美貌可以提高个体劳动报酬，也就是说在劳动力市场中存在着"美貌溢价"或"丑陋惩罚"的潜规则。[1] 汉朝著名的美男子董贤"为人美丽自喜"，且"善为媚以自固"，哀帝惑之，不仅"宠爱日甚，旬日间赏赐累巨万，贵震朝廷"[2]，不仅留下断袖之典，而且后来竟发展到要将帝位让给他的地步，终于引来王莽之祸，致西汉覆亡。正如孔子当年所感叹的，"吾未见好德如好色者"[3]，比照当下的"颜值即正义"，可谓古今同慨。

人和人之间的外貌差别无法消除，也不可能设想人们不去偏好美色，董贤或者杨贵妃这样的外貌顶级掠食者总会出现，而其余的绝大多数人则只能是中人之姿，其貌不扬。那么对这些绝大多数不可能在外貌竞争中获利的社会成员而言，重要的就是制定规则。比如排除对担任公职的外貌要求，压缩公共权力的寻租空间，阻绝政治生活和外貌的联系，把对美色的偏好变成纯粹的私人事件。这对维持一种多元社会是有益的。健康的多元社会并不谴责或企图消除外貌等级，因为这是不可能的，但会努力把外貌等级对善品分配的影响控制在一个可以容忍和接受的程度。

**五 其他自然禀赋**

除了上述的种族、血统、性别和外貌，影响人们社会竞争能力的自然禀赋还有很多。比如体力。历史越是往前追溯，体力就越是重要，就像丛林世界的强者为王。即使今天，体力仍不是无关紧要的，无论体制内外，体力仍是人们获取更多社会善品的重要武器，比如体制内的各种力量型的比赛，或者专政机构对力量型人才的需要，或者体制外的私人保卫工作，等等。每个人都总有可能遭遇一些特殊情形，在那里知识无用，甚至财富和权力也暂时无济于事，唯有力量可以赢得尊严和生命。权力的本质即暴力，体力作为一种最原始直接的暴力，无疑是权力的一种表现形式，有时候甚至可以是绝对权力，就像鲁智深对郑屠的情形

---

[1] Deryngina, T. and Shurchkov, O., "Does Beauty Matrer in Undergraduate Education?", Econ Inq, Vol. 53, 2015.

[2] 王先谦：《汉书补注》第十一卷，上海古籍出版社 2008 年版，第 5995 页。

[3] 杨伯峻：《论语译注》，中华书局 1980 年版，第 93 页。

那样。

还有超群的记忆力或者智力，或各种各样出类拔萃的天然禀赋，像莫扎特那样的音乐天赋、姚明那样的身高等，都可以让人获得额外比例的善品分配，远超资质平庸者之上。实际上任何一种优秀的才干，包括政治、经济、军事和学术思想上那些杰出人物所表现出来的，背后通常都隐藏着某种非凡的自然禀赋，而非单靠后天努力即可成功。反之，在实际经验中我们也看到很多刻苦自律的人，对某个既定的目标孜孜以求，终其一生不稍懈怠，却建树甚少而无人喝彩。自然禀赋的分布纯属遗传偶然，让某些具体的人额外获益或额外失落，又与他们的主观努力无关，这里的不公平是显而易见的。马克思和罗尔斯正是在这种意义上要求把一切自然禀赋看作公共财产，认为没有人应该为此而单独受益，从而将等级正义引向他们各自意谓的不同程度的非等级正义。"把自然才能的分配看作一种共同的资产，并共同分享无论它带来的利益是什么。那些先天处于有利地位的人，无论他们是谁，只有在改善那些处境不利者状况的条件下，他们才能从他们的好运气中获得利益。那些先天处于有利地位的人不能仅仅因为他们的天赋较高而获利，而只能通过抵消训练和教育费用并用他们的禀赋帮助较不利者而获利。没有人应得其较高的自然能力，也没有人应得社会中较为有利的起点。"[①] 这个要求的正当性是毋庸置疑的，只不过实施这个要求确实又会带来新的问题，比如社会活力的减弱或丧失，因此稳妥的实施方案似乎还没有找到。但如前所述，等级正义终归是不正义的，无论等级正义具有多少现实性，都不意谓它的正当性，如果历史确实存在着某种进步的必然性，那无非意味着等级正义朝着非等级正义的不断趋近。

年龄具有特殊的性质，值得稍加讨论。不能说年龄是一种禀赋，因为它毫不稳定，每时每刻都在变化，但年龄肯定是自然的。几乎每个社会都为重要的权利享有规定了年龄要求，有些可以看作戏谑性的，没有严重的性质（也许只是在今天的我们看来不严重，当时的当事人却认为是严重的）。比如布留尔记载的某些原始部落，将未举行成年礼的男子归

---

[①] [美] 约翰·罗尔斯：《正义论》，何怀宏等译，中国社会科学出版社2009年版，第101页。

于妇女行列，吃饭时令他们与妇女同坐，并不准他们享用很多种类的肉食等。有些则因为关系到直接的政治权力或经济利益，显然是严重的。比如《礼记》说："合男女，颁爵位，必当年德。"[1] 又说："五十而爵。"[2] 即结婚和享有爵位都要达到相应年龄，男子年满20才能做士，50岁才可任大夫，这是年龄等级的一种。还有先前提到的嫡长子继承制度，也可以说是一种重要的年龄等级。中国历来有敬老的传统，除非战争时期，各种权力一般掌握在老人手中，这对年轻人的创造发展造成很大的障碍，其实也就是对整个社会的创造发展造成了障碍，因为一切伟大的成就都出自青年时代，对青年的过分束缚贻害久远。《礼记》说："昔者有虞氏贵德而尚齿，夏后氏贵爵而尚齿，殷人贵富而尚齿，周人贵亲而尚齿，虞夏商周，天下之盛王也，未有遗年者，年之贵乎天下，久矣。"[3] 这是说不管贵德贵爵、贵富贵亲，敬老是圣王时代的共同美德，因此一个人即使年迈昏聩仍要手握权柄，仍是制定规则和裁决胜负的人。这种敬老社会特别容易造成对科学的排斥和巫蛊的流行，因为权贵在老年对不病不死都有很紧迫的渴求，这是科学不能满足的，非求诸巫蛊不可。20世纪90年代的全国性气功热潮，或许就是一个切近的例子。

## 第二节 社会等级

社会等级并不意味着某种和自然等级截然不同的东西，它不仅必须以自然等级作为基础和前提，而且很大程度上还被自然等级所直接决定着。社会等级这一概念只是强调它是人为建构的而非自然生成的，但建构不是向壁虚构，社会等级建构的材料和原则如果不是直接出自自然等级的话，至少也都与自然等级相关。知识和才智是后天培养习得的，属于社会等级，但谁也无法否定这种等级早已蕴含在自然禀赋之中。以此类推，除了程度不同，几乎可以说所有社会等级都不外此。但问题还有另外一面，即只有社会等级才是真正的等级，一切自然等级要想在善品

---

[1] 李学勤主编：《礼记正义》，北京大学出版社1999年版，第713页。
[2] 李学勤主编：《礼记正义》，北京大学出版社1999年版，第423页。
[3] 李学勤主编：《礼记正义》，北京大学出版社1999年版，第1336页。

分配中现实性地发挥作用就必须转换为社会等级，或者也可以说，一切自然等级最终都要采取社会等级的形式。因为我们已经建立起了一个与自然世界迥然有别的人文社会，纯粹的自然等级至少在形式上不会再得到承认了。

### 一　官职（前现代的政治权力，即绝对权力）

官职一词在这里并不是意义最精准的，但很难找到比它更适用的表达。权力本来适用，但它的外延现在变得过于宽泛。财富和美色往往也被说成权力，也都具有很大的影响力，但这里要说的只是政治权力，而且是前现代形态的、不受约束的政治权力，因此使用权力的话就需反复申明这个词语双重的狭义性，否则容易造成误解，倒不如直接使用官职这个词语。"公职"看似是一个可选项，但一是担任公职的人并不都有这里想要表达的那种权力，比如绝大多数普通公务人员并不掌握公共资源分配的决策权。即使公职、官职、公务人员这些称谓没有前现代政治和现代政治的指称区隔而可以通用，公职也不能完全代替官职。二是严格说来，公职主要适用于民选政府的情况，而民选政府在政治制度史上还只有较短的历史。官职一词虽然较为粗鲁，人们很容易感受到其中蕴含的专制政治气息——这正是它的本色，并正是官职等级具有格外重要性的地方。在官职等级的影响下，"如果没有有影响的地位，无论品行如何，一个人也终将无所成就。因此'在上者'应求的是位，而不是利"[1]。如上所述，本书想要讨论的是一种在现代社会依然存活的前现代形态的政治权力，因此官职比公职适用得多。也因此本书不可能纯然在韦伯理性官僚制的意义上使用官职一词，理性官僚制的要义之一是公私分离，规则第一，每个人都在公开透明的规则范围内行使权力，上下层级之间没有人身依附关系。如果在这种意义上使用官职，那就等于把官职和公职、传统政治和现代政治完全等同起来了。实际上理性官僚制、公职、资本主义文明是同一回事，区别只在于是管理学意义上的资本主义还是政治学意义上的资本主义。官职的情况和它们很不一样，它主要归属于前现代政治文明。如果说它也遵从规则，那唯一重要的规则就是

---

[1] Gerth H. H., *The Religion of China*, New York Collier and Macmillan, 1964, p.152.

服从上司——不是理性官僚制所要求的那种每一级只服从自己的顶头上司（不越级是理性官僚制十分看重的原则，既不越级负责，也不越级指挥），而是所有的官职都共同服从顶级的那个上司，其称谓通常就是皇帝，或者也可以叫作别的什么。官职一词正是指称这样一种特定社会的特定等级，它把公职一词所蕴含的现代政治文明的情形排除在外了。在韦伯的理性官僚制度之下，官员很难像他们传统时代的先辈那样作为一个特殊等级享有额外不同的社会善品分配权力，因为权力已经被现代性极大地"祛魅"了，官员也就变成了一种有"职"无"官"的寻常职业。

作为社会等级中至关重要的一种，官职等级曾经在漫长时期和广大范围之内主宰着其他社会等级，成为社会善品差异分配之最具决定性的影响因素，并且至今仍在世界上很多地区顽强地坚守着它的主宰地位。按照亚里士多德的政治制度分类，官职主宰社会意味着君主政制的变态形式僭主政制，它包括两个互相联系的方面，一是独裁，二是为了私利的独裁。如果去掉独裁，它就变成了寡头政制，而如果去掉私利，它就回到了君主政制——这意味着几乎所有我们称作君主制的社会其实都只是僭主制，因为不可能找到一个不是为了他的私利而是为了全体人民的利益而进行统治的君主，尽管所有的君主都一定宣称其统治为了全体人民。君主独裁（其实是僭主独裁）具有如此长久的生命力，从有文明之初一直延续至今仍然方兴未艾，原因有二。一是这种政治制度确有它的专擅之处，由于它既不总是在乎人民的权利，也不总是在乎人民的利益，就可以在它认为需要的情况下采取一切令人惊叹的方式进行统治，因此也就往往具有很强的社会动员能力（在"普天之下莫非王臣"的逻辑之下这是毫无疑问的），也往往具有很高的行政效率（在无须考虑人民的任何权利的情况下这也是必然的）。这两个方面的绝对优势，韦伯的理性官僚制度远远不及。二是这种政治制度会造成各级官员的极度舒适和满足（舒适和满足的程度随官阶的上升而不断增强），因此他们会空前团结地想要维护这一制度。在绝对的武力、绝对的话语权、绝对的社会善品控制这三方面的控制下，他们的维护也就容易产生成效，即使维护失败，一个特定的专制王朝覆灭了，代之而起的新王朝仍会复制这种令人欣羡的制度。这个制度几千年来不断地被激活，成为亚里士多德阐述的三种政制中最持久和最强有力的一种。

　　独裁政制如何使得官职成为社会等级中占主宰地位的一种，或者说，这种制度如何让它的各级官员感觉极度舒适和满足？无他，赋予官职绝对的权力即可。绝对权力一方面是说权力不受限制，既没有公权和私权的严格分野，也没有法定权力和自由裁决的界限，其结果就是权力无远弗届，包括人民的吃饭穿衣都可成为管辖的对象，而且一切权力最终都成为自由裁决权，个人私利或好恶这种本应在公共权力行使中绝迹的因素反倒成了公权中常见的甚至决定性的因素；绝对权力的另一方面是说权力不受监督，任何官员对其造成的任何事态都无须向人民负责而仅向他们的上司负责，因为不是人民而是其上司有权任免他们的官职，对官职的来龙去脉负责是逻辑必然的和天经地义的。当然也可以辩护说，一切官职顶级的上司终将面对人民和对人民负责，因为即使按照中国古代载舟覆舟的政治逻辑，人民终究也是一切权力的基础——必须指出，这种载舟覆舟、民为邦本的逻辑和社会契约论无关，它想说的不是权力来自人民，事实上也的确不是，社会契约论本来只是一种假设——这种逻辑认为权力仅仅来自武力的胜利，事实上也确实如此，而且这正是独裁政制能够赋予官职以绝对权力的原因。但是独裁政制仍会考虑这样的事实：人民的人数毕竟那么多，如果人民走投无路起来造反的话就会很麻烦；即使不造反，如果人民过于饥寒或疲弱，劳动的意愿和效率极度下降，可供官员享用和炫耀的好东西就会大为减少，那也同样很麻烦；出于类似的理由，独裁政制在某种意义上必须有时候也要向人民负责，并且必须始终宣称自己随时仅向人民负责，并且辩护说向上司负责最终也就是向人民负责——但我们看到，这种对人民的负责既是间接的，也是随意的，和现代政治文明所要求的责任政府相去甚远。还可以有一种辩护，即认为并不存在完全不受监督的权力，中国君主时代也有专门针对各级官员的监察机关，即使皇帝也要接受内阁或谏官的约束，孔孟的教导某种意义上也会成为一种类似宪法的行动边界，限制了皇帝的自由裁决权力。这在理论上确实如此，但我们看到，经典的约束是软弱苍白和模糊不清的，不足以现实性地驯服傲慢的权力，而监察机关的监督只是内部监督，归根结底就是自我监督，这种监督既无客观公正的保障，也总是成为派系斗争的工具，最根本的是，没有人会通过自我监督而让自己丧失权力，这和现代政治文明所要求的人民监督格格不入。综上所述，在拥有这样的既不受限制又不受监督的绝对权力的情况下，任何官员在他管辖的范围内最后都会变成一个皇帝，无论他管辖的是一个工厂，一个县或一个省，或者一个国家，他就是这个范围内的绝对主宰：他掌握着这个范围之内所有的社会善品，负责制定或者解释该范围之内的善品分配规则，既负责具体的分配过程，也负责对分配遭到破坏的矫正，把这个范围内所有的权力集于一身，因此范围之内所有的人都成了他予取予夺的子民，任何不欲委身屈从的人都将生存维艰，命运难测。在这种情况下，一个官员必然成为万众景仰的对象，成为美德、智慧和无所不能的化身，他由此逐渐产生一种睥睨众生、君临天下的虚幻自恋就毫不奇怪了：自己在无论智慧、德性或是任何一个好的方面乃至性吸引力方面都是人群中最优胜的，如果没有他出色的治理和天才的领导，事情不知道会糟糕成什么样子，而且连他必须对之卑躬屈膝的上司在他眼中也会慢慢变得鄙夷渺小起来，越来越成为他觉得自己仍然怀才不遇的一个有力证据。因此任何独裁者都不可能真正忠诚于任何上司，除非他只是一个不称职的假独裁者。在独裁政制这里，马克思主义的唯物史观暂时失去了它应有的效力，这里不是经济决定政治或其他，而是政治决定一切：有钱无官，随时完蛋。这里既不需要也不存在人民授权，因为人民本来就没有社会契约论所假设的那种权力，绝对权力的另一面必然就是全面奴役，前者属于官员，后者属于人民。

如果用马克思著名的阶级斗争学说审视官职等级，那么一方面，前现代拥有绝对权力的官职等级首先意味着官职大小的区别，即统治阶级的内部等级。这里重要的是一种通过层层依附现象表征出来的普遍的主奴关系，一种自由的普遍缺失：下级依附上级，小官依附大官，全体依附中央，中央依附一人即皇上，即如黑格尔所说，"他们只知道'一个人'是自由的"，但这"一个人"并不是真的自由，"这个人的自由只是放纵、粗野，热情的兽性冲动。所以这一个人只是一个专制君主，不是一个自由人"。① 为什么这里的"一个人"要打上引号？因为这"一个

---

① ［德］黑格尔：《历史哲学》，王造时译，生活·读书·新知三联书店1956年版，第57页。

人"非指某个特定的人,不是特指那个位于权力顶端的绝对独裁者即皇帝,而是指"每一个人",即这种政治制度之下的每个人都是独裁者,无论官职大小,甚至也无论有无官职,每个人都认为自己是自由的,而治下的任何别人则不配享有自由(对没有官职的人而言就是比他更低更弱的人,比如乞丐或残疾人,或者女性或孩子),必须予以严厉的教导和随时的管制,就像所有他治下的人都是无理性的爱宠和牲畜一样,心情好则视为爱宠,心情不好则视为牲畜,总之无论如何都不是和他自己同样的人。在这种情况下,由于每个人都把别人看作奴隶,同时自己也是别人的奴隶,因此所有那些仅仅认为自己是自由的人其实最终也是不自由的,结果就是所有人都是不自由的,包括权力最顶端的那个绝对独裁者也是如此,因为一人不自由则全体不自由。何况如果按照黑格尔主奴辩证法的逻辑,任何主人都终将被自己的奴隶打倒,从而使自己成为奴隶。这里暗藏着一种上下层级之间互相斗争的逻辑,上级固然视下级如奴如狗,既要养恶犬,又怕被反噬,下级也视上级德不配位,"彼可取而代之"。正如前述,独裁政制之下没有真正的忠诚,还可以加上一句:也没有真正的爱才惜才之心。

　　官职等级更重要的是它的另一方面,即有无官职的区别,亦即统治阶级和被统治阶级之间的等级。这是独裁政制之下一条真正和绝对的等级鸿沟,它区分了利益完全冲突的两拨人,即交税的人和吃税的人。马克思为不同的阶级社会指认出了互相斗争的两个主要阶级,比如奴隶主和奴隶阶级、地主和农民阶级、资产阶级和无产阶级,它们由于不可调和的利益冲突而不断斗争,最终同归于尽,从而推动了历史的进步。马克思是在阐述他的历史哲学和国家学说时提出这个思想的,由于"至今一切社会的历史都是阶级斗争的历史"[1],所以国家只能是阶级压迫的工具。就封建社会而言,地主阶级由于占有最主要的生产资料即土地而成为统治阶级,皇帝则是一国最大的地主,以皇帝为代表的封建国家的首要任务就是压迫和剥削农民。这个思想就其根本原则而言无疑具有确凿的真理性,但也还有可以进一步完善的地方。马克思所说的那些阶级确实存在,它们之间也确实存在着斗争关系,甚至可以说所有不同的阶级

---

[1]《马克思恩格斯文集》第2卷,人民出版社2009年版,第31页。

之间都存在着这种斗争关系，就像所有的个体之间包括夫妻和兄弟之间也存在着斗争关系一样，但这种阶级斗争的关系是否会在根本的方面决定国家性质，即国家只能成为选边站的阶级压迫工具，而不是居于各个阶级之上的统摄者和调和者，应该还存在着更加全面合理的理解。比如，至少就中国的情形而言，皇帝和他的统治集团最重要的工作之一历来就是保护农民，因为农民缴纳赋税，当兵卫国，承担各种杂役，千百万自给自足的自耕农是皇权存在的根本基础，皇权保护农民犹恐不及，剥削诚然有之，压迫之说就须取决于对压迫的理解。反之，皇权最大的威胁之一就是地主对农民土地的不断兼并，因此打击地主豪强就顺理成章地成为皇权保护农民的另外一个面相，皇权仅仅代表地主阶级的利益之说显然容易被证伪。纵观中国历史，每个王朝最兴盛的时期一定就是对分散农民的保护和对豪强地主的抑制做得最好的时期，土地兼并得到了有效的抑制，王朝励精图治，人民安居乐业，人口增长，税收增加，国富民殷，四海升平；反之，弱小的农民一旦失去国家保护就随时都会成为土地兼并的受害者，他们完全缺乏抗击任何风险的能力，一有天灾人祸就可能被迫出卖土地，失地农民成为流民之后，演变成饥民和暴民就指日可待。另一方面，在与农民的竞争中豪强地主总是赢家，他们兼并的土地越多，势力就越发强大，魏晋南北朝时期，大族们往往"百室合户或千丁共籍，依托城社，不惧熏烧，公避课役，擅为奸宄"[1]，不仅千方百计利用特权逃避税赋义务而使国库收入减少，而且还可能发展到蓄养死士挑战中央权威的地步，这时候如果再加上北方草原民族的觊觎，王朝统治就岌岌可危。因此，任何一个清醒的皇权都不会把自己仅仅视为地主阶级的代表而一边倒地压迫农民阶级，当然也并不需要一边倒地压迫地主阶级而与农民亲如一家。它必然的和正常的姿态就是超越所有的阶级纷争之上，在各种阶级斗争的平衡之中寻求自己的最大利益，即统治地位的巩固。

这意味着一个惊人的事实被揭橥出来：在独裁政制的前现代社会中（阶级社会的一种。必须指出，本书对阶级的讨论仅限于包括资本主义社会在内的阶级社会，逻辑上不能包括社会主义社会。社会主义社会是否

---

[1] 房玄龄等：《晋书·慕容德载记》，中华书局1974年版，第3170页。

仍是一个阶级社会存在争论，本书的立场是，社会主义社会虽然仍然存在阶级，但不应被视为阶级社会，因为马克思所说阶级社会的根本内涵其实是"阶级斗争"，社会主义社会即共产主义第一阶段即使仍未完全消灭阶级，但已经不存在马克思意义上的那种阶级斗争了。下文一般不再特别说明），全体官员构成一个特殊的阶级即统治阶级，这个阶级以所有其他阶级的顺服与供养为基础，并独立于所有其他阶级之上，其他阶级之间固然也存在着种种斗争，但它们在面对统治阶级时就失去了各自的阶级特性而变身为同一个阶级，即被统治阶级。因此在某种意义上就可以说，一切阶级社会中，真正重要的阶级只有两个，即作为吃税人和官僚集团的统治阶级和作为税赋供给者的被统治阶级。统治阶级固然不是铁板一块的，他们中间不仅有官职大小之分，还有已经掌权和预备掌权之分，但都面对着一个共同的对手，即被统治阶级，在这个共同点上他们为了更多的共同利益而紧密地联结起来。具体而言，这个共同点就是最大限度地刺激被统治阶级生产更多更好的社会善品，然后利用国家机器优先获取它们作为统治阶级的最大份额，并同时努力消弭和平息被统治阶级可能产生的种种愤怒或不满，在有必要的任何情况下挑动被统治阶级之间的斗争或者它们与某个外族的斗争，从而转移矛盾以维护自己的统治地位。这种统治阶级的阶级特性和统治者个人的人格无关，和他们受教育的程度及个人的德性无关，在这里最重要的力量就是前述不受限制和监督的绝对权力，它抑制着人性中所有善好的东西而释放着所有恶坏的东西，因此阿克顿才会得出"绝对权力导致绝对腐败"这样的结论。同理，被统治阶级虽然也是千差万别和互相倾轧的，但他们无论贫富都面对着同一个统治阶级，在统治阶级面前都是软弱而卑微的，差别只在于有的阶级用较多的贡献获得了较大的恩宠，而有的阶级则由于较小的贡献得到了较多的冷落。被统治阶级之间复杂的阶级差异使它们很少能够联合起来，这正是统治阶级所乐见的局面，如果不是如此，如果有一天所有的被统治阶级意识到他们受压迫的共同境遇而联合起来，统治阶级的末日就要到了。但这种事件往往也并不像它初看起来那么具有重大意义，因为在导致千百万的人民死亡之后，胜利者通常不过是一个"城头变幻大王旗"的新的统治阶级而已。这个新的吃税集团也许拥有和从前那批人不同的面孔，但统治方式却不会变化，从而统治阶级和被统治阶级之间的根本态势也就不会和从前有任何不同。在这里,即使决定一个人是统治阶级一员还是被统治阶级一员的关键因素不是血统,统治和被统治的状况不是自然抓阄的结果,并且一直处于动态调整的状态(即双方的位置在个体层面是随时可以互换的),这种官职等级仍是不正义的。无论就统治阶级的内部等级而言,还是就统治阶级和被统治阶级之间的等级而言,都是如此。这种等级凭借暴力强制最终对每个人都造成了压抑和羞辱,既不利于个体的自由发展,也不利于社会的平等和谐,而且没有一个人会是这种等级之下真正的赢家,即使高居权力顶端的人也不例外——他是极不自由的,永远都处于一种对随时可能爆发的奴隶反抗因而失去权力、家庭和生命的恐惧之中,实际上这正是独裁者所应得的和经常得到的最终结局。

上述分析(亦即胡适所说的食税阶级和纳税阶级的分野)在根本上是从属于马克思阶级斗争学说的,可以作为马克思阶级斗争学说的某种丰富和补充。

官职等级在现代性之后遇到的一个最尴尬的问题就是合法性,即这种等级为什么需要存在,从根本上来说,即一种独裁政制何以是必要的,为什么恰恰是这些统治者成了统治者,并且用这种方式进行统治。合法性问题在前现代仅仅归结为天命或神授就可以了,但现代政治文明对合法性问题有着特殊的所指,那就是人民的同意和授权:"政治社会的创始是以那些要加入和建立一个社会的个人的同意为依据的。"[1] 在权力来源方面没有功利主义的一席之地,而是社会契约论一统天下。可以说功利主义不是和社会契约论并驾齐驱的一种政治理论,它以社会契约论的某些原则如人民授权为根本前提展开其分配正义的思想,在更高的层面上仅仅是从属于社会契约论的。独裁政制如果存活于现代政治文明的语境之下,不能再用天命所归之类的说法解释自己统治的合法性。它本来也想借用人民的同意这个说法,但由于确实没有实施过全民选举,这个说法虽然美丽却让它感觉不太自然,因此只好放弃。对于合法性问题,独裁政制要么对此避而不谈,要么就只能实事求是地把它的统治原因归结

---

[1] [英]约翰·洛克:《政府论·下篇》,叶启芳、瞿菊农译,商务印书馆2018年版,第65页。

为武力的胜利。我胜利了，打败了所有的对手，因此我就成了统治者。这个逻辑清晰有力，揭示了几千年以来无数次改朝换代的共同秘密，比社会契约论真实得多。但它有一个很大的逻辑缺陷，即承认了暴力的无限循环，和它自身的必然灭亡。既然统治者的地位依靠暴力得来，而且统治者还以此自雄，任何不满现状的人就都有权使用暴力挑战现存统治，如果挑战者胜利了，那么挑战者就取代了之前的统治者，如此无限循环下去。但暴力不值得人民期待，没有人应该为改善处境而牺牲生命。以暴制暴不仅成本太高，而且收益不明，很难预期暴力能够带来真正的进步。现代政治文明已经发明出了比暴力好得多的解决问题方案，那就是形式多样的全民协商。可以肯定地说，暴力逻辑对官员和人民、对统治阶级和被统治阶级都不够好，解决官职等级极不正义的唯一方案就是走向共和，用宪政代替专制，就像辛亥革命之后的中国所做的那样。不能说共和宪政之后的官职就不再傲慢或不再多吃多占，但由于人民主权的绝对性，官职优势受到极大的减弱和限制，大小官职和有无官职之间的等级鸿沟被极大地填平，自有文明以来一直骄横肆虐的权力终于得到了有力的约束而不再能够任意噬人，这是一个类似哥白尼革命的伟大进步，是等级正义趋向非等级正义进程中至关紧要的一个环节。

## 二　财富

官职即绝对的政治权力只在独裁专制的社会中具有无比的威力，在现代政治文明之下它就驯服起来，曾经无远弗届的那种力量几乎全部转移到了财富身上。法律越是健全，人民在政治上越是平等，权力就越是卑微，而财富就越发强悍。从前人们向权力顶礼膜拜，现在都转为向财富顶礼膜拜了。政治权力除了意志的实现，主要的注意力无非是占有财富，获得更好的生活，而财富无须转弯抹角，它直接就是更好的生活，也能在很大程度上实现它主人的意志——如果这里所谓意志主要就是尽可能随心所欲地支配他人和无条件受人遵从的话。

与财富相关的几乎所有问题历来是正义思想的重要内容，甚至是主要或全部的内容，诸如财富的获取、使用和占有、财富的转移等。在休谟看来，所谓正义无非只是对财富正当性的考察和规定，离开财富问题，正义就变得空无一物。"在正义是完整的地方，财产权也是完整的，在正义是不完整的地方，财产权也必然是不完整的。"① 这意味着至少在休谟看来，正义问题首当其冲就是甚至只是人们对财富的权利是否应当的问题。所谓人们对财富的权利，休谟认为即意味着"在不违犯正义与法则和道德上的公平的范围之内，允许一个人自由使用并且占有一个物品、并禁止其他任何人这样使用和占有这个物品的那样一种人与物之间的关系"②。一言以蔽之，即人们对财富合法的排他性占有。财富虽然表现为人与物的关系，但它的实质却是人与人和人与国家的关系，即一切个人之间的、个人与群体之间的和群体互相之间的关系，归根结底都是对财富的权利关系，对这些复杂关系的界定即是正义问题。黑格尔同意休谟对财富问题的看重，认为自由意志必须借由外物以实现自身，这个外物主要就是财富，因此"财产是自由的定在"。罗尔斯更把财富的意义和人格独立及自尊感的建立联系起来，他说："在各种基本权利中，有一种是持有和拥有个人财产的独占使用权。这种权利的一个理由是，它能够赋予人格独立和自尊感以足够的物质基础，而人格独立和自尊感对于道德能力的全面发展和使用是极其重要的。拥有这种权利并能够有效地行使这种权利是自尊的社会基础之一。"③ 这和黑格尔所说的另一段话如出一辙："财产所以合乎理性不在于满足需要，而在于扬弃人格的纯粹主观性。人唯有在财产中才是作为理性而存在的。"④ 东方文化同样看重财富对人伦秩序的重要影响，孟子说，"有恒产者有恒心"，即认为社会安定的基本前提是人民拥有稳定的私产。人世纷纷扰扰，财富是其中一个永恒的主题。陶潜诗云："人生归有道，衣食固其端。孰是都不营，而以求自安?"⑤ 连陶潜这种淡泊散漫的人最后都认识到财富的重要性，离开财富则万事皆休，更无自由可言。人们借由财富而存活，而发展，人与人之间及人与社会之间各种复杂的相互关系，千丝万缕最终都是财富关系。什么是正义? 每个人都合法地获取自己的财富，都互相尊重对这种合法

---

① ［英］大卫·休谟:《人性论·下册》，关文运译，商务印书馆1980年版，第570页。
② ［英］大卫·休谟:《人性论·下册》，关文运译，商务印书馆1980年版，第345页。
③ ［美］约翰·罗尔斯:《作为公平的正义》，姚大志译，中国社会科学出版社2011年版，第185页。
④ ［德］黑格尔:《法哲学原理》，范扬、张企泰译，商务印书馆1982年版，第36页。
⑤ 袁行霈:《陶渊明集笺注》，中华书局2003年版，第227页。

财富的排他性权利，并且每个人得到的财富份额都恰好就是他应该得到的那个份额，既不太多，也不太少，整个社会还联合起来让那些失去获取财富能力的人也能存活和发展——这就是正义。

财富人人可欲，代表着好的生活，没有任何"理性的经济人"会主动拒绝财富，现实的财富等级即贫富差别从何而来这个问题就需要最终追溯到财富的初始状态，即一个人的财富是如何获取的。就法律的层面而言，财富获取的方式无非有两种，一是合法的也即正义的获取，二是非法的也即非正义的获取。巧取豪夺的非正义获取在任何社会都不会绝迹，但非法获取要么被发现而且被矫正了，那么正义得到了伸张；要么被发现却未被矫正或矫正不足，那么那个社会就会被认为是不正义的，即非法获取的行为在整个社会的层面是受到批判的，那种行为就只能处于一种地下的状态，从而就没有可能成为财富获取的主流方式。因此，非正义获取的情况虽然总会存在，但也总有被矫正的可能性，总是不可能成为社会主流，巧取豪夺在非比喻的情况下总是一种例外和偶然，即使在讨论财富获取方式时将之摒弃在外也不会对讨论结果造成决定性的影响，因为合法获取才是常态和必然的。还有一种情况，即某种非正义获取除了当事人之外始终未被社会知晓，那么在法律意义上这里就不存在需要矫正的情况，而且实际上这种情况对整个社会的财富获取方式也影响甚微。这里想要强调的是，财富获取的非正义方式这个称谓已经决定了它仅仅是一个矫正正义的问题，而财富初始状态最为重要的只是分配正义，即在合法前提下人们如何赚取属于自己的财富并最终形成了财富多寡的等级，因此这里仅讨论合法的财富获取的几种情形。也就是说，具有决定性意义的问题应该是，所谓合乎正义的财富获取方式是如何造成了贫富差别的。

在一个理想模型的等级正义社会，即摒弃了财富之非法获取方式的社会里，人们以何种方式获取财富，用洛克影响深远的思想表达，那就是"劳动价值论"。劳动在任一健全稳定的社会都必然是人们获取财富的唯一常态方式。按照洛克的理论，首先，每个人都拥有生存的权利，因此就需要获取财富，从而必须劳动，而上帝也允许所有的人对维持生存和发展的财富享有平等的获取权："人类一出生就享有生存权利，因而可以享用肉食和饮料以及自然所供应的以维持他们的生存的其他物品。"①即劳动和通过劳动获取财富的权利是每个人不可剥夺的。其次,"既然劳动是劳动者的无可争议的所有物,那么对于这一有所增益的东西,除他之外就没有人能够享有权利"②。只要劳动者是自由的,他就完全拥有他自己的劳动,也就必然拥有他的劳动的成果。小溪里的水是无主之物,因为那里没有劳动,但如果有人用瓦罐从小溪里打水背回家中,瓦罐里的水就成为某人的私人财富,因为某人已经把他的劳动加诸其上,任何人想要饮用瓦罐里的水就非得经过主人同意不可。洛克把劳动及其结果的对财富的占有描述成某种独立于国家之外的自然活动和自然权利,即先有私有财产,然后再有国家,由国家追认劳动致富的合法性并给予保护。这个思想在他浪漫的社会契约论范围之内虽然合乎逻辑,但也会遭遇一些奇怪的追问。比如私有财产的正义性边界,即一个人占有多少财富可以是正当的?洛克在他的逻辑内必须为每个人的财富获取规定必要的限度,否则似乎就无法保证其余的人同等的自然权利,于是就出现了"在一个东西败坏之前尽量用它来供生活所需"即不能浪费财富和"留下足够多和同样好的东西"等极为吃力和不自然的说法。③ 洛克的这个困难是把财富仅仅理解为人与物的关系的必然结果,即认为每个人都独立而平等地运用劳动获取自己的财富,任何人对财富的占有都不能影响其他人的同等占有,因此洛克的劳动只能是一些简单的自然活动,他所谓财富也只能是维持生命所需的最低限度的物质资料,这种思想不能充分地辩护资本主义。私有财产制度无须考虑每个人在经济上的独立与平等,相反,它正是以人的经济不平等的依附关系作为前提,真正的私有财产不会把浪费视为问题,炫耀性的浪费消费恰恰经常是私有财产的本性所要求的。同理,也无须考虑为别人"留下足够多和同样好的东西",正因为暂时已经没有了足够多和同样好的东西,不平等的依附关系才成为可

---

① [英]约翰·洛克:《政府论·下篇》,叶启芳、瞿菊农译,商务印书馆2018年版,第17页。
② [英]约翰·洛克:《政府论·下篇》,叶启芳、瞿菊农译,商务印书馆2018年版,第18页。
③ [英]约翰·洛克:《政府论·下篇》,叶启芳、瞿菊农译,商务印书馆2018年版,第20页。

能。正如休谟所说的那样，财富不是自然权利，而是公民社会的产物，即先有国家，再有私有财产，财富获取本身即是契约的一种或者契约的结果，体现的绝非人与物的关系，而是因物而生的人与人之间的关系。在这种情况下就不存在财富获取数量的限度问题，只要获取方式是正义的，则获取数量可以是无限的。贫富差别或悬殊并不必然导致有人饿死，只不过必然导致不平等的经济依附关系，这种等级正义既是私有制必须允许的，也是私有制必然的结果。

在确定了劳动作为财富获取的唯一正当方式之后，影响财富等级产生的几种主要变量就变得一目了然。其一是劳动能力。一个人能以何种方式从事何种劳动，最终能够获得怎样的劳动收益，在很大程度上取决于该人的性别、体力、智力及各种先天禀赋，即该人在自然等级中所占的位置；也取决于该人的知识、职业、有无官职及官职大小、地区环境等因素，即该人在社会等级中所处的位置。这意味着各种等级本质上是互相交错的，既不可能彼此毫无联系，也不存在绝对的单向联系。比如财富等级的形成就受到几乎所有自然等级和社会等级的影响，反过来也塑造着其他所有社会等级，甚至可以塑造后代的几乎所有自然等级。劳动能力也是如此。作为影响财富等级形成的重要变量，劳动能力既是几乎所有自然和社会等级锻造出来的，也能对其他社会等级发生重要反馈，比如劳动能力的强大可以使一个人迁徙到环境更加优良的地区，而非必须固守在他出生的某个地方。由于地区环境本身是一种重要的社会等级，能够显著影响劳动能力的形成，而劳动能力又影响到人们对地区环境的选择能力，如此等等。其二是勤奋程度。理想的等级正义社会应该等同于一个勤劳致富的社会，即勤劳必定致富，致富必须勤劳。反之，如果勤劳不能致富，那就可以肯定该社会要么分配不正义，要么矫正不正义，要么二者都不正义。由于现实社会总不可能等同于理想模型，因此才能观察到那么多勤者不富和富者不勤的非正义现象。其三即上面提到过的地区环境。一个人出生在什么地方本来是先天偶然获得的，却以一种显著的等级区隔表现出来，而且这一等级区隔实际上对其他所有社会等级都会产生巨量影响，如家庭环境、受教育水平、健康状况、政治前途等。鉴于这种重要性，地区环境本应作为一个单独的社会等级予以分析，但考虑到它对经济地位的影响最为显著和直接，因此只将它作为影响财富等级的一个变量来处理。地区环境包括特定地区政治统治的性质是比较专制的还是比较民主的，分配比例的正义程度是市场定位的还是权力定位的，教育、医疗等重要资源的供给是易得的还是稀缺的，人际往来等社会交易成本是高昂的还是便宜的，等等，所有这些都会极大地影响不同地区人们的经济收入，当然绝不限于经济收入。一个在农村劳动的人在等量劳动强度和劳动时间内可获得的收入通常远低于一个在城市劳动的人，一个在边缘城市或小城市劳动的人其收入又通常远低于一个在中心城市或大城市劳动的人。同理，一个在发展中国家劳动的人其收入又必然远低于在发达国家劳动的人，由此形成一个显而易见的财富等级链条，尽管人们付出的都只是同等的劳动。在环境更加优良地区寻找财富的人更容易获得经济活动的机会，更有可能与人平等地竞争，其财富也更能得到稳定的法律保护而非总是面临野蛮政治权力的剥夺，这个地区的人就会普遍比环境较为恶劣地区的人拥有更多财富，从而他们就可以在教育或健康等多个方面有更多的投入，用以提升个人和家庭特别是后代的整体素质和社会地位。我们完全可以就在这种意义上理解马克思所说的资本主义使农村从属于城市和使东方从属于西方。归根结底，落后的农村和东方所从属的不过是更加先进的生产力水平和社会文明而已。当然，地区环境的优劣主要并不是人们的主观选择，而是受地缘等制约的交往扩展的结果，且处在不断的变迁之中，就像当今的东西方经济格局一样，它只不过是最近两三百年以来形成的，既非历来如此，也不会永远不变。但这种地区环境差异毕竟又是相对稳定的，可能的话，出生在环境较劣地区的人总想迁移到环境较优良的地区，而反向流动则基本不会出现。那么，这是否最终会导致所有的人都流向环境较优的地区？环境较优的地区确实总能集聚大量的人口，但也从未出现过所有人口都集中在少数几个地区的情况，因为有一种力量在制约着这种情况的出现，那就是大多数人无力担负的环境迁移成本。比如，上海地区和西部乡村的环境差异就通过上海的房地产价格最残酷而又最鲜活地体现出来，对于这一环境差异具体的承载者而言，比如对由于拆迁补偿而拥有几套房产的上海人和满心渴望在上海买房安家的甘肃人而言，几乎可以肯定地说是不公平的，因为对双方而言，所居住的地区都是偶然获得的，其中可能并没有如洛克所言的那样付出劳动，因此双方作为地区环境差异的具体承载者本来都不应得他们已经得到的那种对待，不论是得到巨额拆迁补偿的一方还是得到必须承受的高房价的另一方；但是，撇开人格化的具体承载者是否应得不谈，如果地区之间的人口分布必须有一个基本的平衡，那么地区之间巨大的环境差异就必然需要一个外物对人口流动加以筛查和选择，这个外物最佳的形式不是行政干预，而是主要以金钱付出和生活质量变化等表现出来的环境迁移成本。这就意味着，任何人想要从任何别的地方移居到上海，他就必须担负起以某种方式填平两个地区之间环境鸿沟的义务，或者毋宁说，必须找到一种方式跨越地区鸿沟，即支付他的环境迁移成本，其中的方式之一就是以令人咋舌的高房价在上海买房；他当然也可以不买房而随时移居上海，那他就可能要以居无定所、工作不便或生活不适、或不能享有移入地区某些政策上的优惠、或他的社会评价和整体生活质量比移居之前大为下降等作为代价，实际上这些代价也就是他支付环境迁移成本的不同形式。同理，一个上海人如果移居别的城市的话也需支付环境迁移成本，只不过他可能在金钱上反倒是盈余的，支付的成本可能是失去较为方便的生活和较多的发展机会等。地区之间通过这种方式制约着相互的人口转移，最终获得某种差异性的平衡，即每个人都最终得到了和他们的财富等级及其他等级基本匹配的生活区域，这也是等级正义一种正常和必然的表现姿态。

影响财富等级形成的因素还有很多，甚至运气有时也是其中重要的一种。美国早期寻找黄金和石油的人很大程度上就依赖运气，但最终的决定因素还是分配比例，即特定社会对于各种劳动的一整套评价体系。一堂哲学课程的讲授、一台外科手术的完成、一首歌曲的演唱，它们之间应得善品的不同份额，在根本上属于分配正义的领域，而正是分配正义根本上决定了某种特定财富等级的形成。

在财富的占有使用和转移环节，有两个问题是明显重要的，一个是炫耀性的消费，一个是财富的代际传递。这两个问题之所以重要，是因为等级正义的现实性并不能证明等级区别本身就是好的。如果可能的话，富人也愿意世界没有穷人，只要这不会导致他生活质量的降低，毕竟没有等级区别的世界更加安全和谐，可惜这不现实。因此等级区别往往只是迫不得已，那么为长治久安计，尽可能掩藏富人的生活方式以便掩藏社会的贫富悬殊就是必要的，因此社会有理由反对炫耀性的消费。但这样一来，消费的社会身份标识功能就被极大地搁置和遮蔽了，而这正是很多人努力追求财富的原因。那么这一部分人继续努力工作、其他正在努力的人还要那么努力似乎就丧失了意义。不支持炫耀性消费就像项羽所惋惜的衣锦而夜行，富贵不归故乡，这种消费的意义就从根本上被消解了。而且炫耀性消费的界定有时候非常困难，除了一些完全没有品位、纯粹浪费的低俗方式，比如某部电影中用纸币点烟的情节——这种情况可以通过立法加以杜绝——既然人们承诺了等级正义，同时也就要容忍富人的羞辱，不管这种羞辱是富人有意为之还是穷人的主观感受都是如此。私有财产神圣不可侵犯这一信念本来就包含了人们有权消费或者不消费、以这种或者那种方式消费自己的财富，只要这些行为不违背法律的许可就无须考虑他人的感受。当然，如果一个富人愿意低调行事以免激起穷人的嫉妒和愤怒，能够克己复礼地大行慈善，周济贫苦以缓和社会矛盾，这无疑是高尚的，却不是等级正义所必需的，因而绝不会是普遍的。同理，财富的代际传递也应作如是观：人们之所以警惕遗产继承，是因为人们厌恶不劳而获的起点不平等。这种情况甚至比炫耀性消费更令人绝望，因为有些人的出生起点就比很多人一生的奋斗终点还要高，而且这种情况还可能造成一种特别的靡靡之风，从而消弭整个社会积极向上的勃勃生气。这些担忧都有道理，但对绝大多数"理性的经济人"而言，创造财富的根本动力之一无疑就是为了后代更好地存活和发展，如果人们努力奋斗得来的财富居然不能传递给他的孩子，当初努力的意义也就消解了大半。因此，既然等级正义选择了效率优先，为了最大限度地激发社会成员的工作热情，就不应阻绝财富的代际传递，但可以通过遗产税等方式尽可能缩减人们之间的先天性财富等级差别。不过，无论将遗产税设置得多高，它实际上的效用仍然有限，人们之间先天的财富等级依然存在而且还可能依然巨大。即使一百亿的遗产被征收了九十亿，考虑到绝大多数人终其一生也不可能集聚上亿的财富，这十亿的继承所得就仍然足以造成惊人的等级差别，人们就仍然要去追问这是不是正义的。在一个得到了普遍承诺的等级正义社会里，即使代际传递财富的状况确实无法改变，但人们对此心怀不满、质疑并企图改善这种不正义状况的行为，亦始终具有不容置疑的合法性。

### 三　知识

知识，不论指的是对自然世界的认识还是对人文社会的通达，通常都和官职（特指前现代不受制约的政治权力）、财富密切地联系在一起，成为和它们鼎足而三的人世间最大的"权力"之一。知识的重要性不仅体现在它是获取官职和财富的必备利器，而且也体现在知识本身，特别是当知识转换为人们所称的智慧的时候，即知识不再停留于客观的认知而是转换为行动指南的时候。在一个等级正义的社会里，任何人想要提高自己的等级地位以争取更多更好的社会善品，首先必须做的事情就是尽可能多地增加自己的知识，使自己接受和别人同样优良甚至比别人更加优良的教育。当然，这一愿望必定受到诸多因素的制约，知识等级和其他等级通常也是互证互文的，比如先天的智力和后天的财富等就必然直接影响知识的可获得性。各种等级之间的互证互文一方面确实固化了社会分层，强化了阶级的再生产，富贵者的后代通常仍然富贵，贫贱者的后代通常仍然贫贱，但另一方面也要看到这种互证互文的限度，贫富的代际传递不是不可打破的。从来没有铁板一块的社会，即使贵族等级森严的周朝也有底层社会逆袭的例证。越是出身寒微的人越需要接受教育，因为这很可能就是他们突破自己所出身的那个等级位置的唯一通路。

由于知识具有的这种改变命运的力量，教育正义理所当然成为正义话题中重要的一部分。"正义不仅关系到分配，还涉及个体发展与实现其潜能、开展集体交流与合作必需的制度条件"[1]，它最核心的关切就是教育公平，强调每个社会成员无分贵贱都能接受同等的基础教育，具有同样好的就业和发展机会。"较大的资源可能要花费在智力较差而非较高的人身上，至少在某一个阶段，比如说早期学校教育时期是这样。"[2] 这个要求不仅事关公平和打破阶层固化，有利于保持社会活力及社会和谐，实际上也有利于整体社会效率的提高。知识显著地有助于提高劳动者的

---

[1] ［美］艾丽斯·M.杨：《正义与差异政治》，李诚予、刘靖子译，中国政法大学出版社2017年版，第46页。

[2] ［美］约翰·罗尔斯：《正义论》，何怀宏等译，中国社会科学出版社2009年版，第62页。

劳动能力，社会各个阶层最终都能从教育作为公共产品这个措施中受益。不过，由于教育资源的有限性和其本身质量的差异性，现实中教育公平只能是相对的和人为的，教育的不公平则是绝对的和自然的。即使在教育作为公共产品的领域，比如在全民共享的义务教育领域，不同社会阶层出身的人所能实际享有的教育资源也是天差地别的。就中国的情形而言，这里不仅有城乡之间、东西部之间、大小城市之间的差别，而且也有不同学校、不同班级和不同个体之间的差别。这种情形在西方发达国家也以不同的方式表现出来。这意味着，只要教育资源本身存在着不同的等级——凡事总有优劣之分——优质资源就必然向着权力和财富流动，实际上也就是向着更高的出价流动，拥有更大权力和更多财富的地方也就往往能够为更优质的教育资源提供更佳的出价，这是自然而然的，人为的干预不仅很难成功，而且不正义。在等级正义的逻辑之内，没有道理要求更优质的产品反而获得更低廉的价格，或者要求购买力更强的买家反而只能消费更劣质的商品，或者要求所有的人无论富豪或乞丐都只能消费同样的东西，这是真正不公平，从而也是真正不正义的。因此，教育正义最终所能主张的只能是等级正义唯一真能承诺的，那就是教育的形式平等：每个人都能平等地享受义务教育，每个人在分数面前都是平等的，等等。

　　知识等级中另一个重要话题是知识的禁止，一部分人认为有一些知识是另一部分人所不应该拥有的，采取措施禁止这些知识被这部分人拥有对全社会有益，包括对被禁止获得特定知识的那些人本身，因此这种行为是必要的和正义的。这里有几个隐而不彰的题中应有之义必须被揭示出来，否则讨论的前提就会很不明朗。一是，禁止别人获得知识的人当然就是政治统治者，不论世袭的还是民选的，总之他们拥有禁止某些知识被某些人拥有的权力，以及相应的禁止手段，否则他们主张的知识禁止就会落空；二是，统治者自己必定已经拥有了被禁止的那些知识，否则他们就不可能判断那些知识不适合被某些人拥有；三是，显而易见，的确有某些知识不值得拥有，比如色情或暴力，特别是不适合某些特定的人拥有，比如少年儿童。这里的知识是广义的，即信息论意义上的知识，这种所谓知识有很多是完全无关事实判断的，即不拥有这些知识并不影响人们对客观世界的正确认知，比如人为制造的一条足以引发大众恐慌的谎言，或某人拍摄的一个有损人类尊严的画面，或一次令人发指的犯罪过程的细节，等等。这些所谓知识只有在反面警示的意义上才能很勉强地说稍许有益，一般而言它们的广泛扩散危害极大，容易导致对正义的损害，因此对它们的禁止是必要的。实际上没有任何一个政府完全不实行任何知识禁止，总有一些东西是被禁止扩散的，比如国家的军事秘密等。但这里还存在很多问题，比如，知识禁止的目的是全体人民的公共利益还是为了一党一派更方便和更长久的统治？知识禁止的标准由谁、如何确定？是否有一套可靠的程序确保其不会成为党派利益的工具，更不会被任意地扩大，从而使得这种禁止成为对人民的奴役？显而易见的是，奴役人民的最佳进路之一就是知识禁止，即中国儒家所说的"民可使由之，不可使知之"，人民知道得越少就越是驯服，从而统治者就越是称心如意，人民的地位就越发卑微。因此，就社会整体而言，知识禁止弊大于利，应该控制在确实必要的最低限度。

人们习惯上所认为的影响善品分配的社会等级还有很多，比如职业、劳动贡献等。但首先，职业等级很大程度上就取决于知识等级（我们把智慧看作知识的高级形态包括在知识之内）。医生需要更多精深的专门知识，而环卫工作的知识门槛则很低，因此医生的职业等级显著高于环卫工人。还有些职业需要处理更多不确定性的因素，没有任何确信的知识或者知识的叠加足以应对他们面临的环境，这些职业需要的是最高级的知识即智慧，因此他们的职业等级比医生更高，比如企业家或政治家。其次，劳动贡献的大小虽然是最常见的决定善品分配的直接根据之一，但无论宏观层面比如职业之间的不同劳动贡献，还是微观层面比如个体之间的不同劳动贡献，都取决于前面已经讨论过的那些重要变量，比如知识或者劳动能力等，劳动贡献不是某个需要分析的独立单位，而是诸多因素综合作用的最后结果。综合上述，把职业和劳动贡献单列出来作为社会等级的种类，必要性并不太大。

第 四 章

# 等级的正义（下）

## 第一节 等级正义的合理性

自有文明以来，直至今日，世界各地区、各种族、各个不同时期，人们普遍建立起这样一种社会，认为每个人都应该得到与其社会地位或行为的现实结果相称的报偿，也即本书所称的结果论的等级正义社会。这种社会的根本特征是给予不同的人不同的报偿，区别对待的根据首先是一个人的社会地位或身份（作为社会分层的一个相对稳定的结果）：贵族还是平民、王侯还是士人、白人还是黑人、蒙古人还是汉人、部长还是科长、教授还是讲师等；其次是一个人的行为所造成的现实结果：发明了蒸汽机还是上好了一门课，生了一个男孩还是一个女孩，推销了一套房子还是五套房子，杀人还是盗窃，故意杀人还是过失杀人，等等。而人们不同的社会地位或身份以及不同的行为结果（就理性的行为而言）通常印证了人们不同的自然禀赋，以此为基础形成了人们不同的社会等级。几千年来人类文明进步不可谓不巨大，作为社会制度的蒙昧野蛮的血统等级和种族等级基本上消失了，但很明显，即使现代最前沿的资本主义市场文明也依然是等级正义的，不同的只是现代等级制度也许看起来比上古时代的等级制更加温和包容一些。因此值得追问的是，为什么等级正义具有如此普遍而长久的合理性和现实性？

**一 作为一种生存策略的等级顺服**

等级正义的实质是精英统治，较劣的顺服于较优的，不论这里的优劣是指人的整体素质还是仅指某个方面的技术品质。对任何一个职业、一个族群或一个国家而言,这种安排都合乎自然法则,从而可以使事情的总体结果变得更好,有时甚至事关全体利益相关者的生死存亡。特别是在文明发展的早期,因为那个时候的优劣常常直接就是生存技能的优劣,而不太会是音乐或绘画方面的技术品质差异。可以合理地推测,文明越是处于早期,等级正义就越是直接依据自然等级来决定,那些具有卓越禀赋的人很自然地居于族群高位,比如孔武有力的人或擅长追捕猎物的人。人在体力、智力或勇气等方面的禀赋差异常常十分显著,在危机四伏、生存维艰的险恶环境中,人们自觉追随于精英分子之后,聚集在他们周围,这种自然而然的选择,无论对于个体还是族群而言,都是最佳的生存策略。中国上古传说中"遍尝百草"的神农氏,虽然不一定非得理解为真有其人,更不一定非得理解为历史上某个具体真实的人,但从其事(遍尝百草)其名(神农氏)来看,显然反映了先民的某种集体记忆,这种记忆的主旨在于纪念某个或某些曾对早期食物和药物的发现具有开拓性贡献的杰出人物。杰出人物之所以值得记忆是因为他们是族群生存和发展史上贡献最著、最值得浓墨重彩的分子。食物和药物都是族群生存的基本物资,如果中华先民起初没有追随神农氏这样的禀赋超群者,没有建立起某种早期的等级正义制度,也许就没有这个民族后来几千年的兴盛发展。完全可以想象,无数早期的部落可能由于没有出现或没有追随尧舜禹汤这样的领袖而在生存竞争中被淘汰掉了。世界上几乎每个民族都有自己的英雄传说,无论中国的尧舜禹汤还是以色列的摩西大卫,都可以看作对早期等级制度情形的某种侧面反映。这就意味着,等级制度最早乃是出于个体和族群的生存发展需要自然形成的,起初并不依赖于人为的设计安排,可能并没有任何强制,并且可能不会给人造成痛苦和羞辱的感觉。因为那些居于高位的人就是大家的血缘亲属,父亲或兄弟,而且他们往往并没有什么令人歆羡的特权,反倒需要承担极大的责任,栉风沐雨,备历艰辛。尧舜禹汤,莫不如此。《韩非子》说:"尧之王天下也,茅茨不翦,采椽不斫;粝粢之食,藜藿之羹;冬日麑裘,夏日葛衣;虽监门之服养不亏于此矣。禹之王天下也,身执耒臿以为民先,股无胈,胫不生毛;虽臣虏之劳不苦于此矣。"[1] 这和一般想

---

[1] 高华平等译注:《韩非子·五蠹》,中华书局2010年版,第700页。

象中的王者形象相去甚远。孟子也说:"舜之居深山之中,与木石居,与鹿豕游,其所以异于深山之野人者几希。"① 披荆斩棘,筚路蓝缕,带领族人闯出生天,这就是居于等级顶端的人所当为的。庄子也有类似说法:"禹亲自操橐耜而九杂天下之川,腓无胈,胫无毛,沐甚雨,栉疾风,置万国。禹大圣也,而形劳天下也如此。"② 这些说法难免夸张,但就上古时期的生产力和生活水平而言,与真实情形大概也庶几近之。即使后来变得不是如此了,由于文明进步物资变得日益丰富起来,社群也越来越庞大,领袖人物甘冒矢石、身先士卒的情形逐渐变得稀有,常常多吃多占,高高在上,作为生存策略的等级顺服仍然是最有效的。因为较劣的统治较优的反而能够获得更好的生活这种相反的情形是很难想象的,过于执着于领袖人物的个人品德只是一种于事无补的道德理想主义。就是说,无论时代怎么变化,等级安排既是自然的,而且也能造成全体利益相关者的最大收益。在这个意义上,弗雷泽并不看重早期领袖人物的品德,而只看重他们的才干,正是卓越的才干使他们居于等级的顶端,并且正是这些才干而非德性有利于族群的生存和发展。弗雷泽写道:"社会进化的这个阶段(指欧洲原始社会的巫师阶段,弗雷泽经过考察,认为这一阶段的领袖人物通常品德不佳,不是骗子就是恶棍,这和我们对中国同一时期的领袖描述有很大差异,比如大禹就可以被看作著名的求雨巫师,但同时也被看作道德圣人。引者注),那些智力高但又道德败坏的人,往往正掌握着最高的权力。但是,如果将他们诈骗所导致的危害和智慧所带来的好处对比,我们不得不承认,好处远大于危害。在给世界造成的损害上,位高权重、善良的蠢人要比聪明的无赖大得多。"③ 弗雷泽由此盛赞原始民主制的坍塌而过渡为君主专制,"权力自此集中在一个人手中,而不是分散在多数人手里,……这种改变,不论出于何种原因,也不论早期统治者的性格如何,从整体上看都是十分有益的"④。他这里

---

① 杨伯峻:《孟子译注》,中华书局2010年版,第284页。
② 郭象:《庄子注疏》,中华书局2011年版,第560页。
③ [英]詹姆斯·乔治·弗雷泽:《金枝》,赵昍译,陕西师范大学出版社2010年版,第51页。
④ [英]詹姆斯·乔治·弗雷泽:《金枝》,赵昍译,陕西师范大学出版社2010年版,第51页。

盛赞的其实就是管理学上所谓的最优决策，或者政治学上的功利主义。这种思路不看重局部的牺牲或成本而只看重整体利益的最大化，这正是等级正义制度安排中隐藏的生存策略：永远让较不优秀的追随较优秀的，让最优秀的身居高位统治全体。

### 二 对秩序第一的天然追求

秩序是所有社会的首要关切，而等级正义可以最好地供给秩序。按照社会契约论，人们之所以愿意让出自己的一部分权利，以结束自然状态成立国家，最主要的目的就是建立社会秩序。自然状态虽然事事皆好，却有一个重大的缺陷，那就是混乱无序，其他的全部好处也抵消不了这个缺陷，以致都可以用来和秩序相交换。诺齐克正是在这个意义上强调再差的国家也好过没有国家的，因为国家的要义就在于供给秩序，而秩序是社会其他功能得以实现的前提和基础。当罗尔斯说"正义是社会制度的首要德性"时，他要么就是把秩序看作了正义的一部分，要么就只能是预设了秩序的先在性，因为他所说的社会制度本身就是秩序的产物，而且在混乱无序的社会状态下谈论正义是荒谬的。有一个最经常的错误，就是自由主义喜欢宣称自由高于一切，而正确的说法应该是，在保障基本秩序的情况下自由可以高于一切。否则无法解释自由主义为什么在宣称自由高于一切的同时设计了社会契约论。自然状态才是最自由的状态，如果只是追求自由，那根本无须订立契约成立国家。但没有秩序之处自由只是纯粹的虚幻，只是一切人反对一切人的普遍战争状态，毫无自由可言。"人们一旦获得自我保全的机遇，他们无法拒绝。他们必须参与到建构国家的协议之中。"[1] "秩序是一种分工合作、条理清晰且相对稳定的人际状态。用儒家的话语来说即'正名'：社会中的每一个人都在他应在的位置，都在履行他应尽的责任，并且获得相应的报偿。柏拉图在消极的意义上把这种状态称许为'每个人只做自己份内的事'[2]，亦即孔子所

---

[1] [英]威廉·索利：《英国哲学史》，段德智译，山东人民出版社2007年版。
[2] [古希腊]柏拉图：《理想国》，郭斌和、张竹明译，商务印书馆1986年版，第60页："只要每个人在恰当的时候干适合他性格的工作，放弃其他的事，专搞一行，这样就会每种东西都生产得又多又好。"本注是成林、倪维维《普力夺与反普力夺的现实共存——中国当前政治生态何以优越？》[《浙江师范大学学报》（社会科学版）2018年第1期]一文的原注。

说'君君臣臣，父父子子'。这意味着，秩序在本质上只能就是'等级秩序'。"① 秩序就是等级，尽管在现代意义上这种等级可以基于权利和人格的平等，并且在法律形式的意义上与人的高低贵贱无关——但这仅是现代文明发明出来的一种软弱且虚伪的修饰方式而已，实际上所有等级（即使并非政治学意义上的）都不可能不与高低贵贱相关，如果高低贵贱所指的不外乎就是人的生活水平、社会地位这些东西的话。

等级制之所以可以最好地供给秩序，一个最简单的答案是，如前所述，等级制度就是精英统治，由族群或社群中较优的人统治较劣的人。精英统治一般造成两个结果：一是这种统治通常能给族群全体带来相比较之下最大的利益。即使较优的人即统治者得到了更多，比如享有种种特权，但较劣的人即被统治者也得到了一些如果不是这样本来就可能得不到的东西，比如生存的机会。二是较劣的人即被统治者对这种秩序通常不会不满，因为他们（由于无权无势）一般总是怯弱的和容易满足的，而且由于受资源所限，他们的才智通常无法和统治者相比，即使不满也很难具有有效行动的能力，因此这种统治模式总会相对稳定，也就总是能为社会提供秩序。如果反过来，当人们放弃等级正义，让较劣的人身居高位统治较优的人，那么上述两个结果就都会出现相反的情况，较劣的人既不能给族群带来更好的利益，也不能造成被统治者的普遍顺服，社会必将陷入动荡之中。尽管优劣永远是相对的而且变动不居，至少就前现代社会而言不可能出现一种理想的等级制度，可以让"天下英雄尽人彀中"，从而确保社会的长治久安（这需要等待现代民主和多元社会的制度安排），但在某个时间段内和在某种明确的程度上，人的优劣分野确实是稳定的和可以观察得到的，而不是什么相对主义和神秘难测的东西，无论这种优劣分野的原因是什么，要么是生物遗传，要么是环境塑造。比如在封建制度的鼎盛时期周朝的前半期，由于制度的长期塑造，贵族和平民的优劣分野十分显著，一般而言，贵族不仅有文化知识，有更好的德性和更高的审美趣味，也有更强的体魄，即使战争这样的活动也完

---

① 成林、倪维维：《普力夺与反普力夺的现实共存——中国当前政治生态何以优越?》，《浙江师范大学学报》（社会科学版）2018 年第 1 期。

全将平民排除在外。① 贵族参战不只是一种义务，更是一种权力，一种身份和地位的象征，就像日本的武士制度、印度的刹帝利和欧洲的骑士制度一样。② 平民（野人）是专事农活及杂役的，从未学习过礼乐射御书数六艺，担当不了国之大事即"祀与戎"。在类似齐桓公兵民合一、寓兵于农的改革之前，连战争都是贵族的专利，可见社会分化之巨，难以想象那种时代居然可以由平民统治贵族，或者竟然会有平民造反而能成功的可能性。只有到了"礼崩乐坏"之后，宋襄公那样执着的贵族战争礼仪成了笑柄，家奴也可以当兵打仗了，甚至出现了以"罪人三千"作为冲锋陷阵的先头部队的咄咄怪事，孟子所说的"春秋无义战"的平民时代才开始来临。但还要再过几百年才可能出现汉朝刘邦这样的平民皇帝，贵族时代才最终彻底远去。无论如何，把贵族阶层偏激地描述成反动腐朽和软弱无能的阶级斗争话语缺乏证据，任何时代成功的统治者都必定是那个时代的精英分子，唯其如此，长期的稳定秩序才是可能的，就像周朝前后维持了八百年之久那样。亚里士多德阐述的三种政治体制的常态实际上无一不是精英统治：贵族制不用说，它直接就是精英统治；君主不可能一人统治天下，必须招募一批精英分子，以建立政府的各个部门及地方的各级机构，就像科举制开科取士所做的那样；现代民主制也不例外，人人直接参与统治庞大的现代国家是不可能的，人民的权力非经过代议制而不能有效地得以实现，而无论西方的议会制度还是中国的人大代表制度或政治协商制度，本质上都是精英统治的不同形式。等级正义是一种自然而然的社会和政治智慧，因为较优的统治较劣的无论何时总能提供总体更大的利益和更加稳定的秩序，即使动物社会也不例外。

除了上述情形，等级正义还以另一种方式供给秩序，即通过设计一些有效的等级制度，最大限度地避免社会的无序竞争。在君主专制时代，嫡长子继承制就是一种有效避免统治集团内部无序竞争的方案。这一继承制度的合理性在于，"长"是客观无争议的，亦即"天命"，政权的交替以此为统一规则，可避免无谓争斗而和平过渡。废长立幼历来容易造

---

① 萧璠：《中国通史·先秦史》，九州出版社2009年版，第87—93页。
② 杨宽：《西周史》第三编，上海人民出版社1999年版，第297—316页。

成流血争端，这是年龄等级在特定历史时代的合理性之所在。一姓世袭是一种血统等级，在今天无疑总要受到批判和鄙弃，但在传统时代很可能扮演了重要的促进社会稳定的角色，最大限度地避免了统治者和人民之间的无序竞争。这种规定不只是维护了统治者一姓之利益，而且也维护了社会整体的利益。只要不发生或尽可能少地发生改朝换代的激烈战争，只要皇帝仍然坐在龙庭之上维护着四海升平的局面，就等于维护了人民的最大利益，即对天下太平的渴求。人民一般而言比统治者更需要和平，因为他们在战争中所获甚少，所失极大。当然，现代文明的等级正义较之传统时代更加合理，供给秩序的能力也更加强大，二者不可同日而语。特别是财富面前人人平等的市场正义，几乎删除了传统时代所有的繁文缛节，年龄、出身、文化、性别，一切都不再重要，唯一重要的就是能否创造财富。"不管白猫黑猫，抓住老鼠就是好猫。"财富多寡成为最关紧要的社会等级，与此同时，政治权力的运用又有着种种限制，这就为更加无遗漏地、开放性地接纳和奖赏优秀的人，从而为更加优良长久的社会秩序提供了制度可能。如前所述的武力胜利逻辑渐渐地隐退了，现代等级正义在政治上的根本特点是平等协商，人人参与，社会视每个人的才干和贡献大小确定善品分配等级，这种情况下暴力争端的必要性和合法性自然就日益稀薄了。

### 三 效率优先

效率和公平是经济学、政治学、社会学等领域内一个重要的分析框架，二者通常被认为具有一种内在的紧张冲突关系。可以把效率看作一个特定群体适应和改造自然世界、生产人们所需的各种善品的能力，把公平看作对所生产出来的善品在特定群体各成员之间进行分配的方案。很显然，无论在事实上还是逻辑上，效率都是在先的因素，先有生产，再有分配，先谈效率，再谈公平。这也就是邓小平所说的，意识形态之争意义甚微，"发展才是硬道理"。如果说非等级正义的核心关切是公平，也即平等（公平即所有人一律平等之意），而且是结果平等，那么等级正义在其古往今来的不断演进中所始终遵循的基本原则就是效率优先。效率呼唤着等级正义的制度安排，等级正义确保了效率的不断增长。因为效率即生产善品的能力蕴藏在全体社会成员的工作意愿和工作能力之中，只有群体中的每个人或至少绝大多数人都愿意拼命工作，并且有能力创造性地工作，社会善品的总量才会越来越大，质量才会越来越好，这是保持社会公平的物质源泉。要不断地促使全体社会成员拼命工作而且尽可能创造性地工作，只有一个最佳的办法，那就是实行等级正义。干得越多越好的人得到的也越多越好，生活水平和社会地位也越高，并且越受社会尊重。体现在社会善品分配上的这种等级正义即财产私有制度，可以说是人类文明进步的根本动因。

人性是自利的，这是生存法则在生物学层面的基本表达。自利并不排斥利他，有时候只有利他才能自利，比如生物间互利合作的共生关系；有时候利他就是自利，比如亲代和子代的关系。更不用说人还有社会性的一面，有时候人甚至可以完全摆脱其生物性的自利法则，选择为某些高尚的理由慷慨牺牲。但所有这些都不足以遮蔽人是自利的这样一个基本的生物学事实，这个事实在决定性的意义上制约着人的思维方式和行为模式，从而制约着社会制度的选择空间。人是自利的，意味着人们总是为了满足自身的欲望才去行动，而人最根本的欲望就是生存。存在者总是倾向于继续存在而不是走向虚无，自杀无论在人类社会或动物界都是变异行为而不是常态。人的生存包括两个方面——个体的存活和种的延续，具体表现为对食物和繁衍的双重需要，这是人类一切行为最根本、最深层、最持久和强劲的动力。但如马克思所说，人的本质是"一切社会关系的总和"[①]，人在根本上是社会学意义上的而非生物学意义上的存在者，人的生物性欲望也完全采取了社会性的表现形式。食物对人而言不只是提供营养和填饱肚子，还是地位、身份和品位的象征。马斯洛把人的需求也即欲望按照由低到高的顺序分为五种，分别是生理需求、安全需求、社交需求、尊重需求和自我实现的需求。一方面可以说所有这些需求最终都不过是生存需要的表现形式，人通过安全、社交、尊重和自我实现这些方式的满足让自己或自己的后代不仅活着而且活得更好；另一方面也可以说，对食物和繁衍的需要无一不表现为对安全、社交、尊重和自我实现的需要。在大排档吃饭和在五星级酒店吃饭是完全不同

---

[①] 《马克思恩格斯文集》第1卷，人民出版社2009年版，第505页："人的本质不是单个人所固有的抽象物，在其现实性上，它是一切社会关系的总和。"

的，就像嫁给农夫和嫁给王子完全不同一样。这就意味着，人之所以拼命工作只不过为了让自己活着并活得越来越好，并且还想传播自己的基因，让自己的后代也活着并活得越来越好。社会的制度安排只有与人性的这种自利紧密契合才能获得好的效果，这就是等级正义的财产私有制度，特别是现代文明的市场资本主义。亚当·斯密说，市场的伟力来自何处？来自千千万万想要美好生活的自利者的行动。"我们每天所需的食料和饮料，不是出自屠户、酿酒家和烙面师的恩惠，而是出于他们自利的打算。"① 烙面师每天供给人们香甜可口的面包，并不需要具有高尚的动机，只需要为自己的美好生活仔细打算自然会做出这样的行动。由于法律事先规定了人们正当行动的范围，任何犯罪和投机取巧的门路都被堵死了，他想要自己和家人的美好生活，唯一可能的途径就是为社会提供某种有用的产品或服务，用以交换想要的那些好东西，通过利他达到自利的目标。经济参与者受利己心所驱动，而市场这只看不见的手指引这种利己心去促进总体的经济福利。文明的进步依赖无数自利者的这种行动，正是那些有着利己打算的人，才最终为社会创造了各种可待分配的善品，促进了社会整体效率的提高。亚当·斯密的市场万能论，后来被哈耶克发展为自发秩序理论，"社会生活中存在着这样一种结构，它所具有的可探知的组成部分并没有被人们理解成有意识的构造之物，甚或它们本身也没有呈现出可辨识的设计方案……"② 社会秩序不是人为设计安排的，而是自生自发的，人们为了追逐且实现自身愿望，会自发产生某种本质上相似且相互肯定的行动，从而最终形成某种主流的社会秩序。亚当·斯密和哈耶克都要求顺应人性设计社会制度以获取社会全体成员最终的最大收益，要求让人们放手行动，政府干预越少越好，同时让干得多和干得好的人也过得比别人好，也即实行本书所说的等级正义财产私有制度，唯其如此社会才是正义的。

无疑，市场万能论后来受到了质疑和修正，人们认识到，政府同样

---

① ［英］亚当·斯密：《国富论》上卷，郭大力、王亚南译，商务印书馆1972年版，第14页。

② ［英］弗里德里希·奥古斯特·冯·哈耶克：《法律、立法与自由》（第2、3卷），邓正来等译，中国大百科全书出版社2000年版，第41页。

可以为提高效率发挥作用，并且是不可替代的重要作用，"小政府，大市场"并不是放之四海而皆准的，市场也有失灵而必须依靠政府救场的时候。"市场的弊端和缺陷常常是很严重的，政府分配部门必须制定一些补偿措施。垄断的限制、信息的匮乏、外部经济效果和不经济等现象必须得到认识和纠正。而且，市场在公共利益的场合完全失去了作用。"① 但政府和市场的关系之争与本书在这里的主旨无关，无论自由放任主义还是凯恩斯主义都不会影响这里的结论，只有等级正义的制度安排才能最大限度地提高效率，因为这一制度顺乎人性，虽然并不见得总是美好的，甚至在非等级正义看来可能还是丑陋的。如果非要把人的自利性理解为恶，那么正是这种恶而不是别的什么促进了社会进步。恩格斯对黑格尔关于"恶"的思想做了高度评价："恶是历史发展的动力借以表达的形式。正是人的恶劣的情欲、贪欲和权势欲，成了历史发展的杠杆。"② 这就是说，即使各种欲望确实就是恶，它们的作用最终也是积极的，何况情欲、贪欲和权势欲这些生命的冲动本身并不就是恶，除非当它们造成普遍的灾难，但它们也可以不造成灾难反而造成普遍的幸福。弗雷泽写道："那些聪明的无赖，一旦野心达到极点，处心积虑想要牟取的权力也就会减少，当没有进一步的自私时，他就可能，并且通常真的把自己的才干、经验和财富投入到公众服务中。在政界，足智多谋、残酷无情的人可能最终成为贤达的领袖，生前备受赞扬，死后留名青史，朱利叶·恺撒和奥古斯都便是典型代表。"③ 不仅政界如此，科技、文化、商业及所有领域的杰出人物，他们行动的最终推动力量无非就是上述以各种欲望表现出来的生命冲动而已，主观的自利之恶最终变成了客观的利他之善，欲望的丑陋冲动最终达成了文明的普遍进步。这就是黑格尔所说的"理性的狡计"："天意对于世界和世界过程可以说是具有绝对的狡计。上帝放任人们纵其特殊情欲，谋其个别利益，但所达到的结果，不是完成他们的意图，而是完成上帝的目的，而上帝的目的与他所利用的人们原

---

① ［美］约翰·罗尔斯：《正义论》，何怀宏等译，中国社会科学出版社1988年版，第273页。

② 《马克思恩格斯选集》第4卷，人民出版社1995年版，第237页。

③ ［英］詹姆斯·乔治·弗雷泽：《金枝》，赵昭译，陕西师范大学出版社2010年版，第51页。

来想努力追寻的目的,是大不相同的。"[①] 假如上帝就是人民的整体,就是代代衍续以至于无穷的全体人民,上帝的目的就是全体人民日益趋近幸福的生活,那么它的全部凭靠就只能是无数单个的人出于自利打算的各种激情冲动以及由此造成的无数勇敢行动。人类平均寿命从孔子时代的20多岁延长至今天大多数国家的70多岁,粮食平均亩产从中国宋朝的200多斤增加到今天杂交水稻的2000多斤,地球总人口从石器时代的几百万发展到今天的70多亿,人类由僻处一隅、步履维艰发展到冲出地球遨游太空,这一切的取得,背后的共同支撑都是等级正义的制度安排。生产力的巨大进步促使人类法律由古老的同态复仇进步到今天局部地区对死刑的取消,政治文明亦由腐朽的血统世袭进步到当代几乎普遍实行的民主选举,归根结底,这些伟大进步的最后依凭也正是鼓励人们拼命工作的等级正义制度。

也许有两个问题是我们必须追问的:一是等级正义对较劣的人而言是否公平?二是非等级正义能否同样支持效率的提高?首先,如果在权利的意义上理解公平一词,毫无疑问,等级正义对较劣的人是不公平的。这些较劣的人可能是曾经的奴隶或者平民,或者黑人,或者汉人,或其他各种各样的禀赋和能力较差的人,也可能就是今天那些生活在贫困地区或仅领取微薄报酬的人,或在残酷的市场竞争中的失败者,等等。由于等级正义,这些人要么享受的快乐和幸福较少,要么只能得到较少的尊重,要么活得比别人更短,要么曾经无辜地牺牲了生命。这种悲惨遭遇往往并不是他们的主观错误比如懒惰造成的,而很可能是与生俱来的,比如种族、性别、血统、身高或智力等造成的,这就显得格外的不公平。这正是非等级正义强烈批判等级正义的地方,也正是等级正义在终极的意义上不正义并必将朝着非等级正义不断趋近的根本原因。等级正义如果有一个终极目标,只能是它的自我否定。等级正义的制度安排常常在当时就被普遍认为是邪恶的,比如殖民者对黑人的奴役,这种所谓等级正义仅对极少数人有利,而不像贵族制度那样对多数社会成员都有增益,实际上只有等级而毫无正义可言,是假正义之名而行的十足邪恶,不应该被包括在等级正义之列。本书所说的等级正义是指这样一种制度安排,

---

[①] [德]黑格尔:《小逻辑》,贺麟译,商务印书馆1980年版,第394页。

至少在某个特定的历史时期是合理的，既能建构社会秩序，又能提高整体效率，从而具有恩格斯所说的"暂时的历史正当性"，比如封建制度或君主专制或市场竞争制度等。在历史不可能跨越它的幼年时期而直接进入它的完成状态的黑格尔辩证法这样的意义上，我们可以说，等级正义虽然对较劣的人在权利的意义上并不公平，但又是不可避免的，而且在事实的层面上确实是公平的（就多劳多得、少劳少得、不劳动者不得食的原则而言），在促进文明进步的意义上还是居功甚伟的。其次，非等级正义在能够唤起普遍自尊的意义上虽然也可能在某种程度上支持效率的提高，但这种支持一般难以持久，因为劳动热情会被包容在非等级正义之中的平均主义的梦魇迅速击垮，之后人们就会陷入工作意愿的长期低迷之中。"对于由运气造成的差异进行压制，会破坏大多数发现新机会的可能性。在这样一个世界里我们会失去这样的信息，只有它们，作为我们生活环境中千万种变化的结果，能够告诉每一个人，为了维持生产或——假如可能的话——增加生产，我们必须做些什么。"[1] 我们在所有曾经实行各种形式的公有制的地方都能观察到工作意愿不足这个事实，说明它不是偶然的，而是和对基于人性自利的逻辑推演完全吻合，当劳动成果不再专属于劳动者个人时，也就是当财产私有制度被废除之后，人们必然不再继续努力工作。因此，支持效率的提高肯定不是非等级正义的内在品性。但如果非等级正义并不作为一种主流的制度安排，而仅作为等级正义制度的某种辅助和补充的手段，那它也确实可以比较显著地激励人群从而提高效率，比如传统时代的赈济制度和当代的社会保障制度，都可以看作不同形式的非等级正义，由于提供了安全和额外的激励而有可能促使人们更加努力地工作。

## 第二节 等级正义的缺陷

无论作为观念，还是个体行动或社会制度，等级正义都是人们自然且主流的价值选择，自有文明以来一直伴随着人类社会，塑造和支配着

---

[1] ［英］弗里德里希·奥古斯特·冯·哈耶克：《致命的自负——社会主义的谬误》，冯克利、胡晋华等译，中国社会科学出版社2000年版，第83—84页。

社会的演化和发展。等级正义的伟力毋庸置疑，已如上述。但这种正义也有一些严重的缺陷，发端于它的内在逻辑之中，因而是等级正义不可避免的。当然也可以说这些缺陷并非等级正义生成的，而是本来就植根于人性之中。正是为了顺乎人情，人们才被迫选择了等级正义，等级正义确实也赋予了这些缺陷以合法的形式，并将它们接纳为体制的一部分，从而强化且固化了它们，使之成为与人类全部社会形态相伴始终的巨大顽疾。等级正义的这些缺陷造成了不可胜算的痛苦和悲剧，并且最终还反噬着等级正义自身，使得等级正义的核心追求即秩序和效率等也常常难以为继，这正是等级正义终归不正义，并必将走向其自我否定的根本原因。

## 一　歧视和羞辱

歧视和羞辱是等级正义的体制性内容之一，它的本质特征，用当下的社会政治话语来表达，就是"不承认"：较高等级的人不承认较低等级的人和他们具有同等为人的权利。即使较低等级的人在生物学意义上确实和较高等级的人并无二致，并明显具有人的共同情感，但他们还是要么被说成智力低下，要么被认为德性有亏，要么就被指责为具有一些根深蒂固的恶习陋行，总之就是绝不能和较高等级者相提并论的人。这些较高等级的人，如周朝的贵族，或传统时代主要居住在中原地区的汉人，或元朝昙花一现的强者蒙古人，或地理大发现之后称霸全球的白人，或印度的婆罗门及刹帝利种姓，或日本的大名及武士，等等，不仅拒绝和他们眼中较低等级的人通婚论交，而且总会为对方量身定制一些羞辱性的称谓，诸如"野人""蛮夷""汉狗""黑鬼""生番""贱民"等，以彰显自身的高贵。但我们最熟悉的歧视和羞辱还不是上述这些古老或正在渐渐远去的东西，还有一些更让我们感同身受并无处不在的歧视和羞辱，那就是官员眼中的老百姓、愚民或刁民，富人眼中的穷鬼，城里人眼中的乡巴佬，西方人眼中的亚洲人或亚裔，男人眼中的贱人、泼妇或荡妇，等等。无论族群、社群或个体，无数的人无时无刻不在遭遇歧视和羞辱，这本来就是等级正义社会的根本特征。罗尔斯说："没有自尊，那就没有什么事情是值得去做的，或者即便有些事值得去做，我们也缺乏追求它们的意志。那样，所有的欲望和活动就会变得虚无缥缈，我们就会陷入冷漠和犬儒主义。"① 等级正义社会的现实即是如此。

为什么较高等级的人认为他们有权歧视和羞辱较低等级的人？这个追问和"为什么他们成了较高等级的人"是同一个问题，答案都是"因为等级正义的制度安排"。这里又可以分为三种不同的情形。首先，确实有一些个体自然禀赋显著优良，更容易在竞争性生存中成为赢家，但这些禀赋的获得并非主观努力的结果，他们本来并不应得这些禀赋带来的额外收益，而且这些禀赋本来也可能隐而不现，只有通过必要的环境作用，比如教育，才能从潜在的自然等级转换为显在的社会等级。因此较高等级的人之所以能够成为较高等级的人，归根结底不是由于自然禀赋的优良，而是等级正义制度接纳、承认并成就了这些优良。如果换成另一种制度，比如在非等级正义的制度规范之下，就没有人会成为较高等级的人，当然也就没有歧视或羞辱了。较高等级的人总是夸大自己的天赋神武，但正如亚当·斯密所说："人们天赋才能的差异，实际上并不像我们感觉的那么大。人们壮年时在不同职业上表现出来的极不相同的才能，在多数场合，与其说是分工的原因，不如说是分工的结果。"② 他举例说，一个哲学家，一个街上的挑夫，他们之间存在的差异主要是不同环境和教育的结果，而不能主要归因于天赋。这两个完全不同的人在童年时代可能并无差异，但由于他们所处的不同环境（不同的国家或民族，不同地区、不同时代或不同家庭），后来却拥有了截然不同的社会身份，"结果，哲学家为虚荣心所驱使，简直不肯承认他们之间有一点类似的地方"③。很显然，在几乎没有现代分工的社会里，如果每个人都必须自己承担生活的所有劳作，那就绝不会出现哲学家。不承认天赋才能的差异是无视事实，但较高和较低社会等级的区隔是制度安排的结果，尽管这种制度安排某种程度上是以天赋才能的差异为基础或前提的。其次，也有一些人之居于较高等级完全与他们的天赋才干无关，而纯粹只是制度

---

① [美] 约翰·罗尔斯：《正义论》，何怀宏等译，中国社会科学出版社2009年版，第347页。

② [英] 亚当·斯密：《国富论》上卷，郭大力、王亚南译，商务印书馆1972年版，第15页。

③ [英] 亚当·斯密：《国富论》上卷，郭大力、王亚南译，商务印书馆1972年版，第15页。

安排的结果，比如血统世袭时代因嫡长子继承制而上位的那些人。还有一些人，甚至正因为他们天赋才干的低劣才成了较高等级的人，比如独裁政制下的很大一部分官员就是劣币驱逐良币的结果。他们往往智力平庸，各方面乏善可陈，又渴望过上好的生活，因此比那些禀赋优良可凭技术手段谋生的人更乐意丢弃道德底线，以不义和无耻牟取富贵，而独裁专制政体恰恰就需要这些毫无原则、毫无尊严、一味阿谀逢迎的人，因为这种政体的第一要务不是满足人民的需要，而是讨得上司的欢心。这些人即使活在 21 世纪，实际上也只是一些早已死去的古人，他们眼中没有人民而只有"老百姓"——这是独裁专制政体为它的被统治者们专门创制的一个在当代民主政体看来带有十足歧视和羞辱性的称呼。无须期待等级正义的消失，只要等级正义进步到另一个层次从而淘汰掉独裁政制（这本该是指日可待之事），这些自视高人一等的"禽兽食禄"者就将无处藏身、原形毕露。最后，有一些族群看起来确实比较优良，他们在漫长时期征服和统治了广大的地区，比如传统时代的东亚汉人和工业时代的西欧白人，他们和所征服地区的族群相比似乎确有显著不同的智力优势，就像人们熟知的诸葛亮七擒孟获和一百多个西班牙战士征服印加帝国的故事一样。这种显著的族群差异实际上主要是地缘环境造成的，与族群本身的优劣无关。今天的人类学认识到，与世隔绝、缺少交流的民族会明显地表现出文明发育迟滞的现象，他们通常面对着较小的生存压力、较弱的竞争对手和毫无变化的生活环境，进步的动力长期以来变得很弱甚至完全消失了，即使亚欧大陆上那些相对封闭的山地民族都是如此，更不用说数千年来僻处一隅的澳洲和美洲原住民。当西欧白人到达美洲时，与他们相遇的是一群仍然处在采集渔猎时代的部落人，文明时差以数千年计，这是人类历史的区域隔绝时代造成的巨大鸿沟。对较低等级的不承认必然导致分配的不公，由此形成的不同族群间分配善品的等级差异一直延续到全球化时代的今天，因此可以理解霍耐特的这个说法："将分配冲突解释为承认斗争的特殊种类更为可行。"[①] 这种主要以世界经济格局的东西方差距表现出来的等级正义既是不义的，也是不幸

---

① ［德］阿克塞尔·霍耐特：《承认与正义——多元正义理论纲要》，胡大平、陈良斌译，《学海》2009 年第 3 期。

的。必须承认,等级正义很大程度上就是一种体制化的弱肉强食,不同时代、不同地区及各种不同形式的较高等级的人获得了对他们眼中较低等级的人进行歧视和羞辱的制度性许可,这可以称作文明之耻,这也正是为什么主张非等级正义的马克思主义能够得到广泛道德支持的一个原因。

为何一些过得较好的人拒绝承认和接纳另一些受苦的人?歧视和羞辱的终极动因就是对自身既得利益和等级地位的自觉维护,对他者参与更多资源竞争的恐惧和排斥。这种对未来安全的担忧通过歧视和羞辱的形式表现出来,确证了外强中干乃是人类面对不确定性时经常会有的一种行为反应模式。具有显著优势的较高等级者之所以仍对实际上较低等级者怀有恐惧,是因为不承认通常是双向的,较高等级也时刻遭遇着较低等级的不承认,较高等级的优越生活其实时刻面临着挑战。正所谓"哪里有压迫,哪里就有反抗",即使同一族群和同一体制内较低等级的人也总是通过种种方式表达他们对较高等级的不承认,比如较低官职对较高官职、平民对贵族的不承认等,更不用说不同族群和不同体制之间的这种情形了。种族和国家之间的这种紧张,各个不同等级之间普遍的敌意,正是等级正义内在逻辑的原罪之一。

### 二 贫富悬殊

等级正义主持的社会大考不是水平性的,而是竞争性的。在等级正义制度之下,任何人并不是努力了或努力到某个程度就一定会成功,关键要看竞争的总体态势和竞争对手的情况如何。无论怎样,最后成功的都是少数,其余绝大多数则只能成为较低等级的成员。这种状况落实到财富分布上面,就意味着等级正义将不可避免地导致贫富悬殊。且不说传统社会里那种天然不公平的财富竞争,即使在千帆竞发的市场自由状况下,排除掉血统、官职和种族等十分粗暴的等级对自由竞争的干扰,并且除了法律禁止的情形之外不再有任何针对特定人群的歧视性禁止——总之在创造财富的征途上人人平等,所有的人在同一时间和同一起点出发——人们之间的距离还是会迅速拉开而且必然越来越大。最终一方面将决出一二三名(就像荣登财富榜的那些人物),另一方面也会有人因种种原因中途出局,而绝大多数参与者虽然可能跑到了终点,却注定只能得到某个无关痛痒的名次和成绩，不具有任何被记录下来的意义。和马拉松比赛不同的是，财富竞争的胜负攸关生死存亡，那些具备优良自然禀赋或社会等级的人最终会成为各行各业的翘楚和领袖，手握社会财富的绝大部分；其余的人虽然不一定一无所有，或许也能在社会的整体进步中获得和从前比较更好的生活，但他们拥有的财富比重无疑将变得越来越微不足道，在社会经济生活中的地位会更加卑微，政治和文化上的话语权也将因此更加稀薄。贫富之间的差距起初可能还可以想象并互相观察得到，但由于马太效应，这种差距会随着时间的推移而越来越大，最终大到无法想象的地步。穷人将无法想象富人的生活，他们之间最终将变得几乎毫无共同之处，"随着富裕的增进，贫困也在加剧，这一进展方式在市民社会的层次上不可能得到有效的控制和改变"①。虽然财富竞争不由任何一场单一的比赛决定，也非一劳永逸之事，而是一场永不终止的开放性比赛，总有一些新的特别优秀的个体会成为新的赢家，因为技术进步总会推出新的富豪。但在一个稳定的社会里，雄踞财富榜首的永远只能是一些大致相同的人，大多与一些历史悠久的富贵家族有着或深或浅的联系。总之，这里最重要的是，其一，等级正义是一种"赢家—输家"的游戏模式，在严格的意义上不存在所谓共赢局面；其二，由于人与人之间显著的自然等级和社会等级差异，人们之间获取财富的能力形同霄壤，必然形成贫富差别，并由于马太效应而必然导致贫富悬殊；其三，这种贫富悬殊的最佳表达就是帕累托的二八定律，在等级正义的规则之下，一个社会百分之二十的人终将掌握总财富的百分之八十，而占人口绝大多数的百分之八十则只能分享其余百分之二十的财富。

这种情况竟然是正义的吗？首先需要追问，百分之二十的富人是否确实创造了他们实际占有的百分之八十的财富？就是说，富人的财富和他们的实际贡献是否十足相称？必须承认，没有任何人能够肯定地回答这一点，人们最多只能说：按照制度规则富人应该得到这个数量的财富。这就是说，富人之所以成为富人乃是制度规则的结果，至于他是否确实

---

① ［德］克劳斯·菲威格：《黑格尔论贫富鸿沟的加剧作为现代正义的最大难题》，郭霄译，《伦理学术》2019年第1期。

配得上他所实际拥有的那么多财富则永远无从知晓。因为除了预先制定的那一整套计算规则就不可能测量任何人的贡献大小，而如果当下的任务就是考察那套计算规则本身是否公平合理的话，毫无疑问，那套计算规则的公平合理性肯定不是不证自明的。人们容易发现过去久远的时代财富规则的不合理，而对当下的财富规则却很少质疑。比如，在独裁专制政体下，某人被君主赏赐了爵位及一定数量的土地和人口，数年苦心经营之后，某人富甲天下，并在去世之前把他的财富和地位完整无缺地传给了子女。这套财富规则的每一个环节，今天的人们都会质疑：赏赐土地和人口在那时竟然司空见惯，爵位世袭及无遗产税的财富继承居然合理，等等。但资本主义的财富计算规则也并不见得比从前更好，甚至可能更不合理。比如，一个人发明了灯泡，按照专利制度，在一定的时间限度之内（假设是50年），任何生产灯泡的人每卖出一个灯泡，就要付给发明灯泡的人一块钱，灯泡的发明人很快就会富可敌国。对于专利制度向来有许多争议，人们理解这个规则的目的是刺激效率的提高，如果发明灯泡的人最终一无所获，那么可能就没有人想要发明灯泡或者任何别的东西了，社会的效率就会极其低下。但人们还是要问，如果这个规则制造了惊人的贫富悬殊，它的合理性是否会日趋削弱。为了效率而让那些较优的人凌驾于较劣的人之上，尽管除了主观先在的规定之外没有任何可靠的根据证明那些较优的人确实应该拥有他们已经拥有的那么多财富，这种疑虑确实是值得讨论的。可以设想一种改变：一方面发明灯泡的人仍然得到奖励，能够过得很好；另一方面这种奖励又不至于使他拥有羞辱乃至支配他人的那种巨大财富。无论在技术操作上这个设想能否落实，这个设想本身的要求是可以理解的。资本主义时代的富人之所以能够成为富人，除了非法的巧取豪夺者之外，一切所谓"阳光下的财富"都类似于灯泡发明人享用过的那套无限回报的财富规则，无论发明者，还是生产者，或是销售者，总之一切创造或推动了最终消费的人，他们的创造或推动工作都是累积奖励的，而且是根据最终的消费数量累积奖励的，但最终的消费者却没有奖励，无论他们消费了多少。因为只有消费落实之后利润才会最终得到实现，一种以消费为中心的财富计算规则就成了资本主义的基本游戏规则。消费中心规则本质上是一种追逐最大利润的规则，这是资本主义真正的本色，可惜消费主义的批判者如鲍德里亚或马尔库塞等对此却未有所见。当然，这不是本书的关切。很明显，社会最终的消费数量绝不能等同于灯泡发明者、生产者和销售者的实际贡献，根据消费的累积奖励理论上无限回报的财富规则无非是想最大限度地刺激效率的提高，并不必然证成其合理性。即使这个财富规则是对每个人平等开放的，每个人都可以成为那个发明或生产灯泡的人，但这种平等开放既不能证明规则本身的合理，也不能证明富人应该得到他们已经得到的那么多，而且人们本来也可以找到另一些更好的规则，同样可以刺激效率的提高。综合上述的讨论，没有人能够证明富人拥有的财富和他们的实际贡献相称，富人之所以成为富人只不过由于等级正义的财富规则而已。即使这里的等级正义正好处在它的理想状态，富人的财富都是等级正义之阳光下获得的，问题在于，等级正义本身就是不正义的，即使对那些承诺过等级正义的人来说也是如此。人们承诺等级正义常常只是因为"只能如此，别无选择"，而不是真的喜欢等级正义。按照洛克的社会契约论，在自然状态下，那些较优的人既不能占有超过他们消费限度的财富，还必须给别人留下和他们占有的财富同样多和同样好的财富，因此那种状态下贫富差别即使有也是小到可以容忍的。既然如此，人们就没有必要结束这种状态，反而签约成立一个注定要让大多数人遭受压迫、歧视和羞辱的等级正义社会。

其次，即使不去质疑富人的实际贡献是否与其获得的财富相称，或者说，即使某种以消费为中心或者别的什么财富计算规则完全真实合理，富人确实贡献了那么多，甚至比别人认为他们贡献了的还要更多，富人所获得的每一分钱都理所应得，贫富悬殊仍然是不正义的。因为，一方面，那些百分之八十较劣的穷人，尽管贡献确实较少，也知道自己的贡献确实比不上富人那么多，还是想要更好的生活和更多的尊重。他们除了才干和能力较劣，在美好生活的欲求方面却和富人一样强烈，对贫富悬殊的状况必定感觉十分不满，并且一有机会就会发泄出来。无论怎样，一个社会百分之八十的人都是穷人，都感觉被歧视和羞辱并且心怀不满，那不可能是一个正义的社会。在某种意义上，"穷困实质上暗示着对于每个具体的个人理当享有的市民社会参与权的本质性制约，因而也即对根植于社会成员身份的各种权利的严重减弱直至丧失"①。另一方面，一个人按照某种经过大家同意的规则获取财富，在确实付出了规则所规定的那么多劳动之后得到了相应的财富数量，这本来无可厚非。但是，不论是规则使然还是他自身获取财富的能力确实强大，当获取的财富数量超出了某个必要的限度，事情的性质就发生了变化，他就要开始遭到除富人自身之外所有只能获取较少财富者的警惕和反对了。因为财富不是某种普通的东西，而是一种特殊的力量，一种足以支配他人的权力。如果财富的数量超出某个必要的限度的话——这个必要的限度只能根据特定社会的生活水平加以确定——任何人都可以拥有财富，但除了通过契约的授权之外，任何人都不能拥有支配他人的权力，这种权力是富人决不应得的。对于财富的定义，即使按罗尔斯比较温和的意见，财富也被看作"自尊的社会基础"。反过来说，没有财富就可以说没有自尊，也就是孟子所谓的无恒产者无恒心。那么，如何衡量有或没有财富？根据一个人能否生存这个标准似乎不太有力，城市中真正的乞丐很容易生存，人们甚至在丛林时代也能生存，因此根据能否生存判定人们是否拥有财富没有道理。财富是一个随时代变迁而不断变化的概念，一块尖锐的石头在石器时代可能是一个重要财富，就像当代资本主义社会一台电脑可能也是一个重要财富一样，它们的重要性是由时代而不是它们自身决定的。财富具有多种多样的形式，它们之间可以有等级的差别。比如一块尖锐的石头在石器时代的财富等级可能比不上一堆篝火那么高，而一堆篝火又可能比不上一个舒适的天然树洞，等等。但自从有了货币之后，财富的等级拼比就都变成了货币的数量比较，因此比是否拥有财富更重要的问题是拥有多少货币。就是说，财富主要应该采用一个社会比较的概念而不是采用一个静止的自然财富概念，否则人们本来就只需要以能否生存作为衡量是否拥有财富的标准就足够了。这意味着不能认为只要拥有财富就能拥有自尊，仿佛自尊是某种固定不变的东西而不是一种在比较中获得的东西。所谓自尊只不过就是他者的承认，但在财富过于悬殊的情况下，尽管穷人实际上并不太穷，而是拥有远远超出贫困线之上的生

---

① ［德］克劳斯·菲威格：《黑格尔论贫富鸿沟的加剧作为现代正义的最大难题》，郭霄译，《伦理学术》2019年第1期。

活资料，但和拥有巨额财富的人相比依然可能没有自尊，实际上是随时都可能感受到一种羞辱，这种比较本身"有害于主体和限制了他们的行动自由，而且是因为伤害了他们在主体间获得的肯定的自我理解"①。一个勤奋工作从不懈怠的人如果每年能够获取20万元收入，在当前的物价水平下本来也可以过得丰衣足食，当看到很多人每年只有10万元或更少的收入时甚至还能产生幸福的感觉（这意味着，他本来也是通过和财富更少的人比较而获得自尊的，那些比他财富更少的人可能因此失去了自尊，或只能在另外一些比他们财富更少的人那里去获得自尊，整个社会由此建立起一个层层歧视的等级链条，只有极少数居于等级顶端的人才能免于被人歧视，这种等级正义的社会本身就是不好的。当然也可以有一种辩护说，等级社会所有的人好比都站在同一个巨型楼梯上，往上看，总有比自己更高等级的人，但往下看，也总有比自己更低等级或更不幸的人，各个等级的社会成员总体上能够维持某种微妙平衡，因此等级正义社会也可以不断地维持下去而不至于轰然坍塌）。但当他知道有人一天的收入就远远超过20万元，或者有人一顿饭的消费就比他一年的总收入还要多，这个人是否会产生虚无感，是否还能波澜不惊地保持他的自尊就值得怀疑了。当然总有人能够做到这一点，特别是对那些禁欲主义者、苦行主义者、相对主义者或形形色色神秘的精神至上主义者来说，这可能完全不是问题。他们要么擅长贬低物质实在而抬高虚无缥缈的精神，要么就擅长对一切差别视而不见。假设我们只在理性自利的经济人逻辑之内讨论自尊问题，就可以合理地把上述种种特异人士排除在外不予考虑——这倒不是畏惧他们的逻辑，而只是不愿节外生枝——这意味着，即使按照温和的非等级正义的同情者罗尔斯的意见，财富亦绝非寻常之物，它能在人和人的互相比较中建立或毁灭人的自尊，从而也就能够建立或毁灭社会秩序的基础。人在巨大的财富差别面前感觉幻灭和自卑并不奇怪，正是人之为人的正常反应。人总是需要一个中介才能建立起和世界的联系，否则（当他不能得到社会承认时）就无法作为一个社会人继续存活下去。尽管这个中介不见得非财富不可，比如也可以是某种神

---

① ［德］阿克塞尔·霍耐特：《为承认而斗争》，胡继华译，上海人民出版社2005年版，第140页。

秘的精神至上主义，但对一切现实主义者来说，财富是最理性有力且真实的中介。这就是马克思所说的"人对物的依赖关系"，也即庄子所说的"有所待"，人必须有所凭借才能存活于世间。人们凭借财富建立自尊和生活的意义，在巨大财富差别的压迫之下这种意义破灭了，自尊也就变成了黑格尔所说的"纯粹的主观性"，歧视和羞辱无处不在，这种情况绝不能说是正义的。

贫富悬殊为何造成歧视和羞辱？因为财富是"自尊的社会基础"，没有财富也就可以说没有自尊。黑格尔说："财产是自由最初的定在。"[①] 自由依赖财产而实现，没有财产则没有自由。"所有权所以合乎理性不在于满足需要，而在于扬弃人格的纯粹主观性。人唯有在所有权中才是作为理性而存在的。"[②] 没有财产的人连人格都不确定，甚至都不能算是一个理性的人，更谈不上自尊。作为正义理论中的重要概念，罗尔斯和诺齐克都重视对自尊的讨论，并都给我们留下了重要的思想启迪。罗尔斯认为"也许自尊是最重要的基本善"[③]。自尊如此重要，以至于"如果没有它，任何事情似乎都不值得去做，或者如果有些事情对我们有价值，我们也缺乏为之奋斗的意愿。所有的欲望和活动都变得空洞和虚妄，我们沉沦于冷漠和愤世嫉俗"[④]。而对自尊的损害——歧视和羞辱，正是反平等主义（比如诺齐克的正义理论）的制度性内容之一，它们的本质特征，就是前述的"不承认"：处境较优的人不承认处境较劣的人和他们具有同等为人的权利。无论族群、社群或个体，无数的人无时无刻不在遭遇歧视和羞辱，这本来就是反平等主义社会的根本特征。

诺齐克反对罗尔斯对自尊的强调必然要求平等主义的观念，在他看来，自尊是以有差别的特性为基础的，一个人能够实现自尊的程度，同时也是能够引起他人嫉妒的程度。国家的强制干预也许能够使得社会中差别等级减少，看上去增加了平等，而实际上只是减少了人们获得自尊的可能。与罗尔斯认为自尊可以不与他人比较而建立在自我价值感的基

---

① ［德］黑格尔：《法哲学原理》，范扬、张企泰译，商务印书馆1982年版，第54页。
② ［德］黑格尔：《法哲学原理》，范扬、张企泰译，商务印书馆1982年版，第50页。
③ Rawls J., *A Theory of Justice*, *Revised Edition*, Harvard University Press, 1999, p. 386.
④ Rawls J., *A Theory of Justice*, *Revised Edition*, Harvard University Press, 1999, p. 386.

础之上的看法不同，诺齐克认为，自我价值的确立所需要的恰恰是与他人比较并且持续优胜的过程，因此罗尔斯的平等主义方案最终只会毁灭大多数人的自尊。很显然，如果人人都能考100分，那么100分实际上就没有意义，不能支撑起人的自尊了，因为对一件事情的评判标准是不可能独立于他人的。[1] 诺齐克在这里当然是睿智的，但他确实（或许是刻意地）忽视了社会与经济巨大的不平等所能导致的对自尊侵害的严重后果，这个后果比罗尔斯理论所能导致的后果不仅更严重，而且更普遍，受害人数更多，而这正是诺齐克反平等主义的逻辑极有可能乃至必然出现的。

我们可以从承认理论的视角来进一步认识平等主义要求平等对待每个人的实质以及自尊这个概念的重要性。《再分配，还是承认》的作者之一弗雷泽（是美国的 Fraser N.，不是英国人类学家《金枝》的作者弗雷泽）认为，当代大多数形式的不公正——如与性别、种族、民族或者阶级有关的——都有经济和文化两个维度，这两个维度是不能被归纳主义的、一维的理论所充分理解或评估的。基于这个判断，她提出社会正义需要一种参与平等来结合经济和文化这两个维度，确保所有社会成员在他们所参与的社会互动中具有与其他人处于同等地位的可能性。参与平等既禁止制度化的文化价值模式，即赋予某些社会群体相对于其他人的从属地位，也禁止不正义的经济安排，即以分配制度来巩固不平等和依赖性。相反，它要求一种相互承认的模式，在这种模式中，成员们彼此作为同伴对待，采用平等主义的分配制度，以确保成员们互动独立的客观条件。[2] 简而言之，要获得承认与自尊，在物质资源方面和社会文化方面都必须有保障，正义不仅需要起点与条件的平等，还需要结果的平等。这个思想非常具有马克思主义色彩。

如果说连自由主义者罗尔斯都如此关注财富分配的人际平等，强调要制度性地促使"社会中处境最不利的成员"更多获益，那就更不用说马克思"消灭私有制"的激进主张了。在马克思看来，财富绝不只是和

---

[1] Nozick R., *Anarchy, State, and Utopia*, Basic Books, 1974, p. 240.

[2] Fraser N. and Honneth A., *Redistribution or Recognition? A Political-Philosophical Exchange*, Verso, 2003, p. 36.

自尊有关，而是全部社会生活的"经济基础"，如何生产和分配财富是决定社会制度和道德风尚等的终极力量。歧视和羞辱、人际压迫和剥削、阶级斗争以及一切丑恶的社会现象存在的根源只在于不平等的财产私有制度造成的贫富鸿沟，即中国古话所说的"富者累巨万，贫者食糟糠"，因此"共产党人可以把自己的理论概括为一句话：消灭私有制"①。马克思说得很清楚，消灭私有制不是要消灭"供直接生命再生产用的劳动产品的个人占有"，而只是要消灭那种"使人们有可能支配别人的劳动"的东西,② 即消灭私有制的实质是消灭财富占有的不平等，而不是反对每个人占有基本的生活资料。如前所述，由于财富是这样一种特殊的东西，任何人对它的占有一旦超出了"供直接生命再生产"的限度，超出洛克所说的在食物腐烂浪费之前可以消费掉的那个数量，就可能蜕变为"支配别人的劳动"的权力，即人际剥削和压迫的工具——当社会财富极大地集中在少数人手中，其余绝大多数的人再也找不到洛克所说的"同样多和同样好"的东西了，他们为了活命就非得接受富人的任意支配不可，这就是资本主义劳动雇佣制度的根源。因此，为什么贫富悬殊即使是"合法"形成的亦仍是不正义的？马克思的回答是，因为它必将造成剥削、压迫和阶级斗争。任何人拥有支配和奴役他人的力量都是不正义的，任何制度性地产生剥削和压迫的社会都是不正义的。

### 三 剥削、压迫和阶级斗争

马克思所说的剥削特指资本家无偿占有工人的剩余劳动，但马克思的剥削逻辑还可以推演到更加广远的地方，可以说等级正义所在之处，剥削亦无处不在。"把马克思的剥削概念局限在劳动过程中的任何解释都忽视了马克思的根本论点：一个社会的劳动过程对该社会的所有人类关系都具有普遍的影响力。"③ 对资本家来说，任何一次商品生产过程，在剔除所有不变资本的转移成本之后，还要获得更多。如果他因为雇佣工人而花费了10元钱，就必须迫使工人生产出超过10元价值的产品，比如

---

① 《马克思恩格斯文集》第2卷，人民出版社2009年版，第45页。
② 《马克思恩格斯文集》第2卷，人民出版社2009年版，第46页。
③ ［美］艾伦·布坎南:《马克思与正义》，林进平译，人民出版社2013年版，第55页。

15元，就是说最终必须能够赚到一笔利润。否则他本来就可以不必大费周章地雇佣工人进行这次生产，或者他就不是资本家而成了慈善家。资本家究竟将迫使工人生产出多少超过工资所值的剩余产品，或者是否所有的资本家最终都能完成社会生产的全部过程并且顺利赚到他所计划的利润并不重要，也与这里的问题无关。这里重要的只是资本家必须并且必然占有工人生产的剩余产品，剥削这件事本身是不可避免的，是资本主义的等级正义制度决定了的，而且这种剥削正是一切资本家发财致富的全部秘密。这就意味着，资本家的财富归根结底都是工人创造的，本质上都是社会财产而非他个人的私有财产，只不过被不义的社会制度不当地判归他个人所有了。那么当工人（无产阶级）进行社会主义革命而把所有的财产收归社会所有实行公有制的时候，工人从资本家手中拿回的本来就是工人自己的东西，也即马克思所说的"剥夺剥夺者"，因此是完全正义的。马克思的剩余价值理论即使在经济学的技术层面上并非毫无瑕疵（比如他是否采用了过于狭窄的劳动概念，以致越是需要更多知识和更高智慧的劳动越是不被包括在他的劳动概念之内？比如他放弃经济学惯用的固定资本和流动资本这对概念而代之以不变资本和可变资本是否具有充分的合法性？如果可变成本的概念确实合理，它是否也应该或可以把投资者本人也包括在内？更重要的是，社会必要劳动时间究竟是如何可计算的？如果这个对剩余价值论来说最关键的概念终归还是需要依靠供求关系加以解释才具有实在性，那么按照"如无必要勿增实体"的奥卡姆剃刀原理，这个概念就可能成为非必要的，而一旦去除了社会必要劳动时间这个概念，剩余价值论的基础就岌岌可危了，等等）也不影响剩余价值论的道义价值和它揭示的一个基本事实：资本家利用积累的财富对工人的剥削。可以说，没有劳动就没有财富，而没有剥削就没有贫富悬殊。不仅资本主义社会存在剥削，也不只是资本家剥削工人，其他社会形态同样存在剥削，其他较高等级的人同样剥削较低等级的人。比如主人对他的奴隶的剥削，就美国曾经的蓄奴制度来看，比资本家对工人的剥削有过之而无不及。奴隶劳动所创造的一切财富都归主人所有，除了支付最低限度的奴隶生命再生产的生活费用之外，主人无须承担其他任何成本。地主对佃农通过地租、城市人口对农村人口通过工农业产品的剪刀差、政府对人民通过高额赋税、西方对东方通过产品的高附加值，等等，进行着它们各自独特的剥削，攫取它们本不应得却被等级正义特许的高额"剩余价值"，从而生产了并不断地再生产着不同等级社会的贫富悬殊。

如果剥削主要是经济形式的，那么压迫就主要是政治形式的，因此压迫的主体就不是一般的较高等级，而是一种特殊的等级统治阶级，也即各个不同社会掌握政权组成政府的人。种族和血统等级固然也会造成压迫，但那种压迫主要仍是政权许可的，因此仍需看作是统治阶级的压迫。在比喻的意义上，财富、性别、知识等都可造成压迫，鉴于这些所谓压迫都必然无条件受制于政治权力，因此本书不把它们和压迫混为一谈，而宁愿称为剥削、歧视或羞辱等。也就是说，压迫是专属于政治权力的，是统治阶级对被统治阶级采取的各种打压和禁止的行为，比如白人政权对蓄奴的许可、不许黑人聚集谈话、不许黑人和白人上同一所学校和进同一所医院、不许黑人当兵或担任军官、不许黑人参加选举等（除了选举中国历来没有，其余类似的压迫中国元朝的蒙古政权也都曾经对南人、汉人实施过）。这些压迫是直接为经济剥削服务或者是为了统治地位的巩固（当然最终仍可为经济剥削服务），以及政治压迫的各种主要形式等暂时不予讨论，本书在这里突出关心的是这样一个思想：在共产主义社会之前（包括其第一阶段的社会主义）的一切阶级社会里，进行政治压迫的统治阶级是一个独立的阶级，和社会其他一切阶级都具有完全不同的性质。其他一切阶级，无论其经济和社会地位如何，都是受它制约和压迫的被统治阶级。因此，如前所述，一个社会最重要的阶级划分就是统治阶级和被统治阶级两种，其余指称各种经济或社会地位的阶级只有在次一级的社会辨识方面才有意义。这看起来和马克思的主张相当不同，但本质上仍是马克思阶级斗争学说的逻辑延伸和细节补充。在马克思看来，统治阶级就是一个社会掌握生产资料的阶级，如奴隶社会的奴隶主阶级、封建社会的地主阶级、资本主义社会的资产阶级、社会主义社会的无产阶级等，而本书则认为，掌握生产资料远不如垄断暴力那么首位，尽管垄断暴力之后也可以随时掌握生产资料，如果统治阶级认为需要的话。那么，本书关于阶级的这个粗陋思想可以得到合理的辩护吗？

第一，如何可以说统治阶级独立于其他一切阶级。这就必须首先分析什么是阶级。马克思主义所说的阶级就是经济集团，不同的人群因为在经济生活中的不同地位而被区分为不同的阶级。列宁说："所谓阶级，就是这样一些集团，由于它们在一定社会经济结构中所处的地位不同，其中一个集团能够占领另一个集团的劳动。"[①] 列宁在这里特别强调的是阶级之间经济利益的互相冲突，以及某种必然的阶级主次关系，较低阶级从属和臣服于较高阶级。总结起来就是说，阶级是拥有不同经济利益的集团，同一个阶级拥有相同的谋利方式和共同的利益关切，不同阶级之间有主次强弱之分。以此为标准，由于地主和佃农拥有显著不同的经济利益，二者瓜分同一块土地上的收成，一方所得即另一方所失，因此他们是完全不同和绝不可化约为一的两个阶级，其中佃农对地主的依赖较之地主对佃农的依赖为甚，因此地主较强而佃农较弱。资产阶级和工人阶级的情况与此类似。地主阶级即主要依靠地租收益谋利的人，佃农阶级即主要依靠耕种他人土地谋生的人，他们都有明显与众不同的谋利方式，资产阶级和工人阶级也有类似的显著特征。那么统治阶级是否同样如此？回答是肯定的。首先，统治阶级拥有和其他阶级完全不同的经济利益。就其合法形式而言，统治阶级是一群依靠其他各个阶级所缴纳的赋税而谋利的人，一方所得即另一方所失，因此它和其他阶级具有完全不同的经济利益。其次，统治阶级和其他一切阶级的谋利方式都不相同。统治阶级既不靠地租也不靠资本，既不出卖体力也不出卖知识，仅因凭借暴力维护社会秩序而获利，也就是诺齐克所说面向社会各个阶级"收保护费的人"。这当然并只能是一个与众不同和不可化约的独立阶级，是一个凌驾于所有其他阶级之上的阶级。因为在各种自然和社会等级中，暴力永远是高居第一的。

第二，为什么统治阶级不应也不能和其他阶级直接同一，而必须超越其他一切阶级之上成为一个独立的阶级。首先，任何时代、任何民族和任何政体的统治阶级，理论上必然是全体阶级的代表，事实上也从全体阶级那里收取税赋，因此从逻辑上看，统治阶级不能仅仅代表一个阶级而去打压别的所有阶级。这种行为既是不必要的自我降格和自我矮化（它本来可以并且应该代表所有阶级），也不符合它自身的阶级利益，因

---

[①] 《列宁选集》第4卷，人民出版社1995年版，第11页。

而是完全非理性的和本来应该极力避免的。统治阶级事实上能否做到代表所有阶级成为成功的统治阶级是另一回事，但至少就其自身逻辑而言，它主观上必然是反对和其他任何一个阶级直接同一的。这里需要注意的是，统治阶级和它的具体成员之具体的阶级出身是不同的，任何阶级出身的人一旦加盟统治阶级，就具有了全新的阶级身份和利益。他能否意识到这一点并采取一个统治者应该采取的行动，归根结底与统治阶级的自我约束制度即俗称的吏治有关，但无论实际情况怎样都不影响本书的这个思想。不能因为一个或一些地主阶级出身的统治者更多地保护了地主阶级的利益，就得出这个统治阶级其实本来就是地主阶级的结论。事实上的统治阶级要么更多地偏向了地主阶级，要么更多地偏向了农民阶级，这两种事实都能很容易在历史中找到例证，但对于统治阶级这个整体，还是只能说，这个统治阶级的本性本来应该是恰到好处地代表地主和农民两个阶级的，只不过这种恰到好处仅仅存在于理想范型之中。还有，统治阶级的具体成员利用公共权力寻租，寻租的对象必然主要是一个社会的富裕阶级，如地主阶级或资产阶级，因为这些阶级拥有更强大的贿赂和游说官员的力量，这种行为任何时候都很难杜绝，并且会使公共政策事实上偏向于富裕阶级。但这种情况与上述的政府官员囿于自己的阶级出身一样，本质是一种统治者对统治阶级自身的反动和自戕，对其所属的阶级而言是反常和反逻辑的行为，无法证伪本书的上述思想。其次，既然暴力在一切等级中拥有绝对的优势，而统治阶级就是合法地掌握并可随时运用暴力工具维护自身统治的集团，即一个垄断了各级各类官职即公共权力和它们的后备、辅助团队的政治集团，它就没有必要还要去同时充任别的阶级以便掌握社会财富，比如使自己成为地主阶级，或仅以这个拥有较多财富的阶级作为其政权基础。暴力等级本身的绝对优势地位已经足以确保它可以随时驾驭其他阶级并掌控生产资料或无论别的什么。前文谈到官职等级时说，皇帝及其官吏集团从不只是代表地主阶级的，反而总是警惕和打压地主阶级，这才是符合统治阶级本性和利益的。这意味着唯物史观的经济决定论不能绝对化，政治权力常常才是真正决定性的力量而不是相反，同时政治权力的重要性也不能仅以"上层建筑对经济基础的反作用"加以云淡风轻的描述。亨廷顿有一段批评马克思的话是发人深省的："马克思是一个政治上的原始人，……因为他不承认政治是一个自主的活动领域,也不认为政治秩序是超越社会阶级秩序之上的。"① 正因为政治权力的巨大力量,在人类历史上绝大多数时期和地方,政治权力都是对绝大多数阶级成员开放的,以此尽量保证统治阶级对整个社会的公允,统治阶级本身至少在主观上也是这样要求它自己具有超越其他一切阶级之上的公共禀赋的。统治阶级作为一个独立的阶级尽量做到对整个社会各阶级的公允不仅对统治阶级有利,而且即使是对那些最富裕和强势的阶级从长远看来也是最有利的。但就历史事实而言,上述逻辑推演要成为真实的社会现实,必须等到无产阶级革命之后的共产主义社会才有可能。因此上述推演并不是对唯物史观的否定,它虽然揭示了政治的自主性质,特别是政治权力在短期或中期历史上的巨大社会改造能力,但从历史的长时段和大尺度变迁来看,唯物史观始终具有最强大的和最后的解释力量。

　　上面的辩护似乎存在一个明显的问题:如果统治阶级是一个独立阶级并理当代表所有其他阶级,它除了打击不缴纳赋税的人和反对它统治的人之外,理论上应该保护社会所有阶级的成员。这个思想在解释封建社会或资本主义社会时似乎还能自圆其说,但在奴隶社会是否同样如此,那时的统治阶级是否也代表奴隶阶级的利益?或者毋宁说,奴隶是否也有合法的利益可言?就奴隶和奴隶主的根本特征来看,应该说奴隶不存在所谓合法权益,因此奴隶制社会的统治阶级并不代表奴隶阶级的利益,但这个事实也不能证伪本书的相关思想。奴隶社会是一个容易引起误解的称谓,似乎那个社会里奴隶是一个很重要的阶级,正是奴隶和奴隶主构成了那个社会的两个主要阶级,但事实并非如此。奴隶无论人数多寡在当时都不构成任何意义上的阶级,因为奴隶从来不是社会主体,不是人民中的一分子(即使老百姓意义上的人民都不是),没有任何可以和奴隶主或者其他平民阶层相提并论的权利,他们只是一些无人格的财产,在社会政治的意义上和主人的牛马猪羊并没有区别。奴隶即使担负了特定社会的主要劳动,奴隶经济即使构成特定社会的支柱性经济,也无助于改变他们牛马同属的身份事实。奴隶的贡献只会归结于他们主人的贡

---

① [美]塞缪尔·P. 亨廷顿:《变化社会中的政治秩序》,王冠华、刘为译,上海人民出版社2008年版,第223页。

献，只能提高他们主人的社会等级，舍此无他。因此"奴隶社会"的统治阶级无须代表所谓奴隶阶级的利益，因为根本不存在什么奴隶阶级。在我们所知的几个典型的"奴隶社会"，比如古希腊、古罗马和林肯当政之前的美国南方，统治阶级需要代表和照看的是一些在任何别的社会都有的正常阶级，即从事各行各业的人民，他们可能是农民，也可能是手工业主，还可能是商人或水手，他们可能拥有几十个甚至几百个奴隶，也可能仅靠自己和家人的劳动，等等。正是这些人而不是奴隶构成了奴隶社会的各个阶级，就像其他社会一样，就是说，奴隶社会里其实"没有"作为阶级的奴隶。当然也有一些与奴隶相关的法令，比如对奴隶的逃跑或不服从等行为做出的处罚规定，或者对侵犯他人奴隶的禁止（目的在于保护奴隶的主人的权利而非保护奴隶本身），等等，彰显的都正好是奴隶的无权益。马克思使用了奴隶社会和奴隶阶级这样的概念，对阶级分析方法肯定是有价值的，但也必须对这些概念的内涵进行准确的把握。

把统治阶级从其他阶级中独立出来有助于更好地理解马克思的阶级斗争学说，开掘阶级斗争理论新的意境。统治阶级作为一个独立的阶级意味着，任何阶级社会中最重要的阶级斗争只能是统治阶级和被统治阶级的斗争。统治阶级身上必然集中了社会一切矛盾的焦点，一切被统治阶级的不满最终都将体现为对统治阶级的不满。统治阶级和被统治阶级的这种斗争可能是统治阶级的苛捐杂税或其他残暴及愚蠢行为引起的，也可能是统治阶级过于偏袒了某个特定阶级，从而将本来只是两个其他阶级的矛盾转换成了统治阶级和被统治阶级之间的矛盾。在这种斗争中，既有可能只是一个特定阶级起来反抗统治阶级，比如太平天国的农民阶级的反抗，而其他阶级要么保持沉默，要么和统治阶级站在一起，比如当时的地主阶级和知识分子阶级，法国大革命的情形与此类似；也有可能所有阶级联合起来反抗统治阶级，比如辛亥革命和美国独立战争。在种种情形中，仔细分辨社会各阶级的立场，特别是区分统治和被统治两个不同的阶级立场和利益，对相对客观准确的社会历史分析是极其重要的。统治阶级的立场和利益有时和所有其他阶级重叠，有时则仅和某个特定阶级重叠，有时则可能站在所有其他阶级的反面，这几种情形在历史上都不稀见，可以证明阶级关系特别是统治与被统治之间阶级关系的复杂性。阶级和阶级斗争这种宏大叙事的表达无意否定个人叙事的重要性,统治阶级或被统治阶级队伍中应势而起的重要人物,他们个人的价值偏好可以极大或根本地改变阶级关系或历史的走向,而这些人物秉持何种特定的立场和价值观念,或者他们能否正好走向历史的前台,本来只是偶然的。如果美国内战前期林肯没有成为总统,或者他个人对黑奴持有另外的态度,或者南方各州没有因为他的当选而群起反叛从而使美国陷入分裂之中,那么林肯对黑人奴隶比较稀薄的同情可能就不至于演变为废奴的政治决心。当时的阶级斗争(按照马克思的说法,美国内战实质上是北方资产阶级和南方奴隶主阶级之间的斗争,而当时统治阶级的首脑人物林肯则恰好和资产阶级站在了一起)和后来的美国历史就可能变成另外的样子。但反过来,强调个别人物重要性的个人叙事也不应淹没阶级和阶级斗争的宏大叙事,这意味着,无论是否出现林肯,南北双方的阶级斗争都不可避免,只不过如果没有林肯的话也许双方的斗争暂时不会爆发,甚至还可能出现南方奴隶主阶级的暂时胜利和北方资产阶级的暂时失败。只是按照马克思主义的阶级斗争学说,代表更先进生产力发展方向的北方资产阶级的胜利不管怎样都终究是不可避免的。这当然并不是说所有的阶级斗争都必然表现为美国内战这样的暴力斗争,阶级斗争也完全可以是温和的或者消极的,比如通过给对方取外号表达出来的互相鄙视,或者体力劳动者和知识分子两个阶级的相互不合作,或者被统治阶级很弱的工作意愿和生育意愿表现出来的反抗,等等。这种斗争常常几乎让人感觉不到,但阶级斗争无处不在,无时不有,在没有良好协商机制的情况下,就总有酿成暴力斗争的可能性,从而摧毁全部社会秩序和效率。正是在这个意义上才能说剥削、压迫和阶级斗争总是有害的,从而才能说导致这些东西产生的等级正义是有缺陷的。就是说,等级正义最终必将摧毁它自己全力加持的两种价值,即秩序和效率。

### 四 不恰当地强调责任与选择

等级正义暗中承诺了某种道德主义,认为不平等的社会结果与人们不同的自我责任感及个人选择密切相关。这意味着,等级正义实际上倾向于认为,每个人都应该为自己特定的社会等级承担道义责任,因为这正是人们自我选择和努力程度的结果,而他们本来也可以有不同的努力和选择。

责任与选择进入平等主义的视野中,很大程度上是受到诺齐克的批评的影响。诺齐克在反对罗尔斯的差别原则时指出,罗尔斯的分配正义只考虑了不利者的处境,而不考虑他们对这种处境的形成是否负有个人责任。罗尔斯对家庭、环境等客观因素的重视,忽视了人的自主性,把所有事情都归因于某些"外部因素",这对于一个致力于提高人类尊严的理论来说,恰恰是在贬低人的形象。[1] 这个批评的影响如此深远,以至于在此之后的平等主义者无一不宣称坚持责任原则。但随着平等主义的发展,这一原则越来越具有陷入某种道德主义的危险。这里的道德主义是指将不平等归因于人们的道德或者品性差异的主张,而道德主义很难得到证明。富豪拥有巨大的财富,可是他们真的比外卖骑手更勤劳、更有品德吗?天资、素质、能力、品性、道德等在某些情况下得到回报和反馈无疑具有现实的合理性,但是,结果不平等的产生常常主要是由于制度本身的不公正,因此,诉诸个人道德品性既不公允也不客观,当然是必须反对的。

比如,努力的程度似乎可以当作导致人们之间收入差别的一个原因。一般认为,那些付出更多努力的人们通常收入和社会地位都更高,如果努力是造成这种不平等的原因,那么这种不平等就是无法反驳并理应接受的。问题在于,对"努力"存在不同的阐释空间。我们可以说,努力完全是个人意志自由的体现,由此产生的不平等人们应当自负其责。但是还有另一种理解:努力与自然天赋和家庭社会环境密切相关,一个出生和成长于更好的家庭社会环境中并且具有更高天赋的人比不具备这些条件的人会更有意愿付出努力。[2] 依照这种理解,努力所导致的不平等归根结底也是任意的,其原因可能仍然是自然天赋、家庭社会环境等,从而仍然是不应得的。

斯坎伦认为,选择和责任对于个人处境所起作用的重要性应该受到严格限定。人们通常能够理解自己所做的选择会对生活产生影响,因此

---

[1] Nozick R., *Anarchy, State, and Utopia*, Basic Books, 1974, p. 215.

[2] Rawls J., *A Theory of Justice*, *Revised Edition*, Harvard University Press, 1999, p. 64.

在做出选择时,都希望供他们做选择的各种条件是良好的。具体来说,在良好条件下做出的选择,通常经过更充分的思考,从而更有可能产生好的结果。可见,考察人们选择的意义必须同时考察他们做出选择时的条件,当一个人不能获取全面的信息或没有条件充分考虑,选择的道德重要性就会大大降低。只有确当一个人拥有足够的信息和充分的条件,只是纯粹由于他自己而做出了不恰当的选择,他才应当承受后果。因此,重要的是,人们要在足够好的条件下进行选择,而不是仅仅做出选择。①这意味着等级正义的暗中承诺并不是合法的。

必须指出,上述思想并不否认诺齐克所说的人们应该是主动的道德行为主体,亦并非意图完全消解选择的重要性,即上述思想依然承诺某种程度的等级正义。首先,这种观点并不承诺人们在选择后有资格要求必定获得好的结果,而只是要求可以获得一些有限的条件,人们在这种条件下仍然需要自己做出选择,并负起责任。就此而言,这仍然只是一种机会平等,即等级正义所要求的东西。其次,对于成长于贫困环境下的人来说,即使他们选择的条件确实还有很大的改善余地,但他们仍然可能会因为没有付出足够的努力而受到上述思想的道德谴责。斯坎伦等人强调,必须区分两种情况:一是人们的选择所反映的态度,二是这种态度是否是由于制度所塑造的环境形成的。

但是,值得注意的是,按照彻底的非等级正义观,人们由于处于劣势状态而缺乏某些工作意愿,并不能证成结果的不平等。例如,女性可能会认为她们不适合从事某些工作,而这仅仅是因为家庭与社会环境的灌输与规训,错误的观念使女性失去了本来可以获得的为这些职位而努力的机会。这种实质机会的缺失显然不能归责于女性自身,家庭与社会的错误价值观需要为此负责。②

### "等级的正义"(上下两章)小结

等级正义是一种基于生物本能和直觉的制度选择,可以看作人类生存策略的一种表现形式。它顺乎人性地以效率和秩序为优先考量,实际

---

① Scanlon T., *Why Does Inequality Matter?*, Oxford University Press, 2018, p. 64.
② Scanlon T., *Why Does Inequality Matter?*, Oxford University Press, 2018, p. 65.

上就是以种群的生存和发展为优先考量，在对较劣人群的照顾力有不逮时就自然而然地放弃较劣人群，从而赢得了建立在大量的牺牲和悲剧基础之上的文明进步。人类社会依赖等级正义的制度促逼才一直发展到今天，并且未来的社会发展仍旧须臾不可离地依赖着这种制度促逼。只要作为种群的人类基本生物学结构没有改变，人类的生存资源也没有毫无来由地突然增加到无限多，等级正义就会始终是社会制度的不二选择。但人们并不因此就认为等级正义是人类不可逃避的宿命，在数千年有文字记载的历史进程中，等级正义受到了很大的改造，它野蛮粗鄙的一面越来越淡化，温和包容的形象逐渐清晰起来。人们始终向往着一种世界大同的景象，在那里，没有人因为偶然的基因遗传或家庭出身就会沦落在社会底层，饱受歧视和羞辱、剥削和压迫，而且类似社会底层或上流社会这样的表达也终将彻底消失。就是说，从无限发展的趋向来看，非等级正义是等级正义最终的必然归宿。

作为一种现实的制度安排，等级正义造成了一系列著名的二元对立，比如效率与公平之间、贫与富之间、左与右之间等的对立，引发了哲学和社会科学的长期争议和思考。但就目前的人类智慧而言，这些二元对立几乎就是无解的，人们只能长期在"两个都想要的好东西"或"两个都想避免的坏东西"之间摇摆，以尽可能寻求一种最佳的平衡。这种情况再次证明了等级正义的局限性，因为等级正义无论如何都总要在得到一些好东西的同时丢失一些别的同样好的东西，换句话说，等级正义必然使一些人遭受痛苦。兹将几种主要二元对立的基本情形略述如下。

一是效率与公平的对立，即社会活力与社会和谐的冲突。等级正义的最大功能是刺激效率的提高，通过确立私有财产制度激发人们的私欲，促使人们努力工作创造财富；但由于人们的自然禀赋和社会等级千差万别，这种自由竞争财富的必然结果就是贫富悬殊，从而人们对公平的欲求就落空了。不论人们是如何理解公平的，也不论现实的不公平是如何造成的，也不论公平是否真正可能的，重要的是，公平和效率是人类同样可欲的。得到效率而丢失公平不只是一种遗憾，而且终将倒逼着效率的丧失，反过来情况也完全一样。这是真正无解的两难处境，后续的两种二元对立也正肇始于此。

二是贫与富的对立，即贫富差别和共同贫困的冲突。等级正义必然造成贫富差别和贫富悬殊，情形已如前述。就整个社会而言，在等级正义的制度安排下，由于效率的极大提高，社会整体是富足的，但问题是有人过于富足，有人情况普通，也有少数人可能仍旧处于匮乏之中。而且按照帕累托定律，后面两种人必定是人口的绝大多数，这种强烈对比特别容易造成伤害或羞辱，从而使社会处于暗潮汹涌之中。如果人们要求改革分配正义——这是贫富差别的社会或迟或早、程度或轻或重、或暴力或协商，总之必然发生的——通过程度不等地剥夺富人的应得以填平社会鸿沟，所谓"损有余而补不足"，那么贫富差别可能会缩小甚至消失，但与此同时整个社会的工作效率也会极大地下降，社会整体将逐渐不可避免地陷入匮乏短缺状态。如果人们坚决拒绝贫富差别，那就必须接受共同贫困，反过来也是一样。尽管人们想要的本来只是共同富裕，但事实上共同富裕从来不在等级正义的选项之中。这既是逻辑必然的，也是无数事实反复证明了的。

三是左与右的对立，即自由和正义的冲突。左和右在不同语境下的含义有很大差别，但一般而言，左意味着把公平正义视为更重要的价值，要求社会更多地照顾穷人，减少痛苦与不幸，而这就必然要求更多的政府干预而不是对市场竞争放任自流。如果所有的人都应该免于匮乏和被人羞辱，如果剥削和压迫是可耻的（事实上当然如此），而市场无法自动地达成这些价值目标甚至造成了恰恰相反的情形，那么政府对市场的干预就是必要的，从而更大的政府权力和更少的个人自由也就不可避免，而这正是右所担忧和坚决反对的。右的逻辑要求自由优先，因为只有自由才能创造效率，更大的自由创造更高的效率，最终也才能创造公平正义；政府是一种"必要的恶"，政府不压迫人民逻辑上是不可能的，授予政府更大的权力无异于人民的自戕。右在主观上并不反对照顾穷人和减少社会痛苦，左在主观上也不反对更多的个人自由，但它们对价值排序的区别却导致了在几乎所有社会制度安排方面的全面紧张，从而导致这样一种自由和正义互相敌视的局面：要更多的自由就只能有较少的正义，要较多的正义就只能有更少的自由。虽然左和右都坚持某些人们可欲的价值，但结果是它们的坚持也都必定导致人们可欲的另一些价值的丧失，并最终可能导致所有价值的全面丧失，那就是左右冲突可能导致的社会崩溃。

归根结底，上述二元对立都是等级正义内在痼疾的表现形式。这印证了本书一直强调的那个观点：等级正义终归并不正义。

第 五 章

# 非等级的正义

等级正义可以说是纯粹描述性的，包含在等级正义之中的各种价值偏好和道德信念都不仅仅是一些空泛的思想主张，而就是现实的社会制度和行为规范，因此等级正义一直都是直接面对现实的理论，并走过了数千年不断变迁的现实道路。非等级正义的情况则完全不同，它是纯粹规范性的，即一种对纯然应该状态的主张。无论西方基于天赋人权的"人人生而平等"，还是中国民胞物与的极致"有饭同吃，有衣同穿，有钱同用，无处不均匀，无处不饱暖"等，都基本上仅停留于理念的状态，而不是某种现实的社会制度。从欧文"新和谐公社"的社会主义试验开始，到"世界上第一个社会主义国家"苏联的诞生，再到今天的"中国特色社会主义"，所有社会主义，无论空想的或科学的，甚至即使北欧四国的所谓"不是社会主义，胜似社会主义"的神话，就其实践的具体情形而言，都还远远不是本书"无差别结果平等"意义上的非等级正义社会。因此，尽管非等级正义比等级正义更加可欲，并具有更高的道德价值，但由于它的身影主要仍在虚无缥缈之中，我们对它可说的话就远没有对等级正义可说的那么多，虽然可能还不到"不可说"以至必须保持沉默的地步。本章将简略讨论非等级正义的价值与困境，并以对马克思的一个知名命题"消灭私有制"的分析为例，具体展示这种价值与困境，以此结束本章。之所以选择马克思的这个命题，是因为非等级正义的实现必定以消灭私有制为前提条件，这个命题的成立与否直接关系到非等级正义的能否成立。

## 第一节　非等级正义的价值与困境

### 一　非等级正义为何值得追求

作为一种成体系的道德信念，非等级正义的思想主要体现在马克思的相关著述中。马克思之前的社会主义被称为空想社会主义，包括莫尔《乌托邦》一书所表现出来的社会主义思想，以区别于马克思的科学社会主义，即共产主义。空想和科学之分的标准主要就在于论证。空想社会主义诉诸感情，用大量篇幅去谈论没有阶级压迫、人人平等、按需分配的社会之美好，而对于这个美好社会如何得来则要么存而不论，要么就寄希望于人们特别是富人普遍而突然的道德觉悟，可谓徒托空想，一厢情愿，游谈无根。"有饭同吃"的太平天国《天朝田亩制度》正是这种意义上的空想社会主义。马克思的社会主义则是对人类社会历史的规律性考察，特别是对资本主义社会的政治经济学批判的结果，建立在他提出的历史唯物主义和剩余价值等理论基础之上，认为人类社会形态演变的规律性进程，决定了"资产阶级的灭亡和无产阶级的胜利是同样不可避免的"，即共产主义是必然实现的，并具体描述了共产主义社会的几个基本特征。不论马克思对共产主义的论证是否充分合理，《资本论》和《乌托邦》的区别还是一目了然的，一个是扎实厚重的科学研究，一个是纯粹的向壁虚构，可以很好地展现"科学"和"空想"的区别。当然，非等级正义本是一种古老的道德信念，不必等到17世纪的欧洲才被揭橥出来，柏拉图就描述过公有制，儒家的大同社会也颇有类似马克思的共产主义之处。但只有马克思才是非等级正义思想的集大成者，更重要的是，只有马克思的非等级正义思想才被真正且全面地付诸过实践，而且是世界范围内广泛而长久的实践。这种实践极大地改变了历史走向和世界格局，造成了至今仍然难以预知其终局的深远影响。

马克思在早期著作《1844年经济学哲学手稿》中写下的一段话，阐明了他对非等级正义之共产主义社会的本质属性所做的几个基本规定："共产主义是对私有财产即人的自我异化的积极的扬弃，因而是通过人并且为了人而对人的本质的真正占有；因此，它是人向自身、也就是向社会的即合乎人性的人的复归，这种复归是完全的复归，是自觉实现并在以往发展的全部财富的范围内实现的复归。这种共产主义，作为完成了的自然主义，等于人道主义，而作为完成了的人道主义，等于自然主义，它是人和自然界之间、人和人之间的矛盾的真正解决，是存在和本质、对象化和自我确证、自由和必然、个体和类之间的斗争的真正解决。"[1]这几个基本规定可以概括如下。

第一，非等级正义社会消灭了私有制，从而人的异化和异化产生的条件也就完全地被消灭了。"消灭私有制"是马克思对共产主义本质属性的首要关切，本章第二节将专文分析马克思的这个重要思想。

第二，非等级正义社会作为"完成了的自然主义"，彻底解决了人和自然界之间的矛盾。这意味着以科技进步为基础的生产力水平得到了极大的提高，社会物质财富到了极度丰富的程度，从而人的生物学结构都有可能得到甚至已经得到更好的进化和完善了。而且马克思所说的"'真正解决'应该理解为'彻底解决'，它既不是时间上暂时的解决，也不是空间上局部的解决，而是永远的和全方位的解决。一个'真正解决'了匮乏的社会，才能为人的彻底解放和自我实现准备好充足条件，才能一劳永逸地拒绝私有财产、剥削和阶级划分，因而完全正义才成为可能"[2]。

第三，作为"完成了的人道主义"，非等级正义的共产主义社会也真正解决了人和人之间的矛盾，也就是等级正义造成的社会善品分配不公的问题，实行了全部社会财富在全体社会成员之间完全平等的分配，从而造就了每个人的自由发展成为一切人自由发展的前提条件的美好社会。本书在前面等级正义的部分已经阐明，只要善品分配还受到各种自然禀赋的差异和社会等级区别的影响，就是说，只要善品分配还是不公平或不完全公平的，就必然还存在着杀戮和奴役、歧视与羞辱、贫困与饥饿、剥削与压迫等种种罪恶，一切人反对一切人的普遍战争状态就不可避免，效率与公平、贫与富、左与右的内在紧张冲突就不会消失——只有非等级正义才能造成对上述矛盾和罪恶的"真正解决"。

如果不去考察非等级正义如何可能的问题，非等级正义可谓事事皆好，这种美好集中体现在非等级正义的第一关键词，即结果平等上面。

---

[1]《马克思恩格斯文集》第 1 卷，人民出版社 2009 年版，第 185 页。
[2] 谌林：《马克思对正义观的制度前提批判》，《中国社会科学》2014 年第 3 期。

结果平等指的是无论人在自然禀赋和社会等级方面有没有差异和有多大差异（作为一种思想实验，非等级正义可以容许存在自然和社会等级的人际差异，比如马克思主义之前的非等级正义从未设想过消灭人在自然禀赋和社会等级方面的差异问题，但仍然热烈地谈论结果平等；然而作为一种社会制度，在逻辑上是不能存在这种差异的，否则社会制度无以成立，这也可以从另一个侧面证明迄今为止的全部社会主义实践都还不是真正意义上的非等级正义），每个人仅仅因为自己是人，而不考虑他的实际贡献多少，就能得到和任何其余的人同样的结果，即得到自己所欲的那些社会善品；与此同时，那些在等级正义社会理应受到惩处的负面行为则因为道德的完善和欲求的饱和满足而完全绝迹了。这种意义上的平等才是真正彻底的和振奋人心的平等，它和形形色色的起点平等或机会平等之类的形式平等毫无共同之处，因此值得追求。必须指出，几千年来人们对平等众说纷纭，但除本书非等级正义意义上的结果平等之外，其余一切平等终归都是虚假的，徒有平等之名而无平等之实。比如德沃金的平等正义论，那里的所谓平等一方面要求把不同的人当作平等的人看待，另一方面又说这种平等和利益的平均分享无关，即人们必须区别两种不同的平等，一种是对人的平等对待，这是德沃金主张的，另一种是对利益的平等考虑，这是德沃金反对的，那么归根结底德沃金只不过还是在重弹"法律（或权利）面前人人平等"这种口惠而实不至的形式平等的老调而已。问题在于，一个年收入十万的人和一个月收入百万的人，如果德沃金非要说他们其实是平等的，因为平等是可以和利益占有无关的，那么这种意义上的平等实际上只有象征意义了。

又比如沃尔泽，他批评他自己之外的所有平等主义者，包括罗尔斯在内，认为他们眼中的平等都只是"简单平等"，即一种线性的和单向度的平等思考（诸如有饭同吃、有田同耕，或者市场自由必定导致贫富差别，而政府干预又必然导致权力腐败，总之，要么就完全平等，要么就不可避免不平等），这种思考对解决实际世界中的不平等甚少助益，因此他主张一种被称为"复合平等"的理论以作为济世良方。"正义原则本身在形式上就是多元的；社会不同善应当基于不同的理由、依据不同的程序、通过不同的机构来分配；并且，所有这些不同都来自对社会诸善本身的不同理解——历史和文化特殊主义的必然产物。"① 所谓复合平等就是主张把社会分成各种不同的、相对独立的领域,拒绝任何人以任何一个社会领域的善品谋求另外社会领域的善品。这种情形可以进一步精确表达为:任何一种社会善品 X 在任何情况下都不能被这样分配,即拥有 Y 善品的人仅仅因为拥有 Y 善品而不顾 X 善品独立的社会意义就能够占有 X 善品。这意味着,和人们通常理解的作为一个整体的社会不同,沃尔泽的社会被划分为一些各自相对独立的领域,善品分配在各自的领域独立进行,两个领域之间如果没有经过证实的内在联系就应该远离互相侵犯。一言以蔽之,这是一种拒绝赢家跨界通吃的社会分配方案。一个哲学禀赋出众的人完全可以去当哲学家,但是否也可以被授予某种官职则是另一回事,因为这是两个完全不同的独立领域。这个思想是有价值的,特别是它提供了足够好的证明用以抑制政治权力(由于善品各有其独立的社会意义,不存在任何特别的可以支配一切的至高无上的善品,因此政治权力的绝对统治是不可接受的,任何意义上的国王都应该被废黜;而且总统和教授之间并无高下之分,因为二者处于完全不同的两个独立领域)。但是,首先,从理论原则上强调应该区分社会善品的各自不同领域固然没有问题,实际的社会政策如何落实则需要复杂得多的设计。各种不同领域之间的内在联系和互相转换这种无比繁复的工作依照何种标准及程序进行,同时还要极力避免把复合平等变成一种道德相对主义。其次,即使上述繁复的区分和计算工作进行得十足科学,也不过就是亚里士多德所说的分配正义的题中应有之义,因为分配正义所要求的正是社会各领域之间的比例平等。既然比例平等本质上就是某种意义的复合平等,在分配正义的比例平等之外另增实体似乎就不是那么必要。最后,最重要的是,复合平等即使达到它最理想的状态,也仍是本书所说的等级正义,那种平等也仍是某种形式的而非实质的平等,仍然徒具平等之名而无平等之实——就本书非等级正义之结果平等意义上的平等而言。

关于非等级正义的结果平等为何值得追求,至少可以提出两个不可抗拒的理由:一是尊严,二是和谐。首先,关于尊严。尊严包括自尊和

---

① [美]迈克尔·沃尔泽:《正义诸领域:为多元主义与平等一辩》,褚松燕译,译林出版社 2002 年版,第 4—5 页。

被人尊重两个互相联系的方面，二者统一构成了现代性批判所说的承认——把尊严等同于承认意味着，不能对尊严做出唯意志论那样的理解，仿佛尊严是纯粹主观、不假外求的，只要向内开掘、反求诸己即可。实际上尊严体现的是一种社会关系，它的存在或不存在都只能是客观实在的。意志主义者常常主张以自尊为尊严的全部基础，甚至认为人只要自尊就必定被人尊重（比如中国人熟悉的"自尊者人必尊之，自爱者人必爱之"或"人必自侮然后人侮之"这样的思想），以此把尊严变成了纯粹的主观性。但自尊不能是这种毫无凭借的精神至上主义，而必然主要与是否被人尊重有关，是否被人尊重的主要根据则在于每个人在社会善品分配中所处的位置。每个人都需要尊严，但由于社会等级的阻隔，歧视和羞辱无处不在，被人尊重可能有也可能没有，因此自尊也就可能有或可能没有。尊严无法普遍地建立，这正是等级正义社会的常态。这意味着一个好的社会应该能够把自尊建立在人的解放基础之上，即每个人都从人际压迫中解放出来，每个人的自尊都获得了十足的现实性，从而就把尊严变成了客观的真理，这就是非等级正义的结果平等允许给我们的。如果康德所说的任何时候人都应该成为目的本身而不是纯粹的手段这个价值目标仍是人类文明必须孜孜以求的，那么可以说结果平等就是最终真正实现了人是目的的一个最恰切的表现形式。只有当人际等级差异消失了，每个人都同时失去了倨傲和自卑的前提和基础，尊严和普遍的承认才最终成为可能，马克思所说"通过人并且为了人而对人的本质的真正占有"也才能最终成为现实。其次，关于和谐。之所以说结果平等创造了普遍而永久的和谐，是因为和谐的要义不是取消了差异，而只是取消了对立。如前所述，结果平等只不过意谓每个人都得到了自己想要的结果，尽管每个人的欲求不同，但各种不同欲求之间毫无抵牾，彼此互证互文，这才是多样性前提下的和谐，而不是千篇一律的雷同与单调。用马克思的话说，在结果平等的观照之下，虽然每个人都是不同的，但由于每个不同的人都实现了"自我异化的积极的扬弃"和"对人的本质的真正占有"，由于人和自然界之间的矛盾得到了"真正解决"，因此人和人之间的矛盾以及"自由和必然、个体和类之间的斗争"也得到了真正的解决，霍布斯意义上人和人之间的普遍战争状态终结了，"每个人的自由发展"成了"一切人的自由发展的条件"，那么因等级差异而起的歧视和羞辱、剥削和压迫就都失去了存在的基础。在这种真正的和谐中，人和人之间的和谐是以人和自然之间的和谐为基础的，包括了每个人与自身自然属性的完全和解，因而是有着坚固的物质条件的。这也是普遍和永久的和谐，因为这种和谐之下每个人都同样受益，破坏这种和谐的动力已经消失了。康德期待的"永久和平"在这种和谐中才第一次真正地具有了现实性。

一般认为非等级正义必然是反生产力和反效率的，这种基于现存人性的逻辑推论有它的合理性。但从另一方面来看，非等级正义也可能极大地促进效率提高，仅仅因为结果平等的制度安排极大地激励了人们的工作积极性。一个社会的效率提高及其维持受到诸多因素影响，分配制度的影响只是其中的一个变量，当然目前来看也是最强有力的一个变量。但如果考虑到人的生物学结构可能的改变或改善，在某种条件下，对社会善品之结果平等的分配也可以不是反效率的。当然，正如波普尔在《历史决定论的贫困》一文中令人印象深刻的论述所表明的那样，对现实中并不存在的非等级正义社会之技术细节的讨论，比如人类生物学结构的改变或改善的可能性，需要一种被波普尔称为"未来的知识"的东西，而逻辑上这种"未来的知识"不可能被任何讨论者所掌握，因此这种讨论本身是非法的和毫无意义的。因此本书对此的讨论点到为止，不再展开。

## 二 非等级正义的辩证法

非等级正义有着自身的等级，即非等级正义观有一个不断演进的过程。就思想形式而言，这种演进是从朴素平均主义的非等级正义到马克思主义的非等级正义；就社会形态而言，这种演进是从原始共产主义的非等级正义到共产主义高级阶段的非等级正义。先看思想的演进。朴素平均主义的非等级正义不仅有法国的空想社会主义，中国类似的思想资源也很丰富，比如古老的"不患寡而患不均"和太平天国的"有饭同吃"等。这种思想和马克思主义比较，除了前述的"空想"和"科学"之别外，在结果平等方面还有一个重大差异。朴素平均主义的非等级正义在逻辑上导致一种拉低了的结果平等，而马克思主义的非等级正义则要求一种抬高之后的结果平等。由于"不患寡而患不均"和"有饭同吃"关注的只是平等本身，社会生产的发展则不在考虑之列，那么，就像"解衣衣我，推食食我"表达的情形那样（就其字面意义），为了让社会境遇较差的人提高生活水平，唯一可做的就是让社会境遇较好的人降低生活水平，即通过把富人拉低到和穷人同等的地步，达到消灭贫富差别的目的，实际上就是通过消灭富人实现结果平等。这个结果显然并不理想，因为实际上没有人"不患寡"，虽然相比之下人们可能更"患不均"，但寡总归是人人不欲的。而且，一个普遍匮乏的社会消灭不均的可能性会更低。唯一的办法就是暴力强制，但那些掌控了暴力的少数人明明可以过上更加优越的生活，从利己的角度也不会选择和其他人一样"寡"。英雄不必同时成为圣人，一个社会只要存在暴力等级就必然存在其他等级，因为一切等级均以暴力为基础，在不受约束的情况下，暴力只可能为恶不可能为善。就真实的历史教训来看，依靠"英雄加圣人"支撑的社会平等是不自然的，即使有也不长久，而且通常只会导致比从前更大的不均，即全体社会成员和这个"英雄加圣人"的人之间的绝对不平等，从而就可能导致"全面的恐怖，全面的屈从，全面的孤独"[①]。

马克思主义的非等级正义至少就思想设计本身而言免除了这种弊端。首先，它推想非等级正义只有在生产力的高度发达之后才能实现；其次，它预计非等级正义实现之后可以一直保持更高水平的生产力发展，这意味着马克思主义始终把经济基础放在首要考量的位置——这正是它的"科学"之所在——马克思主义的非等级正义要求全体社会成员共享高度发展而且日益高度发展的社会成果，通过把穷人抬高到和富人同等的地步，达到消灭贫富差别的目的。也就是通过消灭穷人达到结果平等，这个结果才是真正人人可欲的。

非等级正义在社会形态方面的演进，可以描述为一种典型的黑格尔正反合辩证运动的过程。这当然不是说现实的社会形态真的已经发生了这样的演进，而主要仍是一种思想推演；也不是说马克思明确地阐释过这种思想推演，但根据马克思的一贯逻辑，比如他的社会发展三形态说和五形态说，可以合理地推论他会同意这种思想推演。非等级正义在社

---

① ［美］卡尔·A. 魏特夫：《东方专制主义》，徐式谷、奚瑞森、邹如山译，中国社会科学出版社1989年版，第135页。

会形态方面必将经历这样一个过程：社会形态从非等级正义的开端出发，经过对它自身的否定达到等级正义，最终扬弃掉这种对自身的否定再回到非等级正义的开端。这一辩证运动的过程大致如下。

1. 正题：原始的非等级正义

这是纯粹的主观性，即非等级正义在纯粹概念中的运动。

原始社会被马克思称为"亚细亚生产方式"，即一种特定情形下生产者和生产资料尚未分离而是直接结合的状态，也就是人们通常所说的原始共产主义。很多思想家都曾经设想过史前社会的某种淳朴无私的状况，比如赫西俄德的黄金时代，或者孔子念兹在兹的所谓"大道之行"的"三代"，马克思也不例外。马克思对史前时代的原始共产主义信念也许存在着运用黑格尔辩证法本身的需要（一个合适的问题开端），也有可能是霍布斯或者卢梭的社会契约论有关人类自然状态的某个说法打动了他，但最主要和直接的原因还是摩尔根《古代社会》一书的影响。无论《古代社会》描述的美洲早期文明是否具有全球的普遍性，现在人们和当年的马克思一样，相信人类历史上确实存在过一个平等主义时期，这种非等级正义至少在当时的族群内部是通行无阻的，它的经济基础是生产力水平极度低下造成的普遍匮乏，社会完全没有剩余财产，因此社会规模极小，社会成员仅局限于有直接血缘关系的人。在这种情况下实行某种意义上的原始共产主义不仅是自然而然的，而且也有利于族群的生存发展。当然，对本书来说，重要的不是这种原始的非等级正义是否真的存在或者它的具体情形如何，而是设定这种原始共产主义的存在对非等级正义自身辩证运动的意义。作为一个合适的开端，即非等级正义辩证运动起始的正题，如果用黑格尔的思想来表达，此时的非等级正义还只是一种纯粹的主观性、一种缺少物质内容的原始无规定性、一个纯粹的理念和愿望。这种非等级正义必须继续展开以获得自己的客观现实性，否则毫无可留恋之处，因此必然走向等级正义。

2. 反题：各种形式的等级正义

这是纯粹的客观性，即非等级正义走向自己的反面，从概念中把自己外化出来，形成有具体物质内容的世界。

这里值得注意的是，非等级正义展开自身的过程实际上意味着阶段性地否定自身，而且这种否定实际上也就是一种前进。就像黑格尔所说的那样:"前进就是回溯到根据,回溯到原始的和真正的东西;被用作开端的东西就依靠这种根据,并且实际上将是由根据产生的。离开端而前进,应当看作只不过是开端的进一步规定,所以开端的东西仍然是一切后继者的基础,并不因后继者而消灭。"① 就是说,所有反题都是正题展开的必然性,所有看起来貌似否定正题的东西,实际上却仍是正题本身。这种隐含在否定中的进步,对真实的历史进程而言,意味着一种特别残酷的"历史无人性"思想:历史运动(绝对精神的自我运动)好比一场黑格尔所称的"酒神的宴席",所有的人都加入到欢庆酒神节的宴席之中,每个人都在这场豪饮中一醉方休,都是这场豪饮不可缺少的角色,但这场宴席却不会因为你我他的醉倒而告终结,因为宴席本身是永恒的。历史有其自身的目的和不可遏止的前进方向,无论恺撒大帝或白毛女,无论白人主子或黑人奴隶,每个人都只是历史进步的工具而已。无论奴隶社会、封建社会或资本主义社会,一切由原始非等级正义演化而来的等级正义无论带来了多少罪恶和苦难,都必须把它们看作一种进步,一切罪恶和苦难都不过是历史进步不可避免的代价而已。黑格尔因此要求我们把这种看起来像是后退的否定理解为诗意盎然的进步各环节:"花朵开放的时候花蕾消逝,人们会说花蕾是被花朵否定了的;同样地,当结果的时候花朵又被解释为植物的一种虚假的存在形式,而果实是作为植物的真实形式出现而代替花朵的。这些形式不但彼此不同,并且互相排斥互不相容。但是,它们的流动性却使它们同时成为有机统一体的环节,它们在有机统一体中不但不互相抵触,而且彼此都同样是必要的;而正是这种同样的必要性才构成整体的生命。"② 人类历经了等级正义数千年的演化,历经了无数的战争、杀戮和饥荒,可惜所有那些令人厌憎恐惧的人和事却"都同样是必要的",因为在黑格尔看来,这些都不过是历史积蓄它的力量借以前进的方式。马克思也持有类似看法,他在谈到英国殖民统治给印度造成的苦难时说:"如果亚洲的社会状态没有一个根本的革命,人类能不能实现自己的使命?如果不能,

---

① [德]黑格尔:《小逻辑》,贺麟译,上海人民出版社2009年版。
② [德]黑格尔:《精神现象学》上卷,贺麟、王玖兴译,商务印书馆1996年版,序言第2页。

英国不管犯下多少罪行，它造成这个革命毕竟是充当了历史的不自觉的工具。"① 为了实现人类"自己的使命"，也就是历史的某种目的，无论施暴者还是受苦人，都只是"历史的不自觉的工具"，没有什么可抱怨或可谴责的，因为这一切本来就是历史否定的必然要求。

当等级正义把自己展现为各种各样粗鄙的自然等级和社会等级，比如种族主义、性别歧视、血统制、资本主义科层制等，以求得社会生产力水平的不断进步时，如上所述，这个过程漫长而痛苦，人类只能任凭等级客观性的肆虐而无处藏身，煎熬在一种事实上的弱肉强食社会中，不自觉地向着无限遥远的非等级正义趋近。这个不断否定也就是不断革命的过程，用毛泽东的诗词来形容最为贴切："人世难逢开口笑，上疆场彼此弯弓月，流遍了，郊原血"，"一篇读罢头飞雪"。好在经过漫长的征途，在造就了不断提高的效率和不断完善的正义之后，二事俱备，人类伟大的最后时刻终于来临，那就是共产主义的实现。

3. 合题：共产主义非等级正义

非等级正义扬弃了自身的矛盾性，以一种完美无缺的形态重新回到自身之中，实现了主客观的完全统一。

把共产主义理解为本书意义上的非等级正义是符合马克思原意的。对马克思来说，共产主义是这样一种社会，在那里，每个人不论人生起点和劳动贡献，都能实现全部欲求的饱和满足，因而是一个没有稀缺和了无遗憾的社会。在此基础上，我们当然要追问这个社会如何可能，这和随意收缩（随意扩展也是一样）马克思的共产主义内涵是两个不同的问题。比如为了克服共产主义思想的某种内在困难，就认为马克思的共产主义其实仍未消灭正义环境，因为休谟和罗尔斯的正义环境只是狭义的，还存在一种广义的正义环境，即"非物质需要意义上的稀缺和非个人利益的偏好"，② 总之认为共产主义仍然存在着继续发展的动力和需要，而不是一个和唯物辩证法构成了背反的东西。虽然这个解释的动机可以理解，可惜和马克思的文本原意并不符合。马克思有关共产主义描述的

---

① 《马克思恩格斯文集》第 2 卷，人民出版社 2009 年版，第 683 页。
② 汪行福：《共产主义与正义——对罗尔斯和布坎南理论的批判与扩展》，《中国人民大学学报》2019 年第 3 期。

所有文本都表明那个社会已经没有稀缺（"集体财富的一切源泉都充分涌流"），甚至那个社会的人也已经没有缺陷（"个人的全面发展"），因此传统意义的正义问题已经不存在了，即共产主义是完全超越正义的，也就是本书所说的非等级正义的。如果不是这样，如果在共产主义社会中仍然存在着稀缺和紧张，它如何值得向往并配得上称为人类的最高理想就不可理解。

有人举例说，"假定有一片海滩，有些人希望把它建成海边浴场，另一些人则希望把它作为野生动物的栖息地"[1]，因此就必然存在对同一资源需求的冲突，也就意味着共产主义仍然存在着"非物质需要意义上的稀缺"。这个假定并不符合共产主义环境，因为它暗含着共产主义的海滩资源并不丰富，或者有的海滩比另外一些海滩更加可欲这样的条件。必须注意的是，根据人类现有的知识和价值体系去推断事情是否只能这样是一回事，根据马克思的共产主义是否允许这样则是另一回事。如果共产主义存在着足够多和同样好的海滩，而不是像我们经验中的世界这个样子，那就不需要存在海边浴场和野生动物栖息地之间的这种艰难抉择。除非有些人和另一些人都存在某种人格偏执，不论实际上有多少同样好的海滩都不是他们想要的，海边浴场和野生动物栖息地都非得正好就是这同一片海滩不可。但如果是这样，即允许对人格偏执做出假设，那就没有必要设定非物质需要的稀缺和非个人利益的偏好这种前提，因为即使在纯粹的物质需要和个人利益方面也永远都可能存在着有人担忧中的这种稀缺。比如一个人喜欢一朵花，他喜欢的只是这朵花而不是别的同样美丽的花，如果这朵花不巧已经插在了另一个人的花瓶中并且那个人也只喜欢这朵花而不是别的同样美丽的花，那么他们中间就总有一个人的欲求不能得到满足，如此即可证伪欲求的饱和满足之不可能。这种情形可以称为"冲突的强迫症"，即本来完全可以没有冲突，花园里本来有无数同样美丽甚至更加美丽的花可供随时采摘，但双方非要为了一个特指发生冲突不可。对此唯一可能的解答大概是共产主义不兼容人格偏执，那里的每个人都是身心健全和慷慨无私的。实际上这种情形并非稀缺的

---

[1] 汪行福：《共产主义与正义——对罗尔斯和布坎南理论的批判与扩展》，《中国人民大学学报》2019年第3期。

恰当例证，只是人性缺陷的例证，而共产主义应该已经不再存在这种人性缺陷。就像有人故意为上帝的存在设置逻辑陷阱：上帝能否制造出一块他自己举不起来的石头？唯一得体的解答是：上帝不做无益之事。总之，在马克思的社会形态设计中，在共产主义自身的逻辑之内，共产主义的确是完美无缺的非等级正义，是一种正义的完成状态，也就是黑格尔所谓绝对精神的完全和完美的呈现形式。

### 三 非等级正义如何可能

非等级正义始终不能回避它是如何可能的这个致命追问，包括它如何得来及如何保持这两个方面。如何得来是说，一种无限丰足、按需分配的社会如何可能实现？在把富人统统变成穷人的共同贫困社会，一种拉低了的结果平等在逻辑上还是可能实现的，尽管也无法维持长久，因为掌控了暴力的那些人终将多吃多占变得不是穷人；而在把穷人都变成富人的共同富裕社会，要实现的是一种抬高了的结果平等，每个人的需求都可以得到饱和的满足，这如何得来却难以想象。除非社会财富突然像泉水一样滔滔不绝地喷涌出来，或者社会成员突然都变成了苦行者和禁欲主义者，人们的需要突然少到那么少，无论怎么拼命地分配而社会财富仍有余裕。但是首先，在现有的生产力条件下，社会财富还看不到无限增长的可能；其次，如果分配有余是禁欲的结果，而一个禁欲主义的非等级社会也看不出有什么美好可言，以致称得上人类社会的最高理想。如何保持是说，即使不去考察这个社会如何得来，在真的实现这种状态的前提下，每个人的欲求都得到了饱和满足，人们如何说服自己继续工作。如果人们的工作动力消失了，这个社会就又会迅速地退回到从前不那么富足的短缺状态。这两个方面的追问都是强有力的。从逻辑上看，非等级正义必然反效率和反生产力。因为效率的提高和生产力的发展都要求打破人际平等，实现差异性的社会善品分配，而这正是非等级正义坚决反对的，否则它就不是非等级正义了；非等级正义对效率和生产力的反对其实就是反对它自身，因为提高效率和发展生产力是非等级正义从原始共产主义开始的漫漫征程中唯一的依凭，它要依赖于此一直走到共产主义光辉的顶点，最终却要背弃它们，因为一旦离开了效率和生产力的支撑，非等级正义迟早必将轰然坍塌；非等级正义也必然是反杰出的，这和反效率是同一个逻辑，因为杰出的人和事要求打破平等脱颖而出，这是非等级正义的体制不能允许的，换句话说，非等级正义内在地支持并且要求平庸，因此它的结果平等对杰出的人和事而言其实是不公平的，并且是一种全新的和较之从前更大的不公平，是一种反对更好事物的腐朽和反动的不公平。所有这些都意味着，从史前社会跋山涉水而来的非等级正义最终必将走向自己的反面。一言以蔽之，逻辑推演似乎表明，本书意义上的、整全的非等级正义是不可能的，除非人类生物学结构突然发生了不可思议的重大改变。

接下来且对马克思一段著名的语录稍作分析，以证明为什么说就人类现有的知识和价值体系而言，共产主义非等级正义的完全现实性确实需要更多和更有力的论证。

"在共产主义社会高级阶段，在迫使个人奴隶般地服从分工的情形已经消失，从而脑力劳动和体力劳动的对立也随之消失之后；在劳动已经不仅仅是谋生的手段，而且本身成了生活的第一需要之后；在随着个人的全面发展，他们的生产力也增长起来，而集体财富的一切源泉都充分涌流之后，——只有在那个时候，才能完全超出资产阶级权利的狭隘眼界，社会才能在自己的旗帜上写上：各尽所能，按需分配！"[1]

这段话明白无误、毫无争议地描述了共产主义的几个重要特征。比如劳动成为第一需要，即人们不为报偿而劳动，而是就喜欢劳动，就像每天必须吃饭那样每天必须劳动，否则就浑身难受。马克思就这样轻而易举地解决了共产主义的工作动力问题。不过，如果说人们每天都需要某种形式的类似体育健身那样的劳动活动，这还可以想象，但这种令人喜悦的劳动活动对整个社会来说就能恰好满足包括所有不同岗位、不同工作性质的全部生产需要，社会完全无须强制仅凭每个人的兴趣就能保持某种必要的生存效率，这就很难想象了。又比如按需分配，到底要不要对共产主义时代人的需要做出某种限制性预设？比如设想那个时候的人们其实需要突然变得很少了，每个人都类似苦行僧和禁欲主义者，或者由于道德的无瑕和身心的健康，至少已不存在贪得无厌和前述的人格偏执的欲求那种情形了；不然的话，就迄今为止我们对人的需要的了解

---

[1] 《马克思恩格斯文集》第3卷，人民出版社2009年版，第435—436页。

而言，按需分配的实现确实十分惊人，超出了我们的理解能力。但真正惊人的还不是上述两个方面，即按需分配和劳动成为第一需要，而是马克思对强制分工的消失以及伴随而来的人的全面发展的描述，具体的情形是这样的。

其一，"迫使个人奴隶般地服从分工的情形已经消失"，即每个人的工作都正好是他喜欢的而不是为了谋生才不得不做的，这样的工作才配得上称为"第一需要"。但是，每个人仅仅凭借个人的工作偏好就恰好能够满足整个社会高效运转的工作需要，这种巧合的概率毕竟太小，因此就必须设想人们不再有任何工作偏好，无论什么工作都是他们喜欢的，并且也都是他们能够胜任的，即必须设想人的全面发展。以此为基础，在一种非强制的协商沟通机制的调节之下，整个社会才能得以可持续地高效运转。

其二，"脑力劳动与和体力劳动的对立也随之消失"。这种对立的消失只能意味着，没有人是固定不变的脑力或体力劳动者，每个人都随时可以从事任何性质和任何岗位的劳动，即"其一"所说的，人们可以胜任并且喜欢任何工作（设想一下"每个人都可以并喜欢像爱因斯坦那样从事物理学研究，也喜欢并可以像泰森那样打拳"这种神奇的情景），这同样需要设想不可思议的人的全面发展。

其三，"个人的全面发展"。这是"其一"和"其二"的根本前提，必须得到十足的实现。[①] 就是说，马克思的"个人的全面发展"不是某

---

[①] 对马克思"人的全面发展"命题，逻辑上存在着两种不同的理解。我们把其中一种称为有限表述，即认为马克思所说"人的全面发展"只是一个比喻，类似中国当下"培养德智体全面发展的人"的教育方针，强调的仅是摆脱狭隘分工的局限性。有限表述反对"每个人都能胜任社会需要的所有工作"这种理解，认为这种超人式的"全面发展"不符合马克思的原意，并将马克思主义庸俗化。另一种理解我们称为无限表述，即认为马克思所说"人的全面发展"是一个实体性的表达，即每个人都能胜任并且喜欢所有的工作。必须把马克思的原意局限在严格的文本解读范围内，而不是诉诸我们的情感和需要。超人式的全面发展的确令人困惑，但马克思的相关文本似乎只能这样解读，而且共产主义需要这种超人式的全面发展，有限表述无力支撑一个非等级正义的完美社会，因此本书认为马克思的确对"人的全面发展"进行了无限表述。必须指出，列宁支持本书的这种理解，他说："消灭人与人之间的分工，教育、训练和培养出全面发展的和受到全面训练的人，即会做一切工作的人。"[《列宁选集》（第4卷），人民出版社1995年版，第159页。] 列宁在这里明白无误地指出，全面发展的人"即会做一切工作的人"，即列宁完全相信马克思对"人的全面发展"进行了无限表述。

种含糊其词的即兴式表达,而是一种清晰具体的成熟思想,即每个人都能胜任社会需要的所有工作,并且也都能无偏好地喜欢所有这些工作,前者是知识、智慧和才干的全面发展,后者是品性和人格的全面发展。如何可以说这个思想不是马克思即兴的而是思之烂熟的?因为这个思想贯穿了他的一生。"个人的全面发展"一语出自马克思晚年的《哥达纲领批判》,而在早期的《德意志意识形态》中,他已经更加具体和更加浪漫地表达过这个思想了:"在共产主义社会里,任何人都没有特定的活动范围,每个人都可以在任何部门内发展,社会调节着整个生产,因而使我有可能随我自己的心愿今天干这事,明天干那事,上午打猎,下午捕鱼,傍晚从事畜牧,晚饭后从事批判,但并不因此就使我成为一个猎人、渔夫、牧人或批判者。"① 没有人从事固定的职业,每个人每天的工作都是"随我自己的心愿"进行的;每个人都既是哲学家又是猎人,在智力、体力和人格各个方面都完美无瑕;如果有幸提前穿越到那个时代一睹为快的话,那只能看见一种情形,即王阳明所说的"满大街都是圣人",人类重归伊甸园,大同世界活生生就在眼前。但是,如果这一切不是夸张浪漫的文学描写,这种神话般的自由分工和全面发展究竟是如何可能的?如果对马克思的这种理解被指责为庸俗的理解,这些浅显明白的语言背后难道还潜藏着常人难以理解的别的正确理解?如果有的话,那究竟又是什么?

马克思深刻地批判了资本主义等级正义,宣称它是等级正义最高和最后的形式,并指出等级正义无论如何都是不义的。马克思的这些工作无疑都是杰出的,但他对未来非等级正义社会的描述(出于种种原因)即使是严肃的也确实失之浪漫,这与马克思当时的工作重心即批判资本主义而不是论证共产主义有关,我们不能出于为尊者讳的情感就无视基本的事实。马克思没有可能对学术思想的每个问题都进行了周密的论证,那些缺乏严谨分析和缜密思考的地方或方面,正是后来者继承和发展马克思主义的可用武之地。约之,非等级正义人人可欲,但它的现实性却暂时隐而未彰,仍需等待未来可能的有力论证。

---

① 《马克思恩格斯文集》第1卷,人民出版社2009年版,第537页。

## 第二节 "消灭私有制"：对马克思一个命题的分析

马克思的非等级正义思想，前文各个章节已经进行过许多论述，但作为"等级和非等级"正义框架中独立的一极，这个思想还值得给出更多的分析。《共产党宣言》写道："共产党人可以把自己的理论概括为一句话：消灭私有制。"[①] "消灭私有制"在很大程度上可以说是马克思主义的核心理念和根本追求，不仅为全体马克思主义者所共同秉持，而且几乎囊括了本书等级和非等级正义二元对立及辩证统一的全部因素，因此有必要对它的具体内涵及各种细节做出尽可能深入的解读，作为对本章和全书主题讨论的终结。比如，究竟什么是通常所谓的私有制和公有制，私有制为什么应该被消灭，取而代之的公有制在逻辑上如何可能、实践中有何困境，等等。在"消灭私有制"这句响亮的口号提出170多年之后，我们今天对上述问题的理解无疑比马克思、恩格斯当年的理解更为厚重和复杂了。因为，除了继承马恩的理论智慧，我们还拥有了半个多世纪的公有制实践经历和对理论与实践的双重反思。

### 一 私有制和公有制

必须首先对私有制和公有制这两个概念的内涵进行尽可能清晰的界定和详尽的分析，以便确定其所指的究竟是什么。

**1. 描述性的私有制是指私人对特定财产之排他性占有的制度安排**

这一描述包括但不限于如下所指。

其一，这里所谓的"私人占有"根本的指向是这种占有的非公性，即与特定个体之外的任何个体或群体无涉的占有。这意味着，在法律允许和习俗同意的情况下，一个人有权对某项财产进行任意处置，而免于一切外力的干预。

"私人"可以是复数。但即便是很大的复数（比如某知名的网络公司，其共同创始人有18人之多），复数之间必定已对特定财产的占有份

---

[①]《马克思恩格斯文集》第2卷，人民出版社2009年版，第45页。

额达成过某种契约，并将该复数之外的其他人群排除在占有权之外。约之，无论私人的单复数，其占有的财产都不具有公共性质。

其二，所谓排他性占有，也就是制度学派的经济学人强调的"产权清晰"。所有权没有争议，并得到可预期的国家强力保护，亦即通常所说的"私有财产神圣不可侵犯"。

其三，这里所说私人占有的"特定财产"，应该是指一切性质或形式的财产。用马克思主义的政治经济学术语来说，就是生产资料和生活资料。这一点和下文将要讨论的公有制的情形很不相同，因为公有制所公有的仅指生产资料，原则上不包括生活资料。这意味着，"消灭私有制"实际上只是要"消灭生产资料的私有制"，而生活资料的私有制则得以保留。当然，在生产资料公有之后，生活资料的私有和从前相比必将发生重大变化。最主要的变化可能是，在所拥有的生活资料的质和量方面，人们相互之间的差距将极大缩小，人际消费水平更趋平等。这也正是马克思主义"消灭私有制"的初衷之一。

其四，对财产的排他性占有要具有现实性，就需要某种强力的保证，这通常是指国家强力，因此私有制必须预设国家的存在。但根据马克思恩格斯的设想，公有制却并非如此。事实上，理想状态的公有制（共产主义高级阶段）要求国家业已消亡。这个思想虽然在此处应予揭橥，以便与私有制关于国家的相关讨论形成某种对比互勘，但和本小节及本书的主题并不直接相干，因此不会在这里讨论该思想的合理性及论证问题。

但马克思主义要求消灭的私有制，不是上述泛泛而论的私有制，而是特指资本主义私有制。因为资本主义以前的私有制度已经或正在被资本主义所消灭，"用不着我们（指共产党——引注）去消灭"了。[1]《共产党宣言》在谈到这一点时隐含着一个价值立场，即资本主义私有制是最坏的私有制。这不仅有马恩把资本主义说成是"最后而又最完备的"私有制为证（"最后而又最完备的"显然具有"坏透了的、坏到极点而无以复加的"意谓）[2]，而且，在反驳对共产党"要消灭个人挣得的、自己劳动得来的财产"的责备时，马恩写道：

---

[1] 《马克思恩格斯文集》第2卷，人民出版社2009年版，第45页。
[2] 《马克思恩格斯文集》第2卷，人民出版社2009年版，第45页。

"好一个劳动得来的、自己挣得的、自己赚来的财产！你们说的是资产阶级财产出现以前的那种小资产阶级的、小农的财产吗？"①

这段嘲讽表明马恩愿意承认小资产阶级和小农的私有财产某种程度上的确可能是"劳动得来的、自己挣得的、自己赚来的"，尽管也是需要消灭的；而资产阶级的财产则全部来自剥削，因此资本主义私有制是最坏的。当然，和前述"理想状态的公有制必先排斥国家"的思想一样，资本主义私有制是否最坏及如何论证这一点，对本书这里的任务而言也可以是不相干的，尽管确实值得提及。

2. 马克思主义所要求建立的公有制，仅指单边性的生产资料的公有制，而不是整全性地包括生活资料在内的公有制

这可以从两个方面来论证。

其一，马恩本来的思想即是如此。如《共产党宣言》说："资本不是一种个人力量，而是一种社会力量。因此，把资本变为公共的、属于社会全体成员的财产，这并不是把个人财产变为社会财产。"② 马克思主义的资本概念是指用作剥削的货币及生产资料，不包括用于消费的生活资料。资本本来就不是个人财产，因为它不仅是无产阶级集体创造的，而且它的运用也必然是社会性的而非私密性的，"它只有通过全体社会成员的共同活动，才能运动起来"，③ 因此无产阶级夺取政权后"把资本变为公共的财产"就只是"剥夺剥夺者"的理所当然而已。

《共产党宣言》又说："……我们决不打算消灭这种供直接生命再生产用的劳动产品的个人占有，这种占有并不会留下任何剩余的东西使人们有可能支配别人的劳动。"④ 由此可见，共产党要消灭的私有制是那种"使人们有可能支配别人的劳动"的东西，也就是用于剥削的货币或生产资料。生活资料的主要功能则是直接生命的再生产，不直接关涉支配别人的劳动。当然，生活资料的情形也可以十分复杂，复杂到也有可能"支配别人的劳动"。后面将讨论这种可能的情形。

---

① 《马克思恩格斯文集》第 2 卷，人民出版社 2009 年版，第 45 页。
② 《马克思恩格斯文集》第 2 卷，人民出版社 2009 年版，第 46 页。
③ 《马克思恩格斯文集》第 2 卷，人民出版社 2009 年版，第 46 页。
④ 《马克思恩格斯文集》第 2 卷，人民出版社 2009 年版，第 46 页。

在恩格斯撰写的《社会主义从空想到科学的发展》一文的最后部分，对建立公有制的内涵有更加明确和总结性的表达："无产阶级将取得公共权力，并且利用这个权力把脱离资产阶级掌握的社会生产资料变为公共财产。……从此按照预定计划进行的社会生产就成为可能的了。"① 这篇文章是对科学社会主义理论的普及性总结，涵盖了马恩一生著述的要义，并在发表之前得到过马克思的同意，因此也可视为马恩的共同意见。他们都始终认为，社会主义公有制理所当然指的是生产资料公有制。

以此观之，《湖南农民运动考察报告》里描述的"反对农会的土豪劣绅的家里，一群人涌进去，杀猪出谷。土豪劣绅的小姐少奶奶的牙床上，也可以踏上去滚一滚"②，这种针对生活资料的中国式"吃大户"行为，虽说是出于当时情势所迫，属于毛泽东所说的可以理解的"很大的反抗"，但和马恩的公有制设计并没有什么联系。

其二，生活资料的公有制严重缺乏可操作性。即使在1958年前后大兴"共产风"、大办食堂、搞"一大二公"的疯狂岁月，实际上也未能完全消灭家庭和个人的私生活，绝大多数人还是睡在自己家里的某张相对固定的"私有的"床上，使用其相对固定的"私有的"枕头和被子。这些生活资料很难"公有化"，因为它背后隐藏的是相当个性化的私人生活方式，包括相对隐秘的私人空间，这实质上也就是人性与文明的基石。彻底地消灭私人性就是彻底消灭人性。这件事既无必要，也不会成功。

柏拉图要求至少在军队中实行彻底的公有制："我们的护卫者不应该有私人的房屋、土地以及其他私人财产。"③ "因为他们一切公有，一身之外别无长物，这使他们之间不会发生纠纷。因为人们之间的纠纷，都是由于财产、儿女与亲属的私有造成的。"④ 他理想中的城邦战士（甚至一切公职人员）是一些不知自己生身父母（因为从出生起就由城邦抚养）、没有妻室（实行公妻制）、没有子女（生下来即带离父母身边交由城邦公共抚养）的职业人士，"一身之外别无长物"。柏拉图设想这种了无牵挂

---

① 《马克思恩格斯文集》第3卷，人民出版社2009年版，第566页。
② 《毛泽东选集》第1卷，人民出版社1991年版，第16页。
③ ［古希腊］柏拉图：《理想国》，郭斌和、张竹明译，商务印书馆1986年版，第200页。
④ ［古希腊］柏拉图：《理想国》，郭斌和、张竹明译，商务印书馆1986年版，第201页。

的"无私"状态会使人格外勇猛和忠诚。是否确实如此不得而知,因为除了由纯全的孤儿成为纯全的独身军人等极为罕见的个案,一般的军人或公职人员并不生活在柏拉图所要求的那种非人的彻底公有制的环境和状态之下。但可以肯定的是,即使处在上述的纯公有状态,人们之间依然会有"纠纷"。荣誉心和嫉妒心不会因为"一身之外别无长物"就消失。这种"私心"无法"公有",并很可能导致人们之间的"纠纷"。

公有制的内涵比私有制模糊得多,而人们通常并未察觉这一点。比如,生产资料和生活资料的定义与区别。这初看起来似乎不是问题,实际上二者的界限并非截然分明。稻谷和麦子可以是生活资料,是粮食;也可以是生产资料,是种子或原材料。这就可能造成混淆的情况:在公有制的实践过程中,无论有意无意,将生活资料当作生产资料而公有了,或者相反。有时候,这种错误可以造成严重的后果。如果把相当部分的粮食当作原材料收归公有去进行某种奢侈性生产,比如酿酒,或者无论什么其他原因,而实行粮食的公有化,就有可能造成人为的食物短缺乃至饥荒,以及对人的额外的压迫。

小结本节所述,可以发现:私有制是整全性的、可以贯彻到底的,是不学而能、不虑而知的本能性,因而是自然、简明的;公有制则不然,只能是单边性的、边界模糊并难以贯彻始终的,因为它是文明建构起来的超越性,因此复杂而困难。

**二 私有制为什么应该被消灭**

私有制是人类进入文明社会以来最主流的制度安排。或者毋宁说,在马克思主义的共产主义理想见诸实践之前,所谓文明社会一直就是私有制社会,并且正是私有制造就了人类文明。卢梭的这段描述是中肯的:"谁第一个把一块土地圈起来,硬说'这块土地是我的'并找到一些头脑十分简单的人相信他所说的话,这个人就是文明社会的真正的缔造者。"[1]

在对私有制的正面描述中,最必须肯定的,同时也是私有制最伟大的功绩,就是它最大限度地刺激了人的工作积极性,从而造就了科技的

---

[1] [法]让-雅克·卢梭:《论人类不平等的起源和基础》,李平沤译,商务印书馆2017年版,第85页。

进步、财富的增长，及一切能被称作文明与奇迹的东西。当然，这种正面描述排除了道德情感，因而是不完美的，在上述私有制的运行过程中，也必然伴随着人类已知的所有苦难、羞辱、压迫与欺凌。

对私有制的称许也一直是思想史上最主流的声音，从孟子的"有恒产者有恒心"①，到黑格尔的"财产是自由最初的定在"②，中外古今皆然。甚至卢梭也不例外，他说："财产是政治社会的真正基础，是公民订约的真正保障。"③而且所有这些人的说法看起来都是对事实的准确陈述，难以反驳。

那么，基于上述情形，马克思主义提出"消灭私有制"的合理性就必须得到论证。毛泽东时代有一句流行的俗话，是鼓励人们勇于批评和自我批评的："成绩不讲跑不了，缺点不讲不得了。"这句话在这里可以具体表述为：无论私有制有过多少"功绩"，这个制度多么"符合人性"，在现在和将来是否仍是不可替代的，都不妨碍我们揭露它的罪恶。即使迄今为止实践过的所有公有制都不完美，即使理想中的公有制仍在遥远的地方，都不妨碍我们对更加美好社会的追求。

批判乃至要求消灭私有制的逻辑很简单：既然已知私有制是不合理的和罪恶的制度，即使目前暂时消灭不了它，甚至还需要它，也不能昧着良知说私有制是最好的，而应该说，私有制尽管现在还是必要的，但也是恶的，是终将被消灭的。并且我们不是要从未来的某个时刻起才着手消灭它，而是要从现在开始，从认识到它的恶之时就开始。因为消灭私有制"是那种消灭现存状况的现实的运动"④，是不能等待、也不可能一蹴而就的。如果人性竟是如此怠惰和保守，已知一个东西是坏的而不去追求以更好的东西替代它，人类文明就不可能从茹毛饮血一直发展到今天。

当然，马克思和恩格斯不太使用"为什么要消灭私有制"这种提问方式，他们著名的提问方式是"资本主义私有制为什么必然灭亡"，也就

---

① 杨伯峻：《孟子译注》，中华书局2010年版，第107页。
② ［德］黑格尔：《法哲学原理》，范扬、张企泰译，商务印书馆2010年版，第54页。
③ ［法］让－雅克·卢梭：《社会契约论》，何兆武译，商务印书馆2010年版，第27页译注1。
④ 《马克思恩格斯文集》第1卷，人民出版社2009年版，第539页。

是为什么"资产阶级的灭亡和无产阶级的胜利是同样不可避免的"。[①]可以把他们的提问方式称为"科学设问",把他们就问题解答给出的论证称为"科学论证",即包含一种具因果联系的不可避免性:资本主义私有制的必然灭亡,乃是资本主义社会化大生产和生产资料私人占有之间的矛盾所必然导致的结果。

马克思的科学论证不仅是强有力的,而且广为人知,这里不予展开赘述。本书想要特别强调指出并着重阐述的是,除科学设问及其论证之外,马克思和恩格斯实际上还潜在地提供了另一种追问与论证,即"私有制为什么应该被消灭"这种显而易见的道德诘难以及相应的"道德论证"。诚然,马克思和恩格斯未曾宣称过对资本主义私有制的道德指责,而且如前所述,他们也不像本书这样谈论泛泛的私有制,而是专论资本主义私有制。但首先,马克思和恩格斯对资本主义应该被消灭的道德论证是呼之欲出的,尽管本书不会节外生枝去论证这一点。其次,从一种特定形式的私有制的罪恶中提炼出一切私有制共同的恶是可能的,而且是有意义的。

按照马克思和恩格斯的思想逻辑,私有制之所以应该被消灭,从道德上看是因为:

1. 私有制是一种剥削制度

这种制度使得一部分人可以"支配别人的劳动","社会的产品被个别资本家所占有"。[②]也就是马克思著名的剩余价值理论所阐明的那些内容。

2. 问题在于:剥削为什么是恶的?

剥削之恶,首先在于它破坏了应得正义原则(所谓剥削即无偿占有他人的劳动成果)。尽管马克思在逻辑上主张一种结果平等的完全正义,认为应得正义仅是一种初阶的等级正义,但他和恩格斯都承认应得正义的历史合理性,并认为"在经过长久阵痛刚刚从资本主义社会产生出来的共产主义社会第一阶段"[③],也就是在共产主义较为低级的阶段,仍需执行应得正义原则,即我们熟知的"各尽所能、按劳分配"。反过来说,

---

[①]《马克思恩格斯文集》第2卷,人民出版社2009年版,第43页。
[②]《马克思恩格斯文集》第3卷,人民出版社2009年版,第565页。
[③]《马克思恩格斯文集》第3卷,人民出版社2009年版,第435页。

如果连初阶的等级正义都被破坏了，正义也就荡然无存了。而一个不正义的制度当然是一个不好的制度。这意味着，剥削本身就是恶的。

3. 私有制下的剥削必然造成一个严重的后果，即贫富悬殊或两极分化

习近平引用过这样一句话："我们必须……作出更有效的制度安排，使全体人民朝着共同富裕方向稳步前进，绝不能出现'富者累巨万，而贫者食糟糠'的现象。"[①] 不幸的是，这种现象已经出现了。就像哈耶克的"自发秩序"所揭示的那样，在存在私有制经济的任何地方，这种"赢家—输家"的两极现象都是必然出现的。

贫富悬殊或两极分化这个后果在私有制社会之所以不可避免，有强弱两种论证的进路。强的论证是说，即使面对一个理想状态的私有制度，能够做到完全彻底的机会平等、起点平等、法律面前人人平等、市场面前人人平等，等等，两极分化仍将不可避免。因为市场的要义是"八仙过海，各显神通"，大家凭本事吃饭，而每个人的神通和本事是不一样的，即天赋可能是悬殊的。这就意味着即使通过所谓的公平竞争，一些人也必然逐渐处于受人支配和剥削的不利地位，而另一些人则得益于这种私有制度，逐渐成为人类丛林的"顶级捕食者"。这种所谓的公平竞争不啻让博士和小学生参加同一场考试，让狮子和兔子在同一块草坪上争食，其结果必然是毫无悬念的。

马克思因此批判资产阶级所谓"平等的权利"实际上并不平等，因为"它默认，劳动者的不同等的个人天赋，从而不同等的工作能力，是天然特权"[②]。由于没有人可以对自己的天赋有所选择，因此也没有人应该因为自己的天赋受苦或受益。当然，这个思想缺乏强烈的现实操作性，因为我们暂时还找不到一种好的办法来解决天赋不公平这个问题。

弱的论证则更简单：现实中的私有制不可能是理想状态的，而总是比"八仙过海，各显神通"还要糟糕得多。有凭出身和血统吃饭的，有凭公共权力吃饭的，也有凭拳头吃饭的，不一而足。在法律意义上的机会平等都无法确保的情况下，人类社会就不可能不成为一个弱肉强食的丛林世界。

---

① 《习近平谈治国理政》第2卷，外文出版社2017年版，第200页。
② 《马克思恩格斯文集》第3卷，人民出版社2009年版，第435页。

### 4. 贫富悬殊或两极分化为什么堪称"严重的后果"?

首先,从功利上讲,这个后果可能导致社会动荡和社会革命。即使对富人而言这种局面也是不好的。甚至可以说,这种状况对富人比对穷人更不好,因为"无产阶级失去的只是锁链",赤脚的不怕穿鞋的,富人比穷人将要失去更多不舍失去的东西。

其次,从道德上讲,贫富悬殊或两极分化贬低了人的尊严,造成了对人格的羞辱。人类终归是一种道德存在物,这意味着人们希望对自己的存在和行为拥有一种道德上高尚的感觉,而私有制妨碍了这一点,因为私有制必然造成巨大的不平等。如果一个人拥有 100 亿元人民币,而另外一个人只有 1 万元,那么前者的傲慢和优越感及后者的压抑和卑微感就很难避免。即使二者并不相识,没有直接的交集,但只要想到对方的存在,稍微对比一下双方的生活方式和受社会尊重的程度,上述感觉就会油然而生。这种贫富悬殊即使在法律上是合理的,也是不道德的。其实也就是说,私有制前提下的法律本身就是不道德的。

而如果上述二者产生了直接的交集呢?那基本上只有一种可能,即他们成了雇主和佣工的关系。《资本论》有一段描写,说的是刚刚在劳动力市场签订了劳动合同、准备打道回府的资本家和他的雇工双方的神情及处境:

> 原来的货币所有者作为资本家,昂首前行;劳动力占有者作为他的工人,尾随于后。一个笑容满面,雄心勃勃;一个战战兢兢,畏缩不前,像在市场上出卖了自己的皮一样,只有一个前途——让人家来鞣。①

在贫富悬殊之下,除了"让人家来鞣",一个需要养家糊口的工人没有太多选择。面对一个资本家或其代理人的感觉是任何一个人都应当极力避免的那种感觉,它极大地妨碍自由的呼吸并伤害敏感的心灵。资本家或其代理人那种"就是我养活了你这种无用的家伙"的傲慢神情,其对工人赖以谋生的公司之一切事务所拥有的那种几乎不受限制的裁决权

---

① 《马克思恩格斯文集》第 5 卷,人民出版社 2009 年版,第 205 页。

力，可以使工人的尊严和人格随时随地荡然无存。尽管他并非总是这样做，但问题在于，他随时可以这样做。

这里并不是在谈论剥削，而只是谈论剥削制度的道德后果。即使经济上的剥削是可以忍受的，为了养家糊口工人愿意被剥削并主动追求它，但被羞辱和欺凌则是永远不能接受的。一种必然制造人被人羞辱的制度是罪恶的。

私有制的恶是一种制度性的不公平。在私有制的前提下，贫富悬殊或两极分化永远无法根除。比如，现代公司制度的设计理念是这样的：有限责任而无限受益。当一个潜在或显在的资本家投资失败了，他所承担的责任以其公司的全部资产为限，以便保障这个投资失败者的家庭生活或个人生活；但如果他成功了，他的受益却没有上限，即理论上是无限的。"富者累巨万"正是这种制度造成的，而不是说一个人对社会的贡献真的大到那种程度，使他配得上那样巨大的财富。或者毋宁说，他真的配得上拥有与其他社会成员那样巨大差距的高位。而现代公司及经济制度已经比《汉书》的时代合理多了，它至少已经从理论上否定了血统论和政治压迫，确立了机会平等之类的初级平等。

现代公司的"有限责任"可以理解，但"无上限的成功回报"则极不合理，它使私有制社会不可避免的剥削效能被无限放大，使得本来应该忍受甚至可以忍受的剥削变得再也无法忍受了。人和人之间在经济地位上的天壤之别令人绝望，因为这种差别永远再也无法有意义地加以缩小了。试想在今天的物价水平下一个人坐拥100亿元人民币（中国超级富豪的实际财富远不止于此），这可能会让其他社会成员产生巨大的虚无感。没有人应该这样有钱，一个人即使再努力、再聪明，也不应该这样有钱。这就是人剥削人的私有制的可怕后果。

制度经济学经常讨论"租值消散"，主张"权利的清楚界定"，这从"科学"上看似乎有理，但这种"科学"的前提是私有制。因为所谓租值、权利这些东西绝不是从来如此或只能如此，而首先是私有制度建构的结果。比如上述的"无上限的成功回报原则"，资本家每卖出一件商品就获得一次财富回报，这个权利不是无须说明的，而是现代公司制度即私有制度规定的。这个制度是否合理可以并应该反思，而且还应该得到改变。但制度经济学从不关心这些东西，"它把应该加以阐明的东西当作前提"①。这种经济学无疑就是当年马克思笔下麻木不仁的"国民经济学":"国民经济学从私有财产的事实出发,它没有给我们说明这个事实。它把私有财产在现实中所经历的物质过程,放进一般的、抽象的公式,然后把这些东西当作规律,它不理解这些规律,就是说,它没有指明这些规律是怎样从私有财产的本质中产生出来的。"②"国民经济学"只看到机械式的经济活动,看不到这些活动背后人的悲欢离合,看不到经济学所应当追求的人的平等、尊严、自由等价值取向,并把私有制看作理所当然的和永恒的。这样的经济学无论自称多么客观、科学、价值中立,也永远无法望见马克思主义政治经济学的项背,因为后者站在前者不可企及的思想高度。马克思主义政治经济学是关于人的自由发展的学问,它从不认为经济学可以与人的尊严和解放无关。

关于"私有制为什么应该被消灭",还有谁比卢梭说得更好呢?在前面引述的"谁第一个把一块土地圈起来"那段话之后,卢梭笔锋一转:

"但是,如果有人拔掉他插的界桩或填平他挖的界沟,并大声告诉大家:'不要听信这个骗子的话,如果你们忘记了地上的产出是大家的、土地不属于任何人,你们就完了。'——如果有人这么做了,他将使人类少干多少罪恶之事,少发生多少战争和杀戮人的行为,少受多少苦难和恐怖之事的折磨啊!"③

私有制为什么应该被消灭?因为私有制意味着罪恶,意味着战争和杀戮,意味着苦难和恐怖之事。私有制不仅应该被消灭,而且事实上也正在以各种方式被消灭。或者反过来说也一样:公有制正在以各种方式被建立起来,以逐步扬弃私有制。对马克思主义来说,消灭私有制同时就是建立公有制,实行包括它的低级阶段社会主义在内的共产主义。而共产主义无非就是对"人的自我异化的积极扬弃,因而是通过人并且为了人而对人的本质的真正占有;因此,它是人向自身、向社会的即合乎人性的人的复归"④。这个理想是极度可欲的。

---

① 《马克思恩格斯文集》第1卷,人民出版社2009年版,第155页。
② 《马克思恩格斯文集》第1卷,人民出版社2009年版,第155页。
③ [法]让-雅克·卢梭:《论人类不平等的起源和基础》,李平沤译,商务印书馆2017年版,第85页。
④ 《马克思恩格斯文集》第1卷,人民出版社2009年版,第185页。

### 三 公有制的现实性

所谓"历史终结于资本主义私有制"这种思想是缺乏远见的，也是缺乏胸怀的。一个明明充满恶的制度，无论人类目前多么离不开它，也终将被超越。对马克思主义基本原理的理解应该保持一种更大的时间尺度，而不是仅仅因为最近半个世纪以来的某些事实就宣称马克思主义"消灭私有制"的理想已经落空。事实上，自马克思主义问世以来，超越私有制的脚步从未停歇，这个世界上绝大多数的地方都已经映现了公有制的身影。当然也必须承认，建设公有制既有实践中的困难，也有理论上的困惑。这个美好制度的实现注定不会是一帆风顺的。

如果有人看不到正在以各种方式被建立起来的公有制，那可能意味着：首先，他对公有制持有一种过于狭窄的理解。其次，他可能也遗忘了辩证法的基本要义，即恩格斯称赞黑格尔时所说的"历史的观点"，"即把人类的历史看作一个发展过程"。[①]

比如，也许有人认为公有制必须到社会主义国家去寻找，并必须以"生产资料的公有"这一经典的方式呈现出来，其实不然。不难看出，除了社会主义国家的生产资料公有的显形公有制，大半个世纪以来，公有制还在以一种合乎历史进程的委婉方式渗透和改造资本主义——这里的"资本主义"既包括资本主义国家，也包括社会主义国家的市场经济部分。这种委婉方式的隐性公有制，最典型的案例就是在世界各个国家被广泛建立起来的社会保障体系。

如何可以说，甚至资本主义国家的社会保障体系本质上也可以看作是公有制演进的某种形式？如前所述，马克思主义论证社会主义公有制一定胜利有两个进路：从科学角度看，社会生产力在资本主义胞胎里已经达到了它的饱足状态，不以公有制替代私有制，它就再也无法前进了；从道德角度看，是资本主义社会人的普遍异化、无产阶级普遍被压迫、被羞辱的这种状态妨害了人的自由和解放。因此，公有制的目的不外乎解放生产力和解放人本身。而社会保障体系能够在无产阶级取得政权之前部分地、不同程度地达到上述目的，自然可以把它归结为公有制在特

---

[①]《马克思恩格斯文集》第3卷，人民出版社2009年版，第543页。

定历史阶段的某种委婉形式。毕竟没有任何规定说公有制从一开始就只能采用"社会主义国家的生产资料公有制"这一较为成熟的形态。历史是一个发展过程，公有制也不例外，它理所当然也有一个由隐至显、由弱至强、由幼稚到成熟、从低级到高级的发展过程。

当代资本主义世界的社会保障体系主要是二战前后逐步建立起来的，是无产阶级与资产阶级双方反复斗争博弈的结果，也可以说是资产阶级向无产阶级妥协、资本主义向社会主义学习的结果，归根到底，就是资本主义从马克思主义那里吸取教益、自我改良的结果。凯恩斯主义本质上就是一种经过了资本主义改造的缩水版的马克思主义。社会主义对资本主义的胜利不会只体现为某次毕其功于一役的"最后的战斗"，也必然体现为马克思主义一百多年以来提供给资本主义的系列教益和启发，实质上也就是社会主义对资本主义的逐步渗透和改造等。在这个意义上，把包括资本主义国家在内的社会保障体系看作公有制在特定历史阶段的委婉实现形式并非自作多情，就像把五一劳动节和八小时工作制等的确立看作马克思主义的胜利是理所当然的那样。不消说，绝大多数的国际公益组织，资本主义国家相当部分的国有企事业单位，形式多样的民间互助组织，等等，只要它们的宗旨和实际效用在于消除或减弱社会不公，就都可以并应该被看作公有制的某种委婉形式。

公有制在实践中遭遇到两个极大的困难，一个是前文反复提及的工作积极性问题，另一个是公有性的坐实问题。追求提供解决问题的方案对本书而言并不现实，但指出问题所在及解决之难也是有意义的。

先看第一个问题。有人在几乎完全利他性的环境下依然能够忘我地工作，也有人在完全自利性的制度安排下依然消极怠惰。前者堪称圣人，后者则是不可救药的懒汉。在不考虑这些极端情形的前提下，必须承认，如果不对每个人的劳动结果进行合理的评估与反馈，公有制条件下的工作动力会明显减弱，有些情况下会极大地减弱。这是显而易见的，比如"吃大锅饭"时代的工厂和农村。

公有制的初衷是人本身的解放和生产力的解放。如果不能有效而持久地激发工作积极性，解放生产力就会落空，而这就会最终导致人的解放的落空。人的自利是天性使然，是生物自存和发展的基本规则，否定人的自利本性或所谓"经济人假设"是自欺欺人和徒劳无益的。人不会因为一个比"经济人假设"更高尚的假设就真的高尚起来。人固然也有利他的一面，但利他总是相对的，有条件的，与绝对的和无条件的自利无法相提并论。问题在于，我们既想得到公有制，又想保持很高的工作积极性，这是一个必须解决的悖论。

一个基本的解决思路就是"大公小私"，即在公有制的大前提下，通过对每个人劳动结果的合理评估，实行生活资料和其他善好的差异性分配制度。这里的问题是：如果差异太小，则仍不足以普遍地刺激工作积极性；差异太大，则公有制的初衷又遭到了违背。而且这里所谓差异的大小不是理论性的，而是具体工作环境下必须量化的。这个困难的挑战很大，绝非马克思当年所认为的那么简单明了："每一个生产者……他从社会领得一张凭证，证明他提供了多少劳动（扣除他为公共基金而进行的劳动），他根据这张凭证从社会储存中领得一份耗费同等劳动量的消费资料。他以一种形式给予社会的劳动量，又以另一种形式领回来"[1]。这里的困难恰恰就在于："证明"每个人提供了多少劳动并不容易，需要确定一个衡量和比较不同劳动的复杂标准；不仅如此，还必须采取措施，确保绝大多数的人愿意提供尽可能多的劳动而不是相反；不仅如此，还必须同时确保，每个人"以另一种形式领回来"的消费资料，其数量和质量不能过于悬殊；……也许这意味着，在人的生物学结构及其功能未曾得到极大改造之前，为了保持必要的发展，人们只能得到某种打折扣的公有制，而不是万事大吉的"按需分配"。人际压迫与羞辱固然是不道德的，但完全不考虑贡献的结果平等可能同样不道德。

再看第二个问题：在一个庞大的共同体中，如何让公有制成为真的公有制，而不是蜕变为假公有之名的其他所有制。以营利性企业为例，目前我国的公有制企业其实是"政府所有制"，企业的一切权益要么归属中央政府，要么归属省市政府。政府所有当然也是"公有"，但只要承认任何政府都不可能直接等同于人民（不然就只能是无政府），那么政府所有制就和马克思主义经典作家所设想的那种纯粹"公共财产"的公有制相当不同。这个问题其实是民主政治问题的一个变种，所牵涉的实际上就是民主政治中的直接民主、间接民主及各个环节之间有效监督和互相

---

[1] 《马克思恩格斯文集》第3卷，人民出版社2009年版，第434页。

制衡等问题。西方国家对此的政治解决迄今并不成熟，何况政治解决毕竟并不等于经济解决，中国也不可能完全照搬西方的做法。因此这个困难仍在期待着它的中国方案，这应该也是国有企业进一步深化改革的必要性所在。

最后必须指出的是，为了使消灭私有制意欲达到的那些目的能够真的实现，仅仅实行生产资料公有还不够，还需要对生活资料也做出某种程度的"公有"安排。

消灭私有制的目的，如前所述，从道德上来说，是消灭剥削及由此造成的人际压迫与羞辱。通常认为这种道德后果是由生产资料私有造成的，但事实并非如此简单。在生产资料公有的前提下，至少在共产主义低级阶段，为保持工作积极性就需要按劳付酬，这就可能造成相当巨大的收入差别，比如国有企业的董事长和普通员工之间的那种收入差别。即使有各种防止"剥削"的制度安排，努力使这种巨大的收入差别仅仅局限在生活资料方面，也必然产生人际压迫与羞辱。因为和生产资料私有制的情形相比，现在只不过消除了"像在市场上出卖了自己的皮一样"那种雇佣与被雇佣的情形，但贫富悬殊依然存在，每天可以吃肉的人对每月只能吃一次肉的人依然构成压迫和羞辱。这种生活资料方面的贫富悬殊甚至也完全可以造成"支配别人的劳动"这一后果。曾经出现过国有企业领导人年薪千万的报道，如果该企业普通员工的年平均收入是20万，这里的差别和私有制条件下无资之间的阶级差别几乎没有差别。这意味着，要实现公有制意欲的那些目的，不仅必须实行生产资料公有，而且生活资料也不能有太大的不平等占有，即必须为按劳分配规定某种收入差别的极限，也即在前文"大公小私"论题上提出过的生活资料的差异化分配的差异幅度问题。然而，即使很好地做到了这一点，这种公有制仍然只不过实现了共产主义初级阶段的目标而已，仍不能使我们过上按需分配的美好生活，离真正的非等级正义仍很遥远。

总结上文，正如卢梭所说，私有制是人类一切不平等的根源，是歧视和羞辱、剥削和压迫、战争和杀戮等一切罪恶的渊薮，马克思因此把消灭私有制视为通往共产主义非等级正义的必经之路。但私有制同时亦是顺应人性的一种自然而有效的制度安排，消灭私有制最直接和最严重的后果之一很可能就是消灭效率，那实际上也就是消灭了人的生存和发展本身。因此，消灭私有制尽管在总体价值目标上是可欲的，但如果不能预先解决一系列困难问题，任何激进的行动都很可能造成南辕北辙的结果。和"按需分配"一样，"消灭私有制"在仔细的分析之下会呈现出相当复杂的情况，绝非一蹴而就之事。但这个目标值得追求，并且就人类社会的永恒发展而言也是可以无限趋近的。

"消灭私有制"的上述情形也就是整体上非等级正义的情形：非等级正义的发展过程是不断获得更多的平等和更好的生活、最后达成完满的无限过程。它虽然隐藏着某种"月盈则亏，水满则溢"的自我背反，使得人们永远地不可能完全达到它，但它乌托邦的圣光就像黑暗中的明灯照亮大地一般指引着人们前进的方向。现实不断得到改善，不平等的状况日益减弱，等级正义向着对自身的否定不断进发，这一切都需要非等级正义强大的规范力量的牵引。如果乌托邦的意思就是"遥不可及的理想国度"，那乌托邦一定是有意义的，并且对人类社会而言不可或缺的。

第六章

# 基于新分析框架对西方代表性政治哲学家正义思想的分析

鉴于本书第一章并非通常意义上的文献梳理，而是基于铺垫第二章"等级—非等级"正义分析框架的需要而对几种正义分类的展示，因此本书考虑增添附录性质的最后一章，扼要介绍哲学史上若干代表性作家的正义思想，以资格式完整，并供相关研究者参考。需要说明的是，首先，作为"等级—非等级"框架一极的马克思主义正义观，由于本书第五章已经进行了较为详尽深入的分析，本章不再重复，因此除了"分析的马克思主义者"柯亨、某种意义上的斯多葛学派和罗尔斯，本章其余作家都属于等级正义的阵营（罗尔斯的本质面相当然仍是等级正义的）。其次，西方思想史上的代表性作家还有很多，比如霍布斯或边沁等，本章列举的只是对本书较为重要的，当然也是作者较为熟悉的，这里存在的眼界局限在所难免。最后，本章对这些代表性作家的正义思想介绍，依然主要服务于本书提出的正义分析框架，作家的一切思想都是用"等级—非等级"这个框架来观察和衡量的，无关的内容就被略去了。比如黑格尔的关键词是自由而非正义（康德也是如此），促进自由实现的才是正义的，黑格尔经由概念的自我运动而演绎的人类自由的历史过程与本书主题无关，因此对黑格尔的介绍仅限于他的财产思想，等等。

## 第一节 古希腊及希腊化时期的正义思想

柏拉图和亚里士多德都把人看作有着禀赋差异的个体，正义的具体制度形式表现为依照个体禀赋差异而设计的等级次序。

## 一 柏拉图

"柏拉图看起来是赫西俄德之后将正义问题处理为一种论题的第一人,并将之转换为一种概念性存在,使之成为一种规范的原则。"① 在《理想国》中,柏拉图以苏格拉底之名同玻勒马霍斯、克法洛斯和格劳孔等人谈话,用这种方式展开关于正义的讨论。在内容各异的对话中,涉及了正义的各种表现形式,最终玻勒马霍斯等人都被苏格拉底说服,意识到他们的正义概念都有各自的缺陷。

柏拉图所设想的正义带有浓厚的等级色彩。城邦的整体幸福是他正义理论的最终落脚点,城邦整体的正义是整体幸福的必要条件,因此城邦正义是柏拉图论述的重点。而这个整体正义需要建立在公民个人的正义之上,因此也必须论及个人层面的正义。等级差别的存在之所以有正当性就是因为正义原则中分工合作的内容,分工合作决定了个人对城邦所做贡献的大小,也就决定了个人在城邦中的地位高低。在柏拉图那里,正义不仅仅是个人德性,其主体不单是个人,甚至也不是某个阶级,而是整个社会、整个国家。柏拉图描绘的乌托邦不是公民个人正义的理论,而是全体正义——具有总合性、整体性和不可分性的城邦正义理论。当然,这种整体性的世界观并非柏拉图所独有,而是由他所处的时代精神形塑的。

在柏拉图的设想中,城邦的最高目标并不是要给某一个特定等级以幸福,而是要给全体公民都带来最大的幸福,在各个等级都幸福生活的城邦里才最有可能实现正义。理想国中的人生来有着不同的社会地位,也就是等级。因为神在创造他们时,有的掺以黄金,有的掺以白银,更有的掺以铜或铁,因此人们具有不同的天性和美德,形成了城邦的三个等级。当这三个等级各安其位、各司其职、各尽其能,"在国家里面做各自的事而不互相干扰的时候,便是有了正义,从而也就使一个国家成为

---

① [英]埃里克·哈夫洛克:《希腊人的正义观》,邹丽、何为等译,华夏出版社2016年版,第17页。

正义的国家了"，① 柏拉图的理想正义是建立在严格划分并有序运行的等级制度之上的。

当城邦正义实现后，才有基础和条件来实现个人的正义。如同城邦公民被分为三个等级，个人的灵魂也可以分为三个部分：理智、激情和欲望。当个人灵魂的这三个部分合而为一，成为一个和谐节制的整体时，个人的正义就得以实现。凡是能够保持和符合这种和谐状态的行为就是正义的，使得这三部分产生争斗、干涉、混乱的行为就是不正义的。那么，"做正义的事，实践做好事、做正义的人，（不论是否有人知道他是这样的）有利呢，还是做不正义的人、做不正义的事（只要不受到惩罚和纠正）有利呢"，② 苏格拉底认为，"正义已坏的人尽管可以做任何别的他想做的事，只是不能摆脱不正义和邪恶，不能赢得正义和美德"③。并且，正义比不正义更加快乐，"正义本身就是最有益于灵魂自身的"④。为了使各阶层的人能够安心于自己的本分，柏拉图甚至设想应当城邦财产全部共有和废除家庭。

在个人劳动与职业选择方面，柏拉图提出了劳动分工的原则。柏拉图认为一个人的职业选择可以有很多种，但是真正与他的本性相契合的职业却可能是很少的甚至是唯一的。如果每个人都能找到与其本性相契合的那份职业并全身心地投入其中，相比从事多份不契合于本性的职业会获得更高的质量和更高的效率，因此在柏拉图的城邦中，一条最基本的总原则就是劳动分工原则，这条原则已经包含了柏拉图式的正义要求：每个人的本性生来都是各不相同的，因而每个人都应该选择契合其本性的职业，由于这种契合，这份职业就是这个人天性的应得，从而就是他在这个社会应得的位置。柏拉图的劳动分工原则此时还不涉及生产领域，只是作为手段来实现城邦的正义，但这个思想显然给了马克思以启发，使他开始进行劳动分工原则和经济领域二者的研究。

柏拉图的正义具有政治哲学和伦理学的双重意义。在城邦之中，正义

---

① ［古希腊］柏拉图：《理想国》，郭斌和、张竹明译，商务印书馆1986年版，第134页。
② ［古希腊］柏拉图：《理想国》，郭斌和、张竹明译，商务印书馆1986年版，第177页。
③ ［古希腊］柏拉图：《理想国》，郭斌和、张竹明译，商务印书馆1986年版，第418页。
④ ［古希腊］柏拉图：《理想国》，郭斌和、张竹明译，商务印书馆1986年版，第418页。

具有政治哲学的意义,是城邦建立的基础;在个人灵魂中,正义具有伦理学的意义,是成为一个好人的基础。但本质上,柏拉图的正义是应得的正义,也就是说,不管是个人还是共同体(城邦),都应该为所应为之事,做好自己的本分,得到自己的应得。总的来说,柏拉图认为正义应该来源于人的心灵,"柏拉图的目的证明,正义在起源上不依赖于某种偶然的约定,在效力上也不依赖于外部的强力,相反,它是从永恒走向永恒"①。

在论及平等时,柏拉图表示,人们从一出生就有各种区别,完全的平等是不可能达到的,"对一切人的不加区别的平等就是不平等"②。因此按照品性高低的不同来分配社会角色。这种看似不平等的等级秩序,却刚好是柏拉图所欲的正义基础。人们只有各安其位,按照天赋的等级秩序生活,才能达到理想的生活状态。他认为:"一个人(或更准确说他的灵魂)或者一个城邦,只有当其每个部分都好好地做自己的事,从而其整体是健康的时候,才是正义的;一个灵魂或一个城邦,只有当其健康或井然有序时,才是正义的。灵魂有三个部分(理性、血气、欲望),只有当每一部分都获得各自特定的德性或完美时,它才是井然有序的。"③"由此可以推断,只有智者或曰哲人才能真正正义。"④

## 二 亚里士多德

亚里士多德首先将正义规定为一种德性,对正义问题的探讨也始于论述正义是一种怎样的行为。

《尼各马可伦理学》第五卷开篇指出,正义"是指一种品质,而这种品质使一个人倾向于做正确的事情",⑤ 同样,不正义也是一种品质,使

---

① [英]厄奈斯特·巴克:《希腊政治理论》,卢华萍译,吉林人民出版社2003年版,第226页。

② [古希腊]柏拉图:《法律篇》,何勤华、张智仁译,上海人民出版社2001年版,第168页。

③ [美]列奥·施特劳斯:《柏拉图式政治哲学研究》,张缨等译,华夏出版社2012年版,第184页。

④ [美]列奥·施特劳斯:《柏拉图式政治哲学研究》,张缨等译,华夏出版社2012年版,第184页。

⑤ [古希腊]亚里士多德:《尼各马可伦理学》,廖申白译,商务印书馆2003年版,第139页。

人更容易去做不正确的事。抽象的品质需要体现在具体的行动中,体现正义的行动有两种含义:守法正义和平等公正。守法是普遍意义上的正义,平等是具体行为中的正义。"正义就是守法的和平等的。"① 一个人不正义,可能是指他是一个违法者,或者是一个贪婪的人。这里的贪婪是指不平等意义上的不正义,如果一个人"在那些善的事物上取得过多"②,就是贪婪。相对应的,在这种情况下的正义就是指在获取善好时秉持"中道"与平等。

正义同时还与法律相连,"既然违法的人是不正义的,守法的人是正义的,所有的合法行为就在某种意义上是正义的"③。亚里士多德特别注意强调是"在某种意义上",因为所有法律显然不可能都是正义的。但即使法为恶法,对法律的遵守在某种意义上也是正义的,因为有所约束总是好过毫无约束。只是,法律所代表的正义必定是人为立法的产物,因此是可以质疑的,只能是某种意义上的正义,并总是有改善的余地的。

在阐述正义德性之后,亚里士多德转而对实践正义进行讨论,他称之为交往正义。根据具体行为是否正义,正义原则又可分为分配正义和矫正正义。

1. 分配正义

如亚里士多德所说,在分配领域,最重要的正义原则是平等,包括算术平等与比例平等(几何平等)。④ 算术平等是不考虑其他因素的平均分配,比例平等是依据个人的才能和贡献等因素进行有差别的分配。算术平等要求的绝对平均分配适用于没有人可以对待分配的利益提出任何要求的情况,如诺齐克所说的天降甘露/吗哪,此时所有人对其都有平等的权利要求。或者当要在一个共同体成员之间分配成果而不清楚每个成员的具体贡献时适用。几何平等则是在分配过程中,依据才能、贡献等

---

① [古希腊] 亚里士多德:《尼各马可伦理学》,廖申白译,商务印书馆2003年版,第141页。
② [古希腊] 亚里士多德:《尼各马可伦理学》,廖申白译,商务印书馆2003年版,第141页。
③ [古希腊] 亚里士多德:《尼各马可伦理学》,廖申白译,商务印书馆2003年版,第141页。
④ [古希腊] 亚里士多德:《尼各马可伦理学》,廖申白译,商务印书馆2003年版,第147页。

要素进行有差别的分配，这种平等看上去是应得的要求，并且也是正义的，比如在企业中经理与员工由于能力与分工的不同，自然会存在收入差异。但是过于巨大的收入差距实际上同样会造成不正义的结果。

算术平等是民主政体通常所采取的分配原则，亚里士多德认为算术平等称不上正确，但也没有全盘否定，因为对于各方面条件相差不远的人来说，所配得的资源与利益自然符合算术平等的要求。只是如果对条件不平等的个人也平等分配，就会造成更大的不正义，因此亚里士多德主张比例平等原则是更优的选择，对条件平等者给予平等分配，对条件不平等者给予不平等的分配。"每个人在城邦中所获得的利益，应该以其为城邦贡献的'美善行为'的多少为依据，如果一个人为城邦贡献的美善行为最多，他就应该比其他任何门第高贵或饶于财富的人们获得更多的利益。"[1]

从亚里士多德的这些论述来看，他拒斥在分配上机械的绝对的数量平等，认为应该按照公民的天赋才能、出身、社会贡献等自身条件的比例平等来分配社会善品。严格按照数量平等进行分配虽然在理论上能够对社会善品进行绝对平等的分配，实际上会导致人的生产积极性消失，积极性和创造性被扼杀，最终损害效率。比例平等原则主张根据公民自身条件不同来分配社会善品，一定程度上优于算术平等，但同样由于各人能力的差别，最终会造成社会贫富差距的扩大。财富和收入的巨大不平等可能使得穷人不得不以一种被羞辱的方式生活，而这种羞辱却被视为合理的。同时，一个社会中的极少数人拥有绝大多数的财富，也可能会使这些富人对其他人的生活拥有广泛的控制，最终仍然需要平等主义原则来平衡这一点。[2] "要使得没有一个公民可以富得足以购买另一个人，也没有一个公民穷得不得不出卖自身。"[3] 因此，尽管亚里士多德认识到了绝对平等实际上无法保证平等，在后期相关表述中已经减弱了绝对平等的程度，他的正义理论仍然属于等级正义的阵营。

---

[1] 王彩波：《西方政治思想史——从柏拉图到约翰·密尔》，中国社会科学出版社2004年版，第59—60页。

[2] Scanlon T., *Why Does Inequality Matter?*, Oxford: Oxford University Press, 2018, p. 6.

[3] [法]让-雅克·卢梭：《社会契约论》，何兆武译，商务印书馆2003年版，第66页。

尽管确定了分配正义的原则，但在现实中不可避免会出现不正义的分配，此时就需要矫正正义来进行更进一步的调整。

2. 矫正正义

矫正正义是为了处理分配过程中存在的不正义，与守法正义和执法相连，是惩罚和赔偿意义上的公正。对此，波斯纳指出，在这种意义上，矫正正义的概念至今几乎没有改变，还与亚里士多德所定义的无甚差别。① 矫正正义与分配正义本质上是不同的：分配正义的前提是人人都行正义之事，矫正正义则以交易行为中人们的不正义为前提，因此矫正正义不适用分配正义的比例平等，而采用纯粹的算术平等。

矫正正义的基础是损害行为，只有当存在对他人造成伤害行为的情况下，才构成一种需要矫正的不正义。亚里士多德认为，矫正正义本质上就是1∶1，需要把从同一条线段上分割而来的两节不等长线段截长补短，使二者恢复应有的均等。② 也就是说，矫正正义并不关心损害者和被损害者具有何种德性、财富或能力，只关注具体的损害行为和造成他人损失的结果。只要存在损害他人利益的具体行为，就是违背了矫正正义，就应当做出修正。因此，矫正正义与法律强制性存在天然的联系，要以法律强制来保持分配中的平等。

3. 交换正义

亚里士多德把交易行为主体应该遵循的价值准则称为交换正义。交换正义与矫正正义同样适用算术平等原则，二者的最大不同在于交换正义的自愿性。

商业交易一般来说都应是双方自愿的，如此我们就可以说双方都得到了自己的应得。如果出现欺诈、违约等，使一方得到多于自己的应得，一方得到少于自己的应得，就是不正义的交易。③ 此时如同矫正正义一样，需要法律来恢复得失之间的平等。

---

① ［美］理查德·波斯纳：《法理学问题》，苏力译，中国政法大学出版社1994年版，第395页。

② ［古希腊］亚里士多德：《尼各马可伦理学》，廖申白译，商务印书馆2003年版，第152页。

③ ［古希腊］亚里士多德：《尼各马可伦理学》，廖申白译，商务印书馆2003年版，第153页。

但有一个问题是，如果双方在自愿的前提下进行了不平等的交易，这个交易是否正义？例如，在大饥荒时以高价换取一小袋粮食，出售粮食的一方是否不正义？对此，施特劳斯指出，亚里士多德的矫正正义与交换正义是一体两面，同样立足于一种报偿行为。交换正义有"恶"的交换，也有"善"的交换。矫正正义确保了以恶报恶，交换正义确保了以善报善。

亚里士多德主张正义的实质在于平等，成为后世正义理论的源泉和基础。与柏拉图不同，亚里士多德将从城邦到个人的正义路径倒转，认为城邦正义以个人正义为基础，对正义的研究始终关注正义的主体——人自身。

### 三 斯多葛学派与西塞罗

平等是正义的核心内容之一。斯多葛学派在奴隶制仍然广泛存在的时代首次提出了普世平等的思想，认为尊严与权利（尽管只是某种程度上的）是每个人都应该平等享有的，这是斯多葛学派对正义思想的突出贡献。从基督教"上帝面前人人平等"的主张，到启蒙运动呼唤的天赋人权，背后都有着斯多葛平等思想的潜流。

斯多葛学派的正义观因此应被看作一种普世平等的正义观。如果想到他们将宇宙看作一个整体，这种观念也就不难理解。斯多葛学派深信，宇宙是一个统一的整体，宇宙间万物都受一种普遍法则的支配，也就是"自然法""逻各斯"或者"上帝"。这个普遍法则不仅支配万物，也影响着人类行为和人类社会，是优先于人所制定的法律的"世界理性"，人在立法时要以世界理性为标准，以体现永恒正义为目标。由此斯多葛学派创立了一种世界主义哲学，这种哲学的基础是神、理性和自然法的普遍性。首先，在生物学意义上，所有人是相同的一类，人的身体与动物的身体相区别；其次，人类的本性是相同的，因而是平等的，因为所有人都分有与宇宙或者说上帝共同的理性，都受自然法的支配。正义的起源应追溯至自然法，人类在宇宙中生存，与自然有着从属关系，因此也分有自然的理性，也就是分有逻各斯，在自然理性的引导下人人都是平等的。

斯多葛学派将每个人都看作世界公民，享有普世的平等。理性作为一种统辖着世间万物的力量,是法律与正义的基础,因此正义就是普遍的。所有人既然都分有自然的理性,精神平等,就理应平等地获得正义。"命令我们做什么或不做什么的理性也将是共同的;如果是这样,那么法律也是共同的;如果是这样,那我们就都是公民。"[1] 西塞罗在《义务论》中也指出:"制定宪法的理由与拥立德高望重者为王的理由是相同的。因为人们始终在求索的就是在法律面前享有平等的权利。因为凡是权利,就应当人人共享,否则就不能算是权利。"[2]

特别值得一提的是,在奴隶制还普遍存在的时代,斯多葛学派就将平等原则的光辉照耀到了奴隶身上,指出奴隶与其他人同为神的儿女。如塞涅卡:"你称之为奴隶的人,追本溯源,他和你是来自同一祖先的,也和你居于同一晴空之下,和你同样呼吸,同样生活,同样死亡。"[3] 尽管他还只是从伦理学意义上认为奴隶制是不道德的,缺乏自然法上的依据和论证。斯多葛派学者爱比克泰德(他本人就曾是奴隶)也说:"我们都来自于神,神是人类之父也是众神之父。那么,人就永远不会看贱自己。"[4]

斯多葛学派的平等思想是西方哲学史上的重要分支,甚至可以说也是启蒙运动的思想渊源。这首先是由于,在西塞罗的努力下,平等成了罗马法的基本理念。庞大的罗马帝国在客观上需要规定其成员不分种族肤色的平等身份以维持统治的稳定,斯多葛学派的平等主义恰恰为其提供了理论依据。西塞罗认为,"既然自然赋予人以法律,那它也就赋予人以权利。理性是赋予所有人的。就是说,权利也被赋予所有的人"[5]。对"法律面前人人平等"的强调大大促进了万民法的发展。其次,斯多葛学

---

[1] [苏] 弗拉季克·涅尔谢相茨:《古希腊政治学说》,蔡拓译,商务印书馆1991年版,第220页。

[2] [古罗马] 马尔库斯·图利乌斯·西塞罗:《精神的超越》,吉林大学出版社2004年版,第148页。

[3] [古罗马] 塞涅卡:《幸福而短促的人生——塞涅卡道德书简》,赵又春、张建军译,生活·读书·新知三联书店1989年版,第94页。

[4] [古希腊] 爱比克泰德:《爱比克泰德论说集》,王文华译,商务印书馆2009年版,第28页。

[5] [古罗马] 马尔库斯·图利乌斯·西塞罗:《精神的超越》,吉林大学出版社2004年版,第223页。

派中神赋予人们理性的神秘主义色彩迎合了教会的需要,教会也需要平等的口号以壮大自身。为了使个人脱离一切社会属性融入教会,基督教主张上帝造人,人们在生命与尊严的伦理层面上具有绝对平等的地位,因为上帝创世的目的和神性在每个人身上都同样存在。如阿奎纳就认为,人的性别、禀赋等的差异由于上帝的安排是不平等的,但人格尊严上"所有的人在天地间都是平等的"。[①] 当然,基督教提倡平等是要为其宗教独裁提供理论基础,与斯多葛派自然主义的平等思想大相径庭。

在启蒙思想家手中,这种平等变得更彻底,是人生来具有的。洛克认为,"自然状态有一种为人人所应遵守的自然法对它起着支配作用;而理性,也就是自然法,教导着有意遵从理性的全人类;人们既然都是平等和独立的,任何人就不得侵害他人的生命、健康、自由或财产";[②] 卢梭认为,"不平等现象在自然状态中是极不明显而且其影响几乎是零"[③]。彻底的平等精神打破了神权的枷锁,迎来了资产阶级革命的风暴。

斯多葛学派的平等主义可以说完全是非等级正义的,但从根本上看,斯多葛学派的平等主义相当消极,所谓按照自然生活,实际上是完全的私人伦理生活,极少关注社会政治制度的完善,最终将走向与现实脱节的乌托邦。

小结:古希腊的正义理论总是与应得概念密切联系在一起。"正义的概念在西方虽历经诸多变化,但应得始终是其中的基本涵义。"[④] 梭伦说:"给一个人以应得就是正义,而应得就是一个人有权利要求的东西。"[⑤] 柏拉图与亚里士多德都认为正义是善,不正义是恶;正义作为一种善,不会造成它的反面;也都认为正义有多种表现形式。亚里士多德认为政治上的正义是"自足地共同生活、通过比例达到平等或在数量上平等的人们之间的公正",柏拉图则认为"正义就是只做自己的事而不兼做别人

---

[①] [意]托马斯·阿奎那:《阿奎那政治著作选》,马清槐译,商务印书馆1982年版,第147页。

[②] [英]约翰·洛克:《政府论》下篇,瞿菊农、叶启芳译,商务印书馆2018年版,第6页。

[③] [法]让-雅克·卢梭:《论人类不平等的起源和基础》,李平沤译,商务印书馆2017年版,第85页。

[④] 廖申白:《西方正义概念:嬗变中的综合》,《哲学研究》2002年第11期。

[⑤] 转引自廖申白《西方正义概念:嬗变中的综合》,《哲学研究》2002年第11期。

的事",二者对政治正义的论述角度是不同的,柏拉图主要从如何达至正义的角度,亚里士多德则主要从分配结果的角度;但两人在正义起源问题上的认识则颇为相似,亚里士多德认为正义有自然的和约定的两种起源,柏拉图认为正义是一种社会契约,是人们为了不吃亏而共同达成的某种折中方案。斯多葛学派突破了时代观念的限制,第一次提出了普世的自然平等主义思想,对罗马法、中世纪哲学和启蒙运动都有深远影响。

## 第二节 启蒙时期正义思想

自启蒙时期开始,个人作为主体日益受到重视,正义制度逐渐转变为以自由平等为重要内容、以个人权利和个人自由为核心的理论体系,财产权逐渐成为正义的核心概念。休谟、洛克等自由主义哲学家有一个共识:正义是一种应得,而且首先是个人对财产的占有权,这种占有是通过劳动获得的,财产权在所有权利中是优先的。区别在于,洛克代表着一种先验进路,主张财产权与人类理性的结合,为财产权的合理性背书。一个人在一个事物败坏之前如果能将其消费或转化为不会败坏的财产,他就由于付出劳动而获得了财产权。也就是说,一个人应得的范围取决于他的劳动能力与消费能力。这实际上为天赋和才能赋予了特权,带有等级正义色彩。休谟则吸收了柏拉图正义观,结合对人的自私本性的论证,认为正义是一种人为之德,起源于资源中等程度的匮乏和人们中等程度的自私和势均力敌,目的在于调节对短缺资源的分配,保护私有财产是正义的核心内容,而维护公共福利是正义的最高价值。

### 一 洛克

17—18世纪的欧洲,自然法及对权利正当性的讨论在思想界占据着统治地位。如同霍布斯、格劳秀斯等思想家一样,洛克的学说也是以有神论为基础,反映的是上帝创造的秩序,认为生活和道德共同构成了人的神圣使命。但与此同时,洛克也并不赞成将一切都归结于宗教的神秘,而是致力于论证神圣使命的世俗性,论证"人们如何能够在有神论观念之外拥有一种道德的生活"①。

社会和政治的秩序只有通过人们之间的契约才能创造出来，这需要人们拥有相应的自然权利。洛克的政治哲学是以自然权利以及如何保护自然权利为核心而展开的。对自然权利的证成从自然状态起始，所谓自然状态是人们"处于一种完全自由的状态，可以在自然法的范围内，按照自己认为合适的方式安排自己的行动和处置自己的财产和人身，而不需要征求任何其他人的许可或依赖任何其他人的意志"②。洛克的自然状态是自然的法律状态，受自然法则的支配，维护人的生存，赋予每个人相同的自然权利。这种权利又可分为两类：第一种权利，在洛克的想法中，指的是财产和身体的不受侵害、自由平等的权利。除此之外的基本权利是第二种权利，包括：对违反自然权利的人提出惩罚要求；请求因自然权利被侵害的赔偿权。这种状态本来是十分理想的，但是由于人性是自私的，总是偏袒自己一方，导致在自然状态中人们的权利总是会受到威胁。因此人们自愿放弃这种自由然而危险的状态，联合其他人组成社团以互相保护，国家在此基础上进一步发展起来。洛克采用的是基于自然状态的一种非政治状态的理解，要完成的是政治状态的契约论证成。

在《政府论》下篇中，洛克主张，每个人都拥有自由的自然道德权利，也就是按照自己的选择过自己的生活的自然权利。这个基本权利是通过一些更为具体的权利来表现的，比如以自己认为合适的方式处置自己的身体的权利、获得个人人身以外的物品的所有权并以自己认为合适的方式使用等。自然法是道德的永恒规则，并且深深扎根于人性的土壤中。洛克在下篇中有关自然权利的论证有一个共同的基础，那就是我们先天条件的两个规范性事实。第一，每个人追求自己个人幸福的行为是理性的。"所有其他的善，无论在现实或外表上多么伟大，都不会激起一个人的欲望，他不指望它能成为他在目前的想法中能满足自己的那份幸福的一部分。"③ 追求个人幸福的关键条件则是自我保存。第二，人们都

---

① [丹] 努德·哈孔森：《自然法与道德哲学：从格老秀斯到苏格兰启蒙运动》，马庆、刘科译，浙江大学出版社2010年版，第15、32页。

② Nozick R., *Anarchy, State, and Utopia*, Basic Books, 1974, p. 11.

③ Locke J., *An Essay Concerning Human Understanding* (A. C. Fraser, ed.), Clarendan Press, 1894, p. 341.

拥有相同的基本道德地位，处于自然的道德平等状态。我们都是"平等和独立的生命"，"在一个自然界中分享一切"。这两种主张以各种方式发挥作用，支持洛克的正义主张，即"理性……教导全人类……所有人都是平等和独立的，没有人应该伤害他人的生命、健康、自由或财产"①。

由于拥有这些权利，在人们之间进行功利主义的道德平衡就是不可能的。每个人都有自己的生活，每个人都在其中寻求推进个人利益。这一事实对每个人都有实实在在的影响。每个人对此有何反应，表明我们是如何对待以这种方式理解的"独特个体的存在"。这种反应不能是一种功利主义的倾向，即为了他人的更大利益而对一些人做出牺牲，好像个人是作为彼此的手段而存在。这种反应应该是对每个人可能寻求实现其目的的方式的限制，也就是以限制为了实现其目的而对待他人的方式。不同个体的存在"是道德方面约束的基础"，因为认真对待人的分离性就是认真对待这样一个事实：不同的个体，不是"为彼此的使用而制造的"，② 也"不是他人的资源"③。"一个人的行为，至少在别人不受影响的时候，是为了实现他自己的最大利益，尽可能地推进他的理性目的"④。当他人受到影响或可能受到影响时，功利主义的答案是，一个人必须放弃实现自己的利益这一（本来适当的）目标，而致力于推进总体利益。诺齐克的回答是，当他人受到或可能受到影响时，一个人必须谨慎行事，以避免将他人当作自己可以支配的资源。

在人们平等自然权利的前提下，才能继续讨论正义的话题。一个社会是否正义，就在于它能否有效保护人们的自然权利。洛克在写作中较少直接提到正义一词，从书中有关正义的表述中可以发现，《政府论》中提及正义时，大半与法、判决这些概念相联系。一种情况是指作为整体的实体法及如何用法律来惩处侵犯权利的行为。例如，"政府的解体"一章中说，司法（正义）的执行如果不能得到落实，政府也就名存实亡；"论征服"中说正义的作用是惩罚罪行的，当人们的权利被侵犯时要诉诸

---

① Locke J., *Second Treatise of Government*, Hackett Publishing Company, 1980, §6.
② Locke J., *Second Treatise of Government*, Hackett Publishing Company, 1980, §6.
③ Nozick R., *Anarchy, State, and Utopia*, Basic Books, 1974, p. 33.
④ Rawls J., *A Theory of Justice*, Harvard University Press. 1971, p. 33.

法律以求正义，等等。这种运用实体法对权利进行保护的实践就是正义。另一种情况则更专门地涉及财产，如在"论立法权的范围"一章中，洛克指出，立法机关的职责是向社会、向社会成员提供正义，主要途径就是通过立法来划分臣民的权利，其目的是要保护生活在法律之下的人们的财产。可以看出，洛克的正义的本质就是维护财产权，洛克有关财产权的论述，实际上就是有关正义的论述。

在《人类理解论》中，洛克写道，"没有财产权，就无所谓非正义，这个命题和欧几里得的任何解证都是一样确定的。这是因为所谓财产的观念乃是指人对于某种事物的权利而言的，所谓不正义的观念乃是指侵犯或破坏那种权利而言的。这些观念既然这样确立了，而且各有了各的名称，因此，显然我们就可以确知这个命题是真实的"[1]。之后他又说，正义就是"尊重他人诚实劳动所取得的财产，不经同意不得拿走"[2]。为了在实践中明确正义的概念，洛克提出了劳动财产权理论。这个理论包含以下四个要素。第一，世界上的一切是神赐予人类共有的，人类对财产的占有始于这种共有，神的意志要求人类利用这些以保存自身。"人一出生即享有生存权利因而可以享用肉食和饮料以及自然所供应的以维护他们的生存的其他物品。"[3] 这是洛克与同时代的思想家共享的神学背景。要使得共有物品能够有益于个体，首先要将其划归私有。这对确立财产权来说是根本性的，因为其中包含上帝的意志。第二，为了从共有过渡到私有，洛克需要一个中介，这就是"每个人对他自己的人身享有一种所有权，他的身体所从事的劳动和他的双手所进行的工作，我们可以说，是正当地属于他的。所以只要他使任何东西脱离自然所提供的和那个东西所处的状态，他就已经掺进他的劳动，在这上面参加他自己所有的某些东西，因而使它成为他的财产。这……既然劳动是劳动者的无可争议的所有物，那么对于这一有所增益的东西，除他之外就没有人能够享有权利，至少在还留有足够的同样好的东西给其他人所共有的情况下，事

---

[1] [英] 约翰·洛克：《人类理解论》（下），关文运译，商务印书馆1983年版，第540—541页。

[2] [英] 约翰·洛克：《人类理解论》（下），关文运译，商务印书馆1983年版，第559页。

[3] [英] 约翰·洛克：《政府论》下篇，叶启芳、瞿菊农译，商务印书馆2018年版，第17页。

情就是如此"①。一个人拥有的权利相当于对他自己的自我、他的思想和身体的一种绝对主权,洛克一直把这种权利说成是一种财产权。从这种对自己的"所有权"中可以推出,人们对自己的生产劳动也有类似的权利,在此基础上,对自己的劳动产品也有权利。人天然地拥有自己的人身和劳动,是诺齐克后来自我所有权的理论渊源,在确立私有财产权的过程中必须以此作为中介,既然如此,人就只需要把自己的劳动加诸任何原本共有之物上,使它脱离自然状态,就是在共有之物上加上了自己人格的延伸,使其成为他的财产。第三,腐坏原则。财产权的获取并不是没有限制的,必须以"供我们享用为度"②。腐坏原则就是说"谁能在一件东西败坏之前尽量用它来供生活所需,谁就可以在那个限度以内以他的劳动在这件东西上确定他的财产权"③。浪费是不合理的。第四,资源无限原则。就是指一个人在取得财产时,必须"留有足够多的同样好的东西给其他人所有",让其他付出了劳动的人在获得财产时有同样的机会。只有当同时满足第二和第三两个原则时,劳动财产权才能充分合理地建立起来。继而综合这三个原则和劳动财产权,才能真正确立私有财产权,正义概念的基础也由此奠定。

劳动财产权始终处于洛克正义理论的中心,因为在洛克看来,义务而非权利才是劳动的根本性质,一种典型的不正义就是不经过劳动就占有资源,因为这不但违反了自然法,也是财产权的完全反面。即使在讨论有关贫困的问题时,也依然如此。今天一般将贫困现象的原因归结到社会、性别、种族等,这都是结构性原因,并非个人所应该为之负责的。而洛克则认为贫困是懒惰造成的,是个人品德的败坏,贫富问题就带上了道德判断的色彩。洛克赋予劳动以特殊的意义,将之当作他正义应得的标准。以个体行为的结果来衡量正义,洛克的哲学无疑应被归于等级正义的阵营。

---

① [英]约翰·洛克:《政府论》下篇,叶启芳、瞿菊农译,商务印书馆2018年版,第18页。

② [英]约翰·洛克:《政府论》下篇,叶启芳、瞿菊农译,商务印书馆2018年版,第20页。

③ [英]约翰·洛克:《政府论》下篇,叶启芳、瞿菊农译,商务印书馆2018年版,第20页。

## 二 休谟

一般认为，休谟的正义理论是以财产权为中心的。休谟深受洛克的影响，在一定程度上接纳了洛克的理论。他们同样主张个人的生命、自由和财产权利，主张有限政府与法治的优越。但与洛克相比，休谟持有一种更深刻的经验主义和怀疑主义立场，他完全拒斥任何有神论，更不同意洛克道德哲学所主张的宗教天启。对于当时流行的自然状态、社会契约等理论，休谟认为并没有任何证据证明它们曾经存在，只是哲学家的纯粹理性建构而已，"尽管其（时髦的政治学体系）结论是正确的，不过它所根据的原则是错误的"。有关正义的探讨，应当从日常生活的经验出发，通过对历史经验和实践的考察廓清其真实面目，将"同样的结论建立在更为合理的原则上"①。

休谟认为，在一切生物中，人既有着无限的欲望，却又没有与欲望相匹配的手段，为了生存繁衍不得不群居起来，过着最低限度的社会生活。对于任何社会生活来说，最低限度的正义是它形成发展的必要因素，因为"由人类心灵的某些性质和外在对象的情况结合起来所产生的某种不便"②需要正义来加以矫正。这就是正义产生的背景。

### 1. 正义产生的背景和条件

休谟在《人性论》中分析了人类的福利种类："人类所有的福利共有三种：一是我们内心的满意；二是我们身体的外表的优点；三是对我们凭勤劳和幸运而获得的所有物的享用。对于第一种福利的享受，我们是安全无虑的。第二种可以从我们身上夺去，但是对于剥夺了我们这些优点的人却没有任何利益。只有最后的一种，既可以被其他人的暴力所劫取，又可以经过转移而不至于遭受任何损失或变化；同时这种财富又没有足够的数量可以供给给每个人的欲望和需要。因此，正如这些财物的增益是社会的主要有利条件一样，它们的占有的不稳定和它们的稀少却是主要的障碍所在。"③ 在《道德原则研究》中，休谟更进一步指出，人

---

① ［英］大卫·休谟：《人性论·下册》，关文运译，商务印书馆1980年版，第578、587页。
② ［英］大卫·休谟：《人性论·下册》，关文运译，商务印书馆1980年版。
③ ［英］大卫·休谟：《人性论·下册》，关文运译，商务印书馆1980年版，第524页。

类的外部环境是一种适度的匮乏,否定了"对黄金时代的诗意的虚构"和"自然状态的哲学的虚构"① 这两种假定,阐明了正义必然产生及其第一个条件:外部资源的适度匮乏。

正义产生的第二个条件是人的本性。人总是自私的,人的情感最强烈关注的总是自身,其次才扩展到亲人、朋友等。因此人类的行为必然有自我偏向性,是趋乐避苦的。但人同时还具有同情的品质,"经过传达而接受他们的心理倾向和情绪,不论这些心理倾向和情绪同我们的是怎样不同,或者甚至相反",② 因此能够做出慷慨的举动,"我们虽然极少遇到一个爱某一个人胜于爱自己的人,可是我们也同样很少遇到一个人,他的仁厚的爱情总加起来不超过他的全部的自私的感情的"③。当然,这种慷慨有一定的限度,因为人首要的关注还是自身。正是这样的条件(和现实)一方面造成人们的冲突,另一方面制约了人们无限利己,使正义产生成为可能。

在后来的《道德原则研究》中,休谟又补充了一条社会成员之间力量相对平等的表述。当人类面对一种"被造物",它们虽具有理性,但肉体和精神的力量都极为弱小完全无力与人类对抗,人类与这种"被造物"的关系是不平等的,因为它们"不能拥有任何权利或所有权的。我们与它们的交往不能称为社会,社会假定了一定程度的平等,而这里却是一方绝对命令,另一方奴隶般的服从",④ 在这种条件下正义是无法存在的。这显然是说,正义的形成有赖于达成协议各方的力量均衡,各方越是势均力敌,达成并遵守正义规则的可能性就越大。

面对这三种条件或者说困境,人类要维持社会,就必须节制利己,最终,关于财产规则的正义产生了,其最核心的要求就是稳定社会中财物的占有。尽管这些规则最初制定的目的是维护人类自身利益,但客观上这些规则的主要目的都是维护公共利益,以使得文明社会能够平安地发展。所以休谟说正义是有公共效用的,这种对于效用或者利益的重视,

---

① [英]大卫·休谟:《道德原则研究》,曾晓平译,商务印书馆2001年版,第40页。
② [英]大卫·休谟:《人性论·下册》,关文运译,商务印书馆1980年版,第348页。
③ [英]大卫·休谟:《人性论·下册》,关文运译,商务印书馆1980年版,第523页。
④ [英]大卫·休谟:《道德原则研究》,曾晓平译,商务印书馆2001年版,第42页。

具有明显的功利主义倾向。

2. 正义的具体规则

稳定财物的占有对于社会的形成、发展以及其中每个成员的利益都至关重要。为此休谟提出了更具体的正义规则。

(1) 稳定财物占有的原则。在解释正义的起源时,休谟是从外部财物入手的,某种程度上,最初的正义可以看作人们对他人财物没有占有欲时所采取的行动。那么财物或者说所有物如何定义就是正义需要界定的基本问题。休谟从经验出发,认为人们会由于习惯而对自己长期占有的财物更加偏爱,因此正义最急需的就是认可现存的对财物的实际占有,而不是重新分配。

(2) 依据同意的财产转移原则。在稳定占有的基础上,社会奠定了一个有关分配的契约的基础。但是一味追求占有的稳定不变不仅在现实上不可能,也极大地阻碍了人们需求的满足。不仅无法促进社会发展,反而会产生诸多问题。这种僵化的稳定性应当由正义规则来进行调整,最稳妥的方式显然只能是财产所有者的同意。

(3) 履行许诺原则。尽管有了前两条原则,但财产交换由于攸关利益,还需要充分的保证使双方能互相信任,因此就需要一个契约制度,双方做出自己的这种承诺,变相增加了自己的交易成本,展示了履行承诺的决心,从而才使交易成为可能。

通过这三个关于财产权的条件,休谟最终确立了他的正义规则。根据正义规则,人们只能做正义的行为,也就是既对自己有利也对社会有利的行为,通过约束人们的行为,正义规则达到了维护社会中私有财产的目的。

### 三 卢梭

作为近代契约论传统的另一个重要进路,卢梭提供了一个共和主义的视角。《社会契约论》的核心不仅是讨论国家主权的合法性来源,还是如何建立一个正义的平等的社会。卢梭认为以往许多哲学家对自然状态的理解是有问题的,因为他们"把人类只有在社会状态中才有的观念拿到自然状态中来讲:他们说他们讲的是野蛮人,但看他们笔下描绘出来的却是文明人"①。卢梭指出权利问题的产生有以下两个条件：一是人与人之间无法避免的互相交流，二是对于物品的占有观念的产生。也就是"谁第一个把一块土地圈起来，硬说'这块土地是我的'并找到一些头脑十分简单的人相信他所说的话，这个人就是文明社会的真正缔造者"②。这种自然社会也就是社会契约论的起点。尽管卢梭也将自然状态视为一种"战争状态"，③ 但他对霍布斯的解决方案是坚决反对的："有些人说人民当初是无条件地和绝不后悔地投入一个专制的主人的怀抱的，说由飞扬跋扈的人想出的保证公众安全的最好办法是采用奴隶制：这种说法显然是不合理的。因为，说到底，如果不是为了抵抗压迫和保护作为人们的生存要素的财产、自由和生命，他们为什么要一个人来当他们的首领呢？"④ 如果一个人仅仅因为怕死就愿意把自己的所有自由权利让渡给另一个人或者一个政府，这就与自愿接受奴役毫无分别。这样签订的契约与其叫作契约，不如说是投降书。建立在这样的契约基础上的国家权力也不可能是正义的。

可以看出，上述对霍布斯的反驳明显有着洛克的痕迹，但卢梭对洛克式的契约论同样并不赞同。卢梭认为所有权"是人们协定和制度的产物"，⑤ 人类一旦从自然状态进入文明状态，有了私有的观念，就开始玩弄阴谋和欺骗。归根到底，私有制是人类社会不平等的起源。卢梭不仅不会把私有财产权当作人的自然权利，还会在自己设想的正义社会中巩固国家在私有财产权面前的强势地位，使社会免于不平等与不正义。

那么，卢梭所说的"人是生而自由的，但却无往不在枷锁之中"⑥ 就

---

① ［法］让-雅克·卢梭：《论人类不平等的起源和基础》，李平沤译，商务印书馆2017年版，第49页。
② ［法］让-雅克·卢梭：《论人类不平等的起源和基础》，李平沤译，商务印书馆2017年版，第87页。
③ ［法］让-雅克·卢梭：《论人类不平等的起源和基础》，李平沤译，商务印书馆2017年版，第101页。
④ ［法］让-雅克·卢梭：《论人类不平等的起源和基础》，李平沤译，商务印书馆2017年版，第107页。
⑤ ［法］让-雅克·卢梭：《论人类不平等的起源和基础》，李平沤译，商务印书馆2017年版，第111页。
⑥ ［法］让-雅克·卢梭：《社会契约论》，何兆武译，商务印书馆2003年版，第4页。

可以理解为,在无法避免的人与人之间的相处中,如何可能解决权利的冲突问题。一种消极的权利观会认为,每个人的权利都是有限度的,这个限度就是不能侵犯他人的权利、能够与他人的权利共存。共同体的法律应当确认和保障这种限度,如此就可无损于各人拥有的权利。但卢梭更进一步,认为权利不仅是无限制,还要不对他人的意志屈从。但是政治社会必须要求对其所制定的法律的服从,因此卢梭首先将强力建立的权力的合法性予以排除,"强力并不构成权利,而人们只是对合法的权力才有服从的义务"①。在合法权力的来源是同意这一点上,卢梭与霍布斯、洛克是一致的,只有"约定才可以成为人间一切合法权威的基础"②。但只有同意尚不足以充分保障权利,卢梭认定,在正义的契约之中情况应该是"每个结合者及其自身的一切权利全部转让给整个集体",③因此保障每个人权利的关键就在于既服从集体的公共权力,个人之间的权利又互不侵犯,如卢梭所言,"要寻找出一种结合的形式,使它能以全部共同的力量来卫护和保障每个结合者的人身和财富,并且由于这一结合而使得每一个与全体相连合的个人又只不过是在服从其本人,并且仍然像以往一样地自由。"④

可以看出,只有当个人所服从的集体公共权力与自己的意志同一的时候,当个人服从于公共权力等同于服从自己的意志,权利才能得到根本性的保障,卢梭在此指出了一条保障权利的积极路径。这样一个集体公共权力的依据必须是一种普遍存在的意志,即卢梭所说的公意。"我们每个人都以其自身及其全部的力量共同置于公意的最高指导之下,并且我们在共同体中接纳每一个成员作为全体之不可分割的一部分。"⑤ 人们通过这一契约结成共同体,产生了包含每一个成员在内的公共权力,即主权。

卢梭同时区分了公意和众意。当共同体内的个人由于身为主权者的成员而参与权力行使过程时,其依据并非个人意志。公意并非所有个人

---

① [法]让-雅克·卢梭:《社会契约论》,何兆武译,商务印书馆2003年版,第10页。
② [法]让-雅克·卢梭:《社会契约论》,何兆武译,商务印书馆2003年版,第10页。
③ [法]让-雅克·卢梭:《社会契约论》,何兆武译,商务印书馆2003年版,第19页。
④ [法]让-雅克·卢梭:《社会契约论》,何兆武译,商务印书馆2003年版,第19页。
⑤ [法]让-雅克·卢梭:《社会契约论》,何兆武译,商务印书馆2003年版,第20页。

意志的简单总和，这种总和是无法实现公意与个人意志的统一的，必然会产生部分人不得不服从他人意志的后果。即使是自身意志占据优势的那部分人，卢梭也认为他们是不自由和无保障的，因为在这种不合法不正义的共同体中，主人和奴隶的自由和保障都难以实现。"公意和众意之间经常总是有很大的差别；公意只着眼于公共的利益，而众意则着眼于私人的利益，众意只是个别意志的总和。"① 这表明卢梭对洛克主张的少数服从多数的民主原则持否定态度，"使意志得以公意化的与其说是投票的数目，倒不如说是把人们结合在一起的共同利益"②。

那么关键就在于如何对公意的内容进行判断以及进行判断的主体是谁。尽管公意可以永远正确，指导公意的判断却并非如此。卢梭式的社会契约本身只约定了人们对公意的服从，而并没有任何有关公意的具体内容，无法像罗尔斯那样产生正义原则。卢梭设想的公意是以法律的形式存在的，法律需要立法者，实际上也就是人来制定，如果共同体成员无法认识到公意，就需要一个能够认识公意的立法者。尽管立法者并不是自行立法，而是将它认识到的公意加以编辑。最后，要保证公意的实现，对立法者和公民的德性要求是极高的，这并不切实际，卢梭构想的共和国要建立起来难度极大。

虽然卢梭对公民与主权者分别拥有哪些权利尽力做了区分，区别作为臣民的义务和作为人享有的权利，试图为共同体中的个人保留一些消极意义上的权利，并且要求主权者不可无理由地约束成员，但主权者还是具有"支配它的各个成员的绝对权力"，③ 国家权力无远弗届，必然在事实上造成对个人权利的压制，迫使人们自由，最终会损害卢梭重视的自由与正义。

在卢梭的平等正义观中，平等的对象并不限于权利的形式平等，他已经认识到虚幻的权利平等和社会经济不平等的对立，其平等正义理论是批判性的。卢梭不仅批判了社会的、政治的和财富的不平等，还指出："在坏政府的下面，这种平等只是虚有其表；它只能保持穷人处于贫困，

---

① ［法］让-雅克·卢梭：《社会契约论》，何兆武译，商务印书馆2003年版，第35页。
② ［法］让-雅克·卢梭：《社会契约论》，何兆武译，商务印书馆2003年版，第40页。
③ ［法］让-雅克·卢梭：《社会契约论》，何兆武译，商务印书馆2003年版，第38页。

保持富人处于占有。事实上，法律总是有利于享有财富的人，而有害于一无所有的人；由此可见，唯有当人人都有一些东西而又没有人能有过多的东西的时候，社会状态才会对人类有利。"① 卢梭认为，种种不平等最终都归结为财富的不平等，要促进社会平等和正义，并不是要消灭私有制，而是要限制过于巨大的财产。要使得没有一个公民可以富得足以购买另一个人，也没有一个公民穷得不得不出卖自身。② 这个设想看似平均主义，仍然是以私有制为前提的。卢梭的平均主义无法解决人类发展中的不平等与不正义，却是强烈的非等级正义的追求，他对私有制的批判也深深地启发了马克思。

## 第三节 康德与黑格尔的正义思想

作为马克思所说"法国革命的德国理论"，德国古典哲学尽管本质上仍是从属于启蒙的，但采取了非常不同的理论形式，因此必须予以单独讨论。

### 一 康德

康德哲学在渊源上受到卢梭的极大影响。康德说，在开始阅读卢梭之后他才"开始学会尊重人，而且如果我认为我所考虑的事情无助于确立一切人的权利和价值，我就会自认不如一个普通劳动者有用"③。康德认为仅仅探寻局限于某种特定情况下的正义概念还不够，真正需要的是对正义本质的理解，是一个有关什么是正义或不正义的普遍哲学标准，足以成为实际政治制度的哲学基础。因此，仅仅在经验的原则中找寻正义是远远不够的，还应该将范围扩展至纯粹的理性。据此，他指出正义应具有三个特征。

首先，正义仅仅与人们之间在实践活动中所产生的关系相关，其前

---

① [法] 让-雅克·卢梭：《社会契约论》，何兆武译，商务印书馆2003年版，第30页。
② [法] 让-雅克·卢梭：《社会契约论》，何兆武译，商务印书馆2003年版，第66页。
③ [美] 列奥·施特劳斯、[美] 约瑟夫·克罗波西主编：《政治哲学史》下册，李洪润译，法律出版社2009年版，第686、676页。

提条件是人们相互之间发生了影响；其次，正义涉及的是人们在自由意志驱动下所做的行为之间的关系，也就是人们的自由行为如何能够共存的问题；最后，正义与人们之间发生怎样的相互意志行为没有关系，只与"意志相互之间发生的行为的形式"有关。① 可见康德提出的正义概念是完全形而上的，并不包含任何具体的经验内容，是一种先天的纯粹理性。随后康德的正义表述为："根据一条普遍的自由法则，正义是由整个的条件集合而成，在这些条件集合之下，任何一个人的自愿的行为可以与在现实中任何其他的人的自愿的行为相协调一致。"② 并且，"每一个人的行为在其自身或者在这样一个原理中，通过这个原理，它能够与每一个人的以及所有人的意志自由相并存"③。康德的正义原则与伦理或一般道德法则有一个重要区别在于，伦理或一般的道德法则是内在层面的规定，而正义原则所决定的还有人们之间在自由意志的作用下行动后所产生的相互关系，最终目的是使人们自由意志驱动的行为与他人的能够并存。

可见康德的正义与自由有着密切的关系，并且，"正义是对于每个个体的人的自由的限制以便使得个体的自由与他人的自由相一致（因为只有在普遍的法则之下这才是可能的）"④。因此，要把握康德正义概念，对他的自由概念也要有一定了解。

在《纯粹理性批判》讨论自由和自然的二律背反时，康德涉及了自由的概念（主要是先验的自由）。总的来说，康德自由概念包含三个层次，第一层是先验的或者说理论的自由，第二层是实践的自由，第三层是自由感。⑤ 首先是消极意义上的自由，这种自由意味着主体具有独立

---

① Kant, *The Philosophy of Law: An Exposition of the Fundamental Principles of Jurisprudence as the Science of Right*, Trans by W. Hastie, Edinburg: Clark, 1887, p. 36.

② Kant, *The Philosophy of Law: An Exposition of the Fundamental Principles of Jurisprudence as the Science of Right*, Trans by W. Hastie, Edinburg: Clark, 1887, p. 36.

③ Kant, *The Philosophy of Law: An Exposition of the Fundamental Principles of Jurisprudence as the Science of Right*, Trans by W. Hastie, Edinburg: Clark, 1887, p. 37.

④ ［德］伊曼努尔·康德：《道德形而上学的奠基》，载《康德著作全集》第4卷，李秋零编译，中国人民大学出版社2013年版，第73页。

⑤ 邓晓芒：《康德自由概念的三个层次》，载《康德哲学诸问题》，生活·读书·新知三联书店2006年版，第199—204页。

性,是相对于经验世界而存在的;其次是积极意义上的自由,也就是主体有能力自动开创一个因果关系。这两种意义的自由都包含在实践自由中,实践自由首先是自由的任意,个人可以做自己愿意的事情而不考虑是否与他人一致。在康德看来,这种自由是感性的,体现着任意或放纵,不是真正的自由。其次是自由的意志,要求个人运用理性和逻辑的力量,抵制感性冲动的直接性,思考自身行动与他人的行动如何能在最大普遍的程度上达到协调与和谐。自由的意志普遍性的理性作为前提,对于康德来说自由的意志才是真正的自由。

因此,自由有其限制条件,当人们运用自由意志行动时,应该同时考虑到他人的自由意志,行使自身的自由不能侵犯他人的自由。可见康德对正义的理解正是基于他对自由的理解,正义就是保障共同体中个体的外在行为与他人的外在行为相协调。当我们理解这一点,就可以理解"严格的法权也可以被表现为一种与每个人根据普遍法则的自由相一致的普遍交互强制的可能性",[①] 因为严格的正义主要关注的是人们表现出的行动及其关系,不同于伦理规范主要关注的是个体行动的动机。由于正义已经包含了自由的界限,也就是所有人的自由彼此限制,那么正义的原则自然也包含了对自由的限制。因此正义具有强制性,并对所有人一视同仁。

在正义原则的内容得以明确后,有必要证明正义原则的普遍性和必要性,即人类为什么必须从自然状态过渡到社会状态。康德认为,正义可以划分为"自然法权"和"实证法权"。自然法权构成私人法权,实证法权构成公共法权,二者共同组成《道德形而上学》的主要内容,康德的整个正义原则就是在私人法权和公共法权的语境下展开讨论的。在自然状态中,只有私人的法权,在社会状态中才有公共法权。[②] 康德定义中的自然状态是"其中没有分配正义的状态,……与它相对立的,不是可以叫作一种人为状态的社会状态(如阿亨瓦尔所认为),而是处于一种分

---

① [德]伊曼努尔·康德:《道德形而上学》,载《康德著作全集》第6卷,李秋零编译,中国人民大学出版社2013年版,第240页。

② [德]伊曼努尔·康德:《道德形而上学》,载《康德著作全集》第6卷,李秋零编译,中国人民大学出版社2013年版,第265页。

配正义之下的社会的公民状态；因为即便在自然状态中也可能存在合乎法权的社会"①。自然状态除了具有理念性，同时也具有实在性。② 还必须补充的是，康德尽管也认为自然状态是战争状态，但还是存在一定限度的法律，如婚姻、所有权、家庭制度等，只是并没有被固定为强制的义务，以致当个人正义之间互相冲突时没有普遍有效的方式来解决问题，保障个人的正义和权利。

于是人类必然会从自然状态进入公民状态："人们履行义务的第一件事情就是接受这样的一条原则，即：必须走出每个人都按自己的想法行事的自然状态，并与所有其他人（他不可能避免与他们陷入彼此影响中）联合起来，服从一种公共法律的外在强制，因而进入这样一种状态，在其中每个人都在法律上被规定了他应当得到的东西，并通过充足的权力（不是他自己的权力，而是一种外部的权力）去分享它。"③ 这种公民状态是法律的状态，法律的强制力保障个人的正义、自由和财产权。因此，一个有理性的人必然会同意进入公民状态，在这种状态中，人们能够感觉到安全，受到法律的保障，享有实在的正义。这种人类社会状态的转换就保障了正义原则的现实条件。

公民状态还需要一定的现实性基础，那就是三个由正义原则所引申出来的先天原则，"一、作为人类社会每一成员的自由，二、作为臣民的个体间的平等，三、作为共同体公民的成员的独立"④。具体地说，第一点是指人的自由是共同体法律的原则，追求个人幸福只是个人的正义与自由领域内的事务，属于个人道德的范畴，他人或是政府都无权干涉。第二点是指除国家元首外，共同体中的其他成员相互之间都有相互强制的权利。这样一来所有成员就是实际上平等的，但元首如果与成员平等就不再是元首了，这是不可能的，因此平等原则仅限于臣民间的平等

---

① [德]伊曼努尔·康德：《道德形而上学》，载《康德著作全集》第6卷，李秋零编译，中国人民大学出版社2013年版，第319页。

② [德]伊曼努尔·康德：《纯粹理性批判》，邓晓芒译，人民出版社2004年版，第9页。

③ [德]伊曼努尔·康德：《道德形而上学》，载《康德著作全集》第6卷，李秋零编译，中国人民大学出版社2013年版，第322页。

④ Kant, *Political Writings*, Edited by H. S. Reiss, Trans by H. R. Nisbet, Cambridge: Cambridge University Press, 1970, p. 74.

(尽管这一点与康德自己所说的正义的普遍性相悖)。第三点是为了保障共同体中的法律和正义。在康德看来，正义的存在和实现都依赖于法律，为了使立法能遵循正义的原则，法律必须按照共同体的公意来制定，共同体中的公民就是共同的立法者。这就要求所有公民在政治上是独立的，独立表达自己的意志，而不是代表某派别某集团的利益，才能保障法律的正义。这个熟悉的思想源自卢梭的公意，在康德这里，是指超越私利指向共同善的意志，凡出自这个意志的法律都是正义的。

康德"人是目的""绝对命令"和"永久和平"的思想对后世影响深远，但也常常被批评为"纯粹的主观性"，这种缺陷极大地激发了黑格尔统一主观性和客观性的努力。

## 二 黑格尔

在黑格尔的著作中，正义概念遍布各个思想阶段，贯穿于他对财产权、市民社会、国家和自由等主题的具体分析中。

黑格尔的正义理论强调财产权利在人类政治活动中的首要作用："人为了作为理念而存在，必须给它的自由以外部的领域。"[①] 所谓外部的领域首先是指财产权（所有权），在对外在物能够占有、使用、转让等的基础上，自由意志才能从纯粹理念转化为具体的权利主体，并通过对物的占有、使用和转让等行动实现自身。在由纯粹主观性转化为客观定在的过程中，自由意志必须通过一个中介，那就是财产权。因此黑格尔指出，"所有权所以合乎理性不在于满足需要，而在于扬弃人格的纯粹主观性。人唯有在所有权中才是作为理性而存在的"[②]。自由和正义的基础是财产权的存在，这是黑格尔对传统政治哲学的一脉传承。

但为了展开自己的正义设想，黑格尔对财产权还做出了相应的批判。总的来说，财产权诚然是自由意志最初的基础，自由意志要自我展开必须依赖于财产权，但财产权绝非自由意志的全部内容，对于自由意志的整体表达只是起到相对次要的作用。并且，究其本质而言，财产权只可能是私有财产权，因为自由意志的现实化为人格后只可能是单一的，作

---

① ［德］黑格尔：《法哲学原理》，范扬、张企泰译，商务印书馆1961年版，第50页。
② ［德］黑格尔：《法哲学原理》，范扬、张企泰译，商务印书馆1961年版，第50页。

为人格定在的财产权也必然是单一的，亦即私人的、私有的。自由意志在黑格尔哲学中是一个统合了若干对相互对立的范畴的概念，而财产权只是一个特殊性规则，自由意志无法只凭借它的存在获得具体实现，在这一过程中必然被超越。因此，尽管黑格尔认为，一般来说对财产权的侵犯是不可容忍的，但当财产权与生命权冲突时，生命权具有更高的优先性。之所以如此，是因为生命权是本身人格的直接定在，具有基础性和先在性，只有当自由意志首先表现为生命权后，才有基础承担财产权等一系列其他定在。"在特殊情况下，仅仅生命权本身就能成为道德行为的理由和根据。"① 为此黑格尔对紧急避险的概念进行了详细的论述。"当生命遇到极度危险而与他人的合法所有权发生冲突时，它得主张紧急避难权"，"生命作为各种目的的总和，具有与抽象法相对抗的权利。好比说偷窃一片面包就能保全生命，此时某一个人的所有权固然因而受到损害，但是把这种行为看作寻常的盗窃，那是不公正的……因为克制而不为这种不法行为这件事本身是一种不法，而且是最严重的不法，因为它全部否定了自由的定在"。② 也就是说，在极端情况下，对生命权的否定就是对人格、对普遍法律资格的全面否定，财产权也不能超越这一点，因此生命权要高于财产权。

继而，围绕财产权在现实社会中的地位，黑格尔对市民社会也展开了批判。洛克认为，人们通过缔结契约的方式组成国家，其目的就是保障私有财产权，"政治权力就是为了规定和保护财产而制定法律的权利"，③ 正义的国家必须保护人民的生命、自由和财产。黑格尔反对这一观点："如果把国家想象为各个不同的人的统一，亦即仅仅是共同性的统一，其所想象的只是指市民社会的规定而言。"④ 市民社会与国家并不是等价概念。如果说市民社会的正义是保障财产权，由于财产权本质上的私有性，市民社会在本质上最关注的也只能是私人利益、个体自由，无

---

① 高兆明：《心灵秩序与生活秩序：黑格尔〈法哲学原理〉释义》，商务印书馆2014年版，第68页。
② [德] 黑格尔：《法哲学原理》，范扬、张企泰译，商务印书馆1961年版，第130页。
③ [英] 约翰·洛克：《政府论》下篇，叶启芳、瞿菊农译，商务印书馆2018年版，第2页。
④ [德] 黑格尔：《法哲学原理》，范扬、张企泰译，商务印书馆1961年版，第197页。

法实现全部人的自由。在财产权这个特殊性原则的作用下，必然产生贫困与贫富悬殊，随即可能导致人的生命权被侵害，这绝不是正义的生活。

对此，黑格尔的解决方案是国家正义，只有在国家中才能实现具体的自由，能够充分发展个人的单一性及财产权等特定权益。"现代国家的原则具有这样一种惊人的力量和深度，即它使主观性的原则完美起来，成为独立的个人特殊性的极端，而同时又使它回复到实体性的统一，于是在主观性的原则本身中保存着这个统一。"① 在国家这个制度化的实体中，个人的主观性才有转化为现实的可能性，权利和义务统一于个人之中，平等和正义的理想才能最终得到实现。在国家中，对正义的追求不再限于对私有财产的保护、对个人自由的强调，而是共同体中个人的自由和实现。

## 第四节 欧美现当代正义思想

欧美现当代正义思想肇始于《正义论》的问世，主要作家是罗尔斯及其最强有力的批评者诺齐克，因此本节主要介绍罗尔斯和诺齐克的正义思想。罗尔斯显著地受到马克思影响，但他对生产所有制之决定性意义的忽视，证明他仍不是马克思主义阵营的，其正义思想光谱属于温和的自由主义。诺齐克则是反马克思主义的，其正义主张严重地缺乏社会责任意识，既是不现实的，也是不道德的，无论其形式上多么雄辩都少有说服力，也都必须予以马克思主义批判，这是我们必须注意的。

### 一 罗尔斯

罗尔斯的正义理论有着洛克和卢梭契约论和康德道德哲学的深刻烙印，他在《正义论》序言中就说："我一直试图做的就是要进一步概括洛克、卢梭和康德所代表的传统社会契约论，使之上升到一种更高的抽象水平。这种理论看来提供了一种对正义的系统解释，这种解释在我看来不仅可以替换，而且或许还优于占支配地位的传统的功利主义解释。"②

---

① ［德］黑格尔：《法哲学原理》，范扬、张企泰译，商务印书馆1961年版，第260页。
② ［美］约翰·罗尔斯：《正义论》，何怀宏等译，中国社会科学出版社1988年版，序言。

《正义论》中罗尔斯的正义理论主要是一种完备性、普遍性的规范正义理论,社会中的每个人要生存、发展,都需要一些最基本的物质和条件,如自由、机会、收入等,罗尔斯称之为"基本善",他的两个正义原则就是为了解决基本善的分配。在两个正义原则确立之前,有一个复杂的前提:原初状态。原初状态与契约论的自然状态有相似之处,是对正义环境的一种描述但更抽象。罗尔斯仅仅把其当作纯粹理论的论证方式,而且从中要证明的也不是某种具体的制度,而是适用于一切社会的抽象而普遍的正义原则。

原初状态要求三方面的条件:第一,处于原初状态中的主体相互间是自由、平等的,并且有做出选择所必需的理性;第二,原初状态中的人们被无知之幕所遮蔽,也就是说他们在对社会基本结构和正义原则做出选择时对于相关信息一无所知,不论是社会地位、智力、体力、社会客观状况等都毫不知晓;第三,原初状态中人们的资源占有情况是恰好无法使所有人都满足其需要的匮乏,互相之间的关系也很冷淡,在进行选择时的心态是互不嫉妒、毫不偏激的。在这种条件下,罗尔斯认为处于原初状态的人们在理性的作用下只可能选择他的两个正义原则。

罗尔斯的两个正义原则的基本内容是"所有的社会基本善——自由与机会、收入与财富都应平等地分配,除非对一些或所有社会基本善的一种不平等分配有利于最不利者"①。具体来说,第一原则的内容是"每个人对与所有人所拥有的最广泛平等的基本自由体系相容的类似自由体系都应有一种平等的权利"②。基本自由包括政治自由(选举和被选举权)、言论和集会自由、良心和思想的自由、个人自由和保障个人财产的权利,等等。由于每种基本自由都不是无限制的和绝对的,这些基本自由应当作为一个整体加以理解。第一原则又称为平等自由原则,规定的是公民的基本权利和义务,要求在公民之间平等地分配基本自由。这里的平等并不是享有相同份额的权利,而是每个人的权利是平等的,有关

---

① [美]约翰·罗尔斯:《正义论》,何怀宏等译,中国社会科学出版社1988年版,第292页。

② [美]约翰·罗尔斯:《正义论》,何怀宏等译,中国社会科学出版社1988年版,第101页。

基本自由的制度平等地适用于每一个人,"一个正义的社会中的公民都具有同样的基本权利"①。但是在现实中,人们事实上往往享有不平等的自由。罗尔斯认为,自由的权利虽然是人人平等的,但并不意味着自由的价值也人人平等。由于贫困、教育等原因,许多人没有手段实现自由的价值。这种情况不属于自由权利的不平等,要解决这个困境,需要第二个正义原则。

"社会和经济的不平等应这样安排,使它们:(1)在与正义的储存原则一致的情况下,适合于最少受惠者的最大利益;并且(2)依系于在机会公平平等的条件下职务和地位向所有人开放。"② 第二原则允许人们在收入和财富方面有差别,前提是满足设置的两个条件,这两个条件分别被称为差别原则和机会均等原则,同时,机会均等原则优先于差别原则。

罗尔斯对"两个正义原则"的陈述不是一蹴而就的,而是在提出初步陈述之后不断设问,考察各种情形,反复论证比较,最后才达到一种成熟的表述。③

当罗尔斯"以一种暂时的形式"第一次表述正义的两个原则时,其中的第二个原则是这样的:"社会和经济的不平等应这样安排,(1)既能合理地预期对每个人有利,又(2)附属于向所有人开放的职位和地位。"④ 罗尔斯承认,这个表述中"有两句含糊的短语",即"对每一个人都有利"和"向所有人开放",它们可能造成不同的理解。就是说,从理论上来看,存在着对社会和经济的不平等安排的不同方式,而不是只有唯一的安排方式,它们都有可能被认为是符合每个人利益的。而"职位和地位向所有人开放"也存在着同样的理解误差:究竟是根据一种自然的状况,造成职位和地位事实上只向有才能者开放,还是应该通过制度安排,使一切社会成员都具有某种才能,从而使有意愿的人都可能去争取他们想要的职位和地位?罗尔斯需要比较对上述两个含糊短语的不同解释,以便

---

① [美]约翰·罗尔斯:《正义论》,何怀宏等译,中国社会科学出版社1988年版,第61页。
② [美]约翰·罗尔斯:《正义论》,何怀宏等译,中国社会科学出版社1988年版,第99页。
③ 此处引自 *A Theory of Justice*, *Revised Edition*, Harvard University Press, 1999。
④ Rawls J., *A Theory of Justice*, *Revised Edition*, Harvard University Press, 1999, p. 53.

确定哪种制度安排是更可取的，能够充分承诺"公平的正义"。

罗尔斯指出了对上述含糊短语的四种可能解释，分别称为自然的自由平等、自由的平等、自然的贵族制和民主的平等（当然还有其他可能的解释，罗尔斯自己就在脚注中承认，"理想的封建制也可能试图满足差别原则"①）。不过，必须注意的是，正义的第一个原则，"每个人对与其他人所拥有的最广泛的平等基本自由体系相容的类似自由体系都有平等的权利"，②即每个人都拥有同样的自由这一点，在《正义论》中是基本没有变化的，罗尔斯对这个原则的解释也非常少，而且也几乎没有引起过什么争论（诺齐克也完全认同这个原则）。这并非由于正义的第一个原则不重要，它"词典式"地优先于第二个原则。而是这个原则早已成为现代文明的共识，并已成为大多数国家普遍的和现实的制度安排，不再需要多费笔墨。这个原则本质上强调的是一种面对自由的形式平等，即"人人生而自由"，也包含了启蒙口号"自由、平等、博爱"中自由与平等的意义：每个人都同样自由，因此每个人也都同样平等。正是由于这个原则的坚实存在和"词典式优先性"，"自然的贵族制"和"理想的封建制"就只在某种抽空了制度前提的纯粹类比意义上还有价值，而不可能再次成为现实的制度安排了，因此罗尔斯真正在意的只有"三种解释"，而他的立场是预先声明的，即"我采用民主的平等的解释"③。

罗尔斯认为人们事实上的不平等主要有两方面原因，一是社会因素，二是自然因素，而他的第二正义原则的两条规定能够相应地解决这两方面的不平等。

对社会因素导致的不平等来说，机会均等原则是这样说的："在社会的所有部分，对每个具有相似动机和天赋的人来说，都应当有大致平等的教育和成就前景，那些具有同样能力和志向的人的期望，不应当受到他们的社会出身的影响。"④ 当社会因素的影响被消除之后，就由差别原

---

① Rawls J., *A Theory of Justice*, Revised Edition, Harvard University Press, 1999, p. 64.
② Rawls J., *A Theory of Justice*, Revised Edition, Harvard University Press, 1999, pp. 53, 220.
③ Rawls J., *A Theory of Justice*, Revised Edition, Harvard University Press, 1999, p. 57.
④ ［美］约翰·罗尔斯：《正义论》，何怀宏等译，中国社会科学出版社1988年版，第69页。

则来解决自然因素导致的财富、职务和地位的获取方面的不平等。这两个原则一起构成第二正义原则的有机整体，不可分割。

罗尔斯的差别原则表明，他有着较弱意义上的非等级正义观。差别原则以社会中处于最不利地位者为地平来衡量机会和财富的分配是否正义，在经济方面是优先考虑处境最差者的。利益的分配应首先考虑社会中处境最差者，然后依次上升直至社会条件最幸运者或天赋最高者，每一个天赋较高者都有义务帮助处于最不利地位的人。只有当处于最不利地位的人都认为这种不平等是可以接受的，才能真正地达到"对每个人都是有利的"这个结果。罗尔斯希望通过这种再分配机制使社会所有成员都处于平等地位，限制社会地位和收入财富的不平等，这使他在价值上更靠近非等级正义的一端。

但同时他的差别原则也是较为温和的，首先，罗尔斯并非平均主义者，只是对差别进行一些限制，而不是要完全取消差别。其次，尽管承认在地位和财富方面必然存在差别，但罗尔斯的目的并不是为之辩护，而是对通过限制这些不平等，首先在经济利益方面达至相对平等，最终达至政治方面的平等，实现社会正义。如此一来，两个正义原则所构成的词典式次序就很容易理解了。为什么罗尔斯要"以一种暂时的形式"陈述正义的两个原则，并任由容易引起争论的两个含糊短语的存在，然后展示和比较对两句含糊短语的"三种解释"？这首先当然是因为"真理越辩越明"，他需要通过比较和逐步推导，证明"民主的平等"的解释是最公平因而也是最正义的，并且兼容于效率原则的，总之是最好的；其次也意味着，即使罗尔斯并未明确地表达出来，但他认为（或者毋宁说本书认为）存在着一种关于平等的观念和制度安排的演进过程，"正义总是表示着某种平等"[①]，人和人之间越来越多、越来越好的平等是文明进步的一个趋势，资本主义从发蒙开始就追求平等，它在建立了普遍形式平等的基础上理应将平等推广到更多实质的方面。

正义的第一个原则是无争议的，即"经济大致是一种自由市场体系"，[②] 即资本主义经济体系，这个大前提受到包括"自然的自由平等"

---

[①] Rawls J., *A Theory of Justice*, *Revised Edition*, Harvard University Press, 1999, p.51.

[②] Rawls J., *A Theory of Justice*, *Revised Edition*, Harvard University Press, 1999, p.57.

在内的"三种解释"的普遍认同。在此前提之下,"自然的自由平等"认为,所谓"地位和职务向所有人开放",就是要建立一种基本的社会结构,使得所有"能够和愿意"去努力争取某种地位和职务的人,都拥有同样的权利,他们的努力争取都是被同等地允许的。"能够和愿意"是罗尔斯对"自然的自由平等"将会如何解释"向所有人开放"这一短语的描述,① 这意味着,"自然的自由平等"为"地位和职务向所有人开放"设置了一道门槛,那些努力争取某种地位和职务的人一方面必须是有意愿的,另一方面也必须是有能力的,而社会将拒绝为他们是否具有这种意愿和能力负责;相应地,"符合每个人的利益",就是"给出了一个分配财富和收入、权力和责任的方案,无论这种分配结果如何,都是公平的"②。这种公平的分配方式也就是一种完全自由的市场经济制度。可见"自然的自由平等"承诺的就是人们熟悉但已悄然远去的早期自由资本主义。

"自然的自由平等"解释当然可以说是主张平等的:政治上不再有封建等级制度,没有一个或一些地位和职务需要贵族身份而将其他人拒之门外,即使其他人中有些人具有比贵族更好的才干和品德,经济上也没有特许和专营制度,每个人都有同等的权利从事他想要从事的任何经济活动,并发财致富。就社会的基本结构而言,在政治和法律的层面,社会成员确实完全彼此平等,并且这正是启蒙运动要求的那种平等,也是早期资产阶级向封建君主所要求的那种平等。

但这种平等只是纯粹的形式,因为每个人的"能够和愿意",亦即意愿和能力,可能天差地别。一个人的能力受到两方面的影响,一是先天的禀赋制约,不是每个人都像姚明那样高从而适合打篮球;二是后天的环境制约,出生在肯尼亚山区的孩子不能指望像出生在曼哈顿富人区的孩子那样成功,即使他比后者更加努力。这两种制约直接影响到一个人意愿的形成,在没有外力帮助的情况下,肯尼亚山区的孩子很难自觉形成某种高远的志向,他甚至都不会知道那种高远志向的存在。此时,"自然的自由平等"说每个人都能平等地进入政治和经济领域参与竞争,就

---

① Rawls J., *A Theory of Justice*, *Revised Edition*, Harvard University Press, 1999, p. 57.
② Rawls J., *A Theory of Justice*, *Revised Edition*, Harvard University Press, 1999, p. 58.

像说一个儿童和一个壮汉能够平等地参加同一场拳击比赛一样没有意义。"自然的自由平等"名为平等,实际上承诺了两种不平等,一是起点的不平等,即让"能够和愿意"完全不同的人去竞争同一个目标;二是结果的不平等,即一些人得到的极少,一些人得到的太多。正如罗尔斯所说的那样,自然的自由平等"由于没有努力保持社会条件的平等或相似性,除非这是保持必要的背景制度所必需的,所以任何时期的资源初始分配都会受到自然和社会偶然因素的强烈影响"[1]。自然的偶然因素是天赋,社会的偶然因素是环境,它们极不平等的分布在罗尔斯看来纯粹是任意的,从而在道德上是不应得的,这种起点的不平等必将造成竞争结果的不平等。因此,"自然的自由最明显的不正义之处在于,它允许分配份额不适当地受到这些从道德角度来看如此任意的因素的影响"[2]。

这里的关键在于,为什么资源分配受到自然运气和社会偶然因素的影响是不正义的?在罗尔斯看来,自然运气和社会偶然因素的分布不仅极不平等,并且更重要的是当事人对此完全无能为力,因而是人们所不应得的。用柯亨的话来说,自然运气和社会偶然因素是"行为者自身没有理由为之负责的"[3],无论从积极的方面看还是从消极的方面看都是如此,因而是任意的。[4]

罗尔斯(以及柯亨)的上述思想明显受到马克思的影响和启发[5]:在《哥达纲领批判》中,马克思把共产主义社会第一阶段消费资料的分配原则称为"资产阶级权利","默认劳动者的不同等的个人天赋,从而不同等的工作能力,是天然特权"。[6] 这个原则实际上是"劳动结果面前人人

---

[1] Rawls J., *A Theory of Justice*, *Revised Edition*, Harvard University Press, 1999, p. 62.

[2] Rawls J., *A Theory of Justice*, *Revised Edition*, Harvard University Press, 1999, p. 63.

[3] Cohen G. A., "Why Not Socialism?", Broadbent E., *Democratic Equality: What Went Wrong?*, University of Toronto Press, 2001, p. 62.

[4] 柯亨显然完全认同罗尔斯,并且把罗尔斯的这个思想往前推进,要求彻底消除这两个因素对资源分配的影响,而不是如罗尔斯所主张的那样仅仅采取某种"补偿原则",本章将讨论这个问题。

[5] 罗尔斯深入地讲评过《哥达纲领批判》和马克思的其他著作,并对马克思的反对"自然抓阄"等思想表示理解与同情。Rawls J., Freeman S., *Lectures on The History of Political Philosophy*, Harvard University Press, 2008, p. 367.

[6] 《马克思恩格斯文集》第3卷,人民出版社2009年版,第435页。

平等"，也就是社会主义初级阶段的按劳分配原则：多劳多得，少劳少得，不劳不得。这个原则所没有考虑的是，由于残疾或疾病等原因，有的人无法进行正常的劳动，所获得的消费资料则无法维持正常生活，造成这种情况的原因是其本人没有理由为之负责。马克思更进一步主张，那些需要照顾更多家庭成员的劳动者，即使劳动的质和量与别人一样，也会比没有人需要照顾的人生活水平更差，这种不平等同样不合理，在共产主义社会第一阶段之后最终也应消除。①

"自由的平等"解释对平等有着更多的偏好，同意采取一些措施以消除或者减轻"自然的自由平等"解释中必然会造成的某些严重不平等。比如，如果"前途仅对才能开放"同时缺乏社会基本制度的必要干预，相当多的社会成员将缺乏某些才能而不能追求他们偏好的特定生活。按照罗尔斯的描述，"自由的平等"认为如下情形是正义的，因此值得追求：假设一种自然禀赋的分配，对于有着相同禀赋以及相同的使用其禀赋的愿望的人，他们成功的可能性都应当是相同的，而不考虑这些人在社会中的初始地位如何。②

这意味着，"自由的平等"想要改善的是这种情况：总有一些人，拥有优良的自然禀赋，也有获得成功的强烈愿望，但他们的出身环境却阻截了他们获得成功的可能性，如果他们恰好出生在另一种更好的环境，本来可以享有更好的生活。自然运气不会恰好和社会偶然因素契合，使具有优良自然禀赋的人都正好出生在足以让这种自然禀赋能够得到充分发展的环境，注定总有一些优秀的人会被出身埋没，这不仅是他们自己的不幸，也是社会的损失（他们中很可能就有潜在的达·芬奇、柴可夫斯基或者卢梭，这些杰出人物都依靠某种私人救济才得以发展了他们优良的自然禀赋）。"自由的平等"想要改变这种状况，但仅仅承认社会的偶然因素是任性专横的，应当尽量予以改变，默认自然抓阄的运气是合法的，或者至少是社会无力纠正的。

"自由的平等"想要使寒门能出贵子，但无法确知优良的自然禀赋究竟存在于哪些人身上，当事人自己也并不知道，因此唯一可行的办法就

---

① 《马克思恩格斯文集》第 3 卷，人民出版社 2009 年版，第 435 页。
② Rawls J., *A Theory of Justice*, *Revised Edition*, Harvard University Press, 1999, p. 63.

是普及教育，尽量使所有地区的所有人都能实际地接受大致相同的教育。在这个意义上，"自由的平等"是一种"公平的机会平等"，它希望每个人都能拥有同样能力的竞争起点，不因所出身的家庭或地区环境而减弱。"自由的平等"相信，正如罗尔斯所阐释的那样，学习知识的机会应该是人人平等的，教育体系应当致力于消除人们之间存在的获得这种机会的差距。[1] 这就要求社会基本结构切实坚持教育平等，一方面保证每个适龄的人都能接受同样内容的教育，图书资料和其他教育信息对每个人而言都是同样开放的和可实际获得的，而不是只对特定的人开放，对另一些人则禁止（设想作为教学参考书的《正义论》对这些人居然是保密的）。在这种情况下，那些天赋出众的贫寒子弟就可能通过自己的努力超越阶级出身，避免社会固化并提高社会的整体效率。此外，还应当在市场调节之外增加政府干预，使每个人尽可能获得同等质量的教育，避免优质教育资源过于集中在富人阶级——按照市场规律这是不可避免的，"自由的平等"所追求的通过教育拆除阶级藩篱的目标就会因此大打折扣。当然，除非有无限的资源，实际上不可能做到完全的教育平等，但在具有相似的禀赋与意愿的人之间，他们获得成就的大致机会应当是平等的,[2] "自由的平等"的这个追求是合理的。

"自由的平等"和"自然的自由平等"同样是自由主义，但后者是自由放任主义，而前者是对后者市场万能信念的超越。"自由主义的解释看来显然要比自然的自由体系更可取。"[3] 虽然"自然的自由平等"只是纯粹的形式平等，而"自由的平等"已经一只脚踏进了实质平等的门槛，但做得还很不够，以致罗尔斯还是把它和"自然的自由平等"视为同类进行批评。这主要是因为教育平等难以真正实现，至少教育质量方面无论如何都不能做到真正的平等，而且事实上因贫困而弃学或厌学的情况也屡见不鲜。由于阶级分野，地位和职务向所有人开放的公平机会原则实际上只能部分实现，一个特定社会究竟有多少潜在的达·芬奇或卢梭没有实际地成长起来，永远是一个谜。但罗尔斯对"自由的平等"的主

---

[1] Rawls J., *A Theory of Justice*, *Revised Edition*, Harvard University Press, 1999, p. 63.
[2] Rawls J., *A Theory of Justice*, *Revised Edition*, Harvard University Press, 1999, p. 63.
[3] Rawls J., *A Theory of Justice*, *Revised Edition*, Harvard University Press, 1999, p. 64.

要批评还是在于，它认为分配由自然禀赋来决定是正义的，但自然禀赋本身的分配是人们无法自己决定的，因而是任意的。① 就是说，"自由的平等"所做的实际工作主要只是尽力普及教育，以帮助那些因社会的偶然因素而可能失去人生机会的人，特别是那些本有天赋的人，对因天赋造成的不平等却完全无动于衷。这个解释要么认为天赋的偶然分布是一种纯粹的自然现象，和政治哲学需要考量的不平等无关，要么认为天赋虽然关涉不平等，但社会对此无能为力，缺乏可操作的解决方法，因此未能考虑自然运气的不平等分布造成的社会不平等事实，在平等光谱上依然处于较弱的位置。在罗尔斯看来，"自由的平等"和"自然的自由平等"这两种平等方案都是失败的，因此需要对正义原则的新解释，那就是罗尔斯的"民主的平等"。

罗尔斯认识到，要保障所有那些天赋条件相当的人都能接受同等的教育，获得同样的成功，这样的机会平等实际上是"自由的平等"做不到的，即使它确实做出了这样的承诺，最终还是只能做到"地位和职务向有才能的人开放"，而绝大部分的人可能根本没有某些地位或职务所需的那种才能；更不用说天赋差别很大的人之间更不可能拥有机会平等，因为"自由的平等"和"自然的自由平等"对此连基本的承诺都没有，那么所谓"符合每一个人的利益"也必然落空。这促使罗尔斯寻求对那两句含糊短语"每一个人的利益"和"向所有人开放"的其他解释，这个解释一方面要承认天赋和社会地位不平等的事实，另一方面也要主张在社会基本结构层面采取措施减轻自然抓阄的任意结果。② 这个解释就是"民主的平等"，它由两个原则组成，一个是与"自由的平等"共享的，即公平的机会平等原则，另一个是差别原则。

公平的机会平等原则是为了防止社会出现马太效应，即产业和财富的过度集聚以及随之而来的权力垄断，这将导致整个社会的精英统治，贫寒阶层愈益失去任何超越自己出身的机会，社会因此固化及陷入严重的不平等和不正义。公平的机会平等首先要求突破"自然的自由平等"，因为后者所谓的"向所有人开放"只是法律形式，没有考虑一个人的出

---

① Rawls J., *A Theory of Justice*, *Revised Edition*, Harvard University Press, 1999, p. 64.
② Rawls J., *A Theory of Justice*, *Revised Edition*, Harvard University Press, 1999, p. 65.

生家庭、地区、族群等影响因素，结果就是地位和职务的实际获得者往往是那些家庭背景良好和主流文化群落的子弟，穷人及其他边缘人群罕有机会问津。这里有两种情况，一是教育的差别，即一些人接受过良好教育而另一些人没有，因此一些人具有政治或社会公职所要求的那些才干而另一些人确实不具有；二是社会影响力的悬殊，即一些人的家庭和出身阶层拥有更大的社会影响力，在同等条件下比那些没有影响力的人更容易获得所欲求的地位和职务。比如两个人在地位和职务竞争的考试中成绩相同，却出生于地位悬殊的家庭和阶层。为消除这种弊端，政府必须提供公平的教育机会，并且在政治和法律的框架中建立起一种类似自由市场体系的东西，防止权力、地位和社会影响力的过度集中和代际传袭。其次，公平的机会平等还要突破"自由的平等"，努力消除自然运气的差异导致的社会不平等。不过，突破"自由的平等"主要还得依靠差别原则，因为政治和社会公职终归要通过竞争来获取，那些天赋受限的人不可能因为"公平的机会平等"就被额外"照顾"到某个岗位上。在管理学意义上，任何社会（包括民主社会）实际上都只能是精英统治的，地位和职务向所有人开放最终必须落实为一种公平竞争，让最优秀和最合适的人处于相应的位置。这对所有人都是最有效率的，包括那些在竞争中失败的人和因天赋受限而根本没有能力参与竞争的人。在一个非乌托邦的现实社会里，对平等的追求不应走向庸俗的平均主义。

差别原则才是罗尔斯平等主义最重要的原则，它包括两个互相联系的方面，一是对"境遇较好者"设置限制，二是对"最少受惠者"提供照顾。一个社会如何才是正义的？"只有当处境较好者的较高期望作为改善处境最不利者的期望计划的一部分发挥作用时。"[1] 这意味着，"民主的平等"认为，一个正义社会的基本结构应当具有这样的功能和效应，即把境遇较好者和最少受惠者的生活紧密地联系在一起，只有当最少受惠者的利益能够得到相应的增加时，境遇较好者的利益才能得到增进。社会基本制度既没有确立更没有保证境遇较好者可以过得更好，无论这些人的家庭出身和自然禀赋多么令人艳羡；除非他们过得更好也同时意味

---

[1] Rawls J., *A Theory of Justice*, *Revised Edition*, Harvard University Press, 1999, p.65.

着最少受惠者的情况得到了改善。这可以视为一种正向的"连坐"制度，一种强制性的境遇较好者（为方便起见，可以统称为富人）对最少受惠者（穷人）的帮助。富人也并不需要因此抱怨，因为他的情况也已变得比从前更好，这大致上造就了"符合每一个人的利益"的平等而正义的情形。

对于所有适龄的、应该接受教育的儿童和青少年，差别原则一律提供平等的教育，不论这些儿童和青少年所出生的家庭、阶层和民族是什么；所有人都可以平等地争取政治和社会职务，进入他们喜欢的商业、体育、文化或政治领域追寻成功人生，无论他们的肤色、信仰或性别是什么。这是同等情况同等对待。但即便如此，由于人们之间的差异，社会地位和贫富悬殊始终还是将不可避免地出现，因此差别原则还需要对富人和穷人实行差别对待，同一件事或行为，比如在利益的增长方面，对富人就可能采取较多的限制，对穷人则可能有更多的扶助，即以不平等的方式分别对待穷人和富人，以期纠正或减弱贫富之间实际的不平等。这虽然不能简单地和中国文化"损有余而补不足"类比，但由于差别原则允许富人增进其利益的限制前提是能够同时增进穷人的利益，就很可能要求出现这样一种情形，即在同一次利益增长过程中，尽管由于富人利益基数巨大，总体上增长依然十分可观，但至少增长的速度放慢了；穷人的财富基数很小，增长之后总体上仍与富人差距遥远，但至少保持了更快的增长速度；而如果没有富人利益的本次增长，穷人本来也就不会有这次伴随的增长；通过差别原则的运作，贫富差别会有所缩小，至少不会扩大——这种差别原则和道家的"天道"异曲同工。

差别原则对富人有着更高的要求，"一个社会应当避免出现状况较好的人的边际贡献是负数的情况"[1]。也就是说，社会结构的安排应当具有这样的考虑，迫使状况较好的人不能毫无作为，而应当竭力有益于社会，扶助那些最少受惠的群体。也就是一部分先富起来的人应该先富帮助后富，达到共同富裕。富人对社会的边际贡献即使逐渐变得较小（比如某人坚持每年慈善捐助 1000 万元），也绝不能成为除了炫耀所掌握的财富、彰显社会的贫富悬殊之外别无所能的纯粹的奢享者，否则富人的边际贡

---

[1] Rawls J., *A Theory of Justice*, *Revised Edition*, Harvard University Press, 1999, p. 68.

献就成为负数。状况较好的人对社会反而起到了坏的作用，这在罗尔斯看来是不道德的。罗尔斯认为，富人在社会合作中受益最多，其出身和天赋本来就不是他们应得的，因此富人对社会负有更多的责任，而不能把自己的成功仅仅理解为个人努力的结果。罗尔斯在谈论"自然的贵族制"时引用过一句俗语"贵人行为理应高尚"[1]，这也适合现代社会所有的"境遇较好者"。"那些状况较好的人不应有权否决最不利者可以得到的利益"[2]，他们理应利用傲人的出身或天赋惠泽社会，促进社会和谐，而不是汲汲于和最少受惠者争食。仅从这个道德要求来看，差别原则所彰显的平等主义和马克思主义的人道主义是一致的。

两个正义原则中，第一个正义原则应用于政治制度，第二个正义原则应用于社会经济制度。罗尔斯认为，分配正义的主要问题是"社会体系的选择"[3]，也就是社会经济制度的选择，这种选择需要坚实可靠的依据，并且是政治哲学而不是经济学的问题。两个正义原则就构成选择的支点，自由优先于效益，正义优先于效率。罗尔斯对此做出的选择是自由市场经济，鉴于自由市场经济还有很多缺陷，理想的情况可以是利用市场体系与机制来实行"民主的财产所有制"。到这里罗尔斯明确了，两个正义原则是在市场经济条件下实现机会平等与分配正义的基础。但他并没有把市场经济与社会制度捆绑在一起，而是说市场经济及其背景制度超越于社会制度，同时与资本主义和社会主义相容。私有制与自由市场的运行并不存在逻辑上的必然联系，自由市场与资本主义的连接是带有历史偶然性的，在理论上，社会主义当然也可以运行市场经济体系，只不过考虑到生产资料公有制的情况需要做一些背景制度的修正。

## 二 诺齐克

作为自由至上主义的旗手，诺齐克是雄辩的，学术上是成功的，但其正义思想是反动和倒退的，缺少道德责任，他自己晚年也对此自责。

---

[1] *Noblesse Oblige.* Rawls J., *A Theory of Justice*, *Revised Edition*, Harvard University Press, 1999, p. 64.

[2] Rawls J., *A Theory of Justice*, *Revised Edition*, Harvard University Press, 1999, p. 70.

[3] ［美］约翰·罗尔斯：《正义论》，何怀宏等译，中国社会科学出版社1988年版，第265页。

诺齐克对正义的论证是以权利为基石展开的。《无政府、国家和乌托邦》作为他唯一一本政治哲学著作，主要目的就是反对罗尔斯的正义理论，其中自然包括对罗尔斯正义原则、分配正义等平等主义主张的批判。罗尔斯主张抽象的契约理论，诺齐克反其道而行之，提出在市场运行中自然形成的"最低限度的国家"才是正义的。

诺齐克理论对于权利的极其重视是值得我们注意的。如塔克所说，"除了罗伯特·诺齐克之外，近一个世纪以来，盎格鲁-撒克逊世界的主要理论家都没有把他的工作建立在权利的概念上"[1]。诺齐克的资格理论不是仅仅在某个层面上对《正义论》进行驳斥，而是以个人权利不可侵犯为基本道德武器，全方位地回应罗尔斯的差别原则，以此建立起一套逻辑融贯、论证严密、富有修辞魅力的正义思想，即本书所称的诺齐克反平等主义。正如诺齐克本人反复强调的，每个人都应该是目的，因此每个人都拥有一些重要的、绝对不可侵犯、更不可被剥夺的权利，否则人是目的这一基本的正义原则就会被破坏。国家没有超越个人权利之上的权利，因为它不是实体，只是所有个人的加总，因此不能以国家之名侵犯个人，总之个人权利是一切可能行动的"边界约束"，也就是任何行动均不可逾越的最后屏障。这意味着，个体权利既是诺齐克正义思想的第一关键词，也是诺齐克用来批评罗尔斯平等理论的最有力的武器。

古典自由主义认为权利的具体内容至少有生命权、自由权和财产权，诺齐克继承了这一基本思想。但诺齐克较少关注权利的积极层面，并不强调某种权利的实现，而更关注权利的消极层面。诺齐克的自由是一种消极自由，重点在不干涉个人自由和不侵犯个人权利。在诺齐克的语境下，权利更多作为一个否定性的尺度，是一种边界约束，即个人拥有的权利不能被干涉或损害，每个人对于生命、自由和财产的权利是绝对的和无条件的。诺齐克对权利的这种信念首先来源于他对康德义务论的承继。

康德道德哲学的第二个绝对命令强调个人权利，每个人与其他所有人一样都是目的性存在，康德要求"如此行动，即无论是你的人格中的

---

[1] Tuck R., *Natural Rights Theories: Their Origin and Development*, Cambridge University Press, 1979, p. 1.

人性，还是其他任何一个人的人格中的人性，你在任何时候都同时当作目的，绝不仅仅当作手段来使用"[1]。这成为诺齐克论证个人权利与国家性质的理论基础。既然个人是目的性存在，每个人都是不可侵犯的，那么，未经个人同意，人就不能被强制性地要求妥协与牺牲，也不能被用来达到除自我意愿之外的其他目的，否则一些人就可能成为另一些人的手段。尽管人在应然状态中应该被当作目的，然而在实然状态中人却常常被当作手段。康德在这里着重强调的是，一方面，人相对于物，人是绝对的目的，物是无条件的手段；另一方面，人相对于他人，虽然在现实中常常有人被当作手段，甚至互相成为手段，但在道德层面上则不该如此，每个人都应该被当作目的。当然，康德并没有理想主义到认为任何情况下人都不应该被当作手段，而是说人不应该"仅仅"被当作手段，就是说某种意义上人也可以被当作手段（这常常是必需的），只要同时也被当作目的即可。一个老师难免被人当作获取知识或智慧的手段，但他同时也获得作为目的的尊重和爱戴，即使在他不能提供知识和智慧时也是如此，这种情况毕竟也就没有什么可抱怨。无论如何，人不应该仅仅被当成手段来对待，也不应该仅仅作为获取利益的工具来使用，而应该是理想中的目的和实际生活中的手段的统一。

可见手段和目的常常是难以区分的，不仅在人和人的关系中如此，在人和事物的关系中逻辑上也可以变成如此。诺齐克自己假设：如果对某种工具的使用有一种压倒性的约束C，即只有在C不被违反时才能使用该工具，比如对该工具的每次使用之前和之后都必须为之进行某种烦琐的祈祷，或者诸如此类的任何拟人化的对待，就是说，当对一个事物加以约束，以至于它不再能仅仅被当作工具时，康德对事物只能作为手段的理性规定似乎就会失效。[2] 但总的来说，尽管人是目的这个命题有其模糊之处，诺齐克仍然接受了这个基本的道德信念，将其作为他权利至上理论的基础。

诺齐克也承认，康德哲学中对手段与目的的界定相当含糊，无论讨

---

[1] ［德］伊曼努尔·康德：《道德形而上学的奠基》，载《康德著作全集》第4卷，李秋零编译，中国人民大学出版社2013年版，第437页。

[2] Nozick R., *Anarchy, State, and Utopia*, Basic Books, 1974, p.31.

论物或讨论人时，康德都未能清楚地阐释二者的关系。因此我们必须思考，为什么在这个意义上，人是不可侵犯的，必须作为目的而不仅仅是手段来对待。传统的主张有如下几种：人具有感觉和自我意识；拥有理性；拥有自由意志；是道德主体，能够用道德原则来指导自己的行为，并且对行为可以相互限制；有一个灵魂。① 诺齐克对于这些答案都不甚满意，认为它们单独来看都不足以作为道德边界约束的基础。较好的方案是，将理性、自由意志、道德主体综合起来，再增加能够按照自己选择的某种总体观念来塑造自己生活的能力作为一个额外特征。而这种能力与特征的集合能够作为道德边界约束的基础，则与诺齐克提出的"生活的意义"概念有关。所谓生活的意义，就是人能够以自己的意志制订生活计划并照此执行，能够过自己所选择的有意义的生活。② 正是因为这样，人作为目的而存在，意味着人可以按照某种观念调节与指导自己的生活，能够过一种有意义的、自我认同的生活，人的生活是自我选择与自我塑造的。诺齐克在这里暗含的观点是，使生活富有意义的不仅仅是个人被动接受的体验和经历，而是作为一个道德主体，主动地制订生活计划来塑造生活的行动。"体验机"一节的内容无疑就是对这一观点的阐释。功利主义者会主张，接入这样一台机器可以让人获得最大限度的美好体验，而这正符合功利主义的目标。但诺齐克认为，接入体验机无异于自杀，因为这会彻底损害人主导自己生活的主体地位，有意义的生活远比虚幻的快乐体验重要："（体验机）最令人不安的是，它代替我们过我们的生活。"③ 如果有一台机器让我们只需按按钮就能实现每一个想法，一个人就再没有什么可做的。

功利主义的观点可能会认为，如果每个人都有体验机，那么除了体验之外，别的东西似乎确实很难被看作有价值的。人们做各种事情，或者想成为其他人，都是为了提升体验的质量，这个体验是自己的或是他人的，并不重要。④ 并且随着虚拟现实、增强现实技术的逐渐完善，我们

---

① Nozick R., *Anarchy, State, and Utopia*, Basic Books, 1974, p. 49.
② Nozick R., *Anarchy, State, and Utopia*, Basic Books, 1974, p. 50.
③ Nozick R., *Anarchy, State, and Utopia*, Basic Books, 1974, p. 44.
④ Singer P., "The Right to be Rich or Poor", *The New York Review of Books*, Vol. 22, No. 3, 1985.

某种程度上已经拥有了体验机，它对生活的意义产生的影响似乎并不像诺齐克所预测的那么糟糕。更进一步说，欺骗是否一律都是坏的？如果欺骗的目的是减少负面信息的输入，比如向绝症病人隐瞒病情，要做出明确的判断就会很难。① 总之，生活的意义这个概念非常吸引人，但在诺齐克这里还具有相当的模糊性。

权利的另一个重要基础是人的分离性原则。诺齐克认为权利是个体的，既没有群体的权利，也没有一般的权利。这个观点是基于个体是唯一的实体性存在这种信念。对于什么是真正实体性的存在，哲学家往往持有不同的看法，整体主义或集体主义的支持者也大有其人。但诺齐克显然是个人主义者，认为根本没有社会实体，只有一个个独立真实的个人。任何利益只可能与个体相关，享受利益及其产生的更大收益的是个人，承担损失及其所带来的牺牲和伤害的也只是个人，没有所谓社会实体的利益。如果某些个人被要求为了一个总利益而放弃自己的利益，受益的却是其他个人，这实质上是"利用这个人来使别人得利，仅此而已"，② 显然违背了每一个人都是目的的道德原则。

诺齐克强调，个人出于理性对自己的欲求进行排序并有意地牺牲某些欲求的行为，但同样的事情不能复制到社会维度上。因为社会从来不是实体，社会是由个人组成的，个人而非社会才是真切的存在，而每个个人都是独一无二的，都不能也没有义务为他人做出牺牲，除非这些人自愿地出于理性地这样选择。任何其他人，包括所谓的国家，强调社会总体利益的增加而忽视群体中某些个人利益的损失情况，本质上就是未能充分地尊重和理解人是独立的个体、人的生命独属于自身而非他人这一点。每一个人都是其他人行为的界限，任何个人的生命价值都无法进行功利上的比较和衡量，为了其他人而牺牲一些人的要求无法得到道德上的辩护，任何此类行为都不可能被证明是正当的，这就是我们需要道德边际约束的原因，因为人应当永远被视为目的。③ 在诺齐克看来这是抵制和批判功利主义的最有力的理论武器。真正合法的对待个人价值的

---

① Lacey A. R., *Robert Nozick*, Acumen, 2001, p. 27.
② Nozick R., *Anarchy, State, and Utopia*, Basic Books, 1974, p. 33.
③ Nozick R., *Anarchy, State, and Utopia*, Basic Books, 1974, p. 33.

方式只能是边界约束，个人道德价值的绝对性与彻底性要求得到同样绝对和彻底的尊重与承认。

至此，对于权利作为正义的边界约束可以做如下概括。

第一，权利是一种约束原则，即有些事情是绝不可以对人去做的，无论以任何宏大或神圣的目的之名都是如此。约束原则就是任何主体在追求任何目标的过程中都绝不能违反的道德原则，而不是说"为了更好地达成目标"就可以"尽可能少"地加以违反，即诺齐克命名的边界约束，也即权利的绝对不可侵犯性。这样一来，诺齐克就把功利主义对权利的任何可能的影响进路都彻底封死。很显然，诺齐克在这里不仅接受而且加强了康德的"人是目的"原则，强调任何情况下把他人当作手段都是不被允许的。和康德不同的是，诺齐克没有讨论过一个人能否把自己仅仅当作手段这种情形（尽管这种情形非常奇怪，但并非不可能），在康德那里这同样是违反绝对命令的。诺齐克所关心的权利注定了是一个关系命题，因此他讨论的约束原则仅仅是针对他人行为的，即"不得以被边界约束排除的特定方式利用他人"，[1] 这种特定方式就是把他人当作手段，比如主张为了穷人而"适当地"牺牲富人。

第二，权利是边界约束而不是目的。诺齐克认为，道德哲学对某种特质的整合方式有两种：作为道德约束或作为道德目标。[2] 道德哲学可以将某种特质作为道德约束，也就是要以不违反该约束的方式行事，这个结构是基于边界约束的。或者，道德哲学也可以将某种特质作为道德目标，也就是要以实现这个目标的最佳方式行事，这是一个目标导向的结构。权利作为边界约束，不是我们的行动锁定的目标，相反，是对我们实现目标的方式的限制。它的作用不是告诉我们应该追求什么，而是告诉我们该如何追求。功利主义显然就是一种目标导向的道德哲学，诺齐克认为功利主义不尊重人的不可侵犯性，把人当作单纯的手段。尊重个人的不可侵犯性就是要接受以权利为基础的道德哲学。

第三，权利是完全彻底的规范性要求，即个人权利是绝对的，不能以任何理由遭到侵犯。在诺齐克看来，以往的政治哲学仅仅关心一些特

---

[1] Nozick R., *Anarchy, State, and Utopia*, Basic Books, 1974, p.32.
[2] Bader, R., *Robert Nozick*, Continuum, 2010, p.15.

别外显的侵犯他人的方式，比如人身伤害，而他的边界约束关心的远远不止这些粗浅的东西，"边界约束以特别规定的方式，表达了他人的不可侵犯性"①。诺齐克想说的是，他的边界约束排除了所有侵犯他人的可能性，不仅包括不能伤害他人的身体和生命，也包括不能伤害他人的获取物，总之他人的自由意志所能合法覆盖的一切都被诺齐克表达为权利，而他人的权利就是我们一切行动不可逾越的边界，正是权利的这种不可侵犯性彰显了人是目的这一道德和政治哲学的最高原则。

诺齐克将人是目的、人的分离性和生活的意义统一起来，使得他的权利的规范性要求进一步明确，由此获得了（一定程度上）具体充实的内容。一种看法认为，诺齐克的权利在逻辑上是先在的，②也就是说，诺齐克的个人权利既是至高无上的，并且也具有绝对的逻辑在先的品质，任何对人的其他规定都必须服从已经先在的权利的规定。然而，边界约束是否真的如此绝对，诺齐克自己也无法断言。他说："这些边界约束是否是绝对的，或者是否可以为了避免灾难性的道德恐怖而违反，以及如果出现的话，会产生什么样的结果，这个问题是我希望能够避免的。"③这种绝对的权利观点自然也引发了很多批评，如舍弗勒认为，诺齐克的权利论证都未能成功，过于集中在自由的定义上，而忽略了人们也有享有福利的权利。一种自然权利应当是取决于权利人的特定属性，如"制订生活计划的能力"，一个人有此为基础才能获得外部资源的分配资格。

诺齐克的论证可以分为三部分：首先，他从古典自由主义传统的自然状态出发，用"看不见的手"来说明人类如何从自然状态进入"最低限度的国家"；其次，诺齐克试图论证只有"最低限度的国家"才是正义的，任何其他权力更大的国家形式都是非道德的；最后，诺齐克认为"最低限度的国家"就是乌托邦，是完美的国家形态。相对于罗尔斯带有非等级正义色彩的分配正义理论，诺齐克则是另一极端的"持有正义"

---

① Nozick R., *Anarchy, State, and Utopia*, Basic Books, 1974, p. 32.
② 文长春：《逻辑在先的个人权利——诺齐克政治哲学思想述评》，《学习与探索》2005年第6期。
③ Nozick R., *Anarchy, State, and Utopia*, Basic Books, 1974, p. 30, fn.

立场——这是他反对罗尔斯理论的支点。因此"持有正义"原则理论值得我们更多的注意。

在设想国家如何生成时,诺齐克认为,国家可能在对个人不造成任何伤害的情况下从自然状态中产生。他借用了洛克的自然状态作为论述起点来"证明一个国家可以通过一种不必侵犯任何个人权利的方式,从无政府状态(就像洛克所提出的自然状态)中产生,即使没有人有此意图或力图去创造它"[1],同时舍弃了契约论。接下来的论证首先从自然状态导向支配的保护性社团,然后由支配的保护性社团导向最低限度的国家。

在自然状态中,个人为了维护自身权利,通常最有可能的方案是请求其信任的人给予帮助,当他人也需要维护权利时,作为交换,他也要提供帮助。于是一个保护性的社团形成了,"所有人都会响应任何一个成员为保护或强行他的权利所提出的请求"[2]。这种社团还不稳定,当通过劳动分工和交换,社团成员开始有人被雇佣专门从事保护性工作,专业的保护性社团就产生了;随后地区内出现若干个专业保护性社团,经过市场化竞争后,最后一个保护性社团将垄断该地区所有人的保护服务,这就是"支配的保护性社团"。此时支配的保护性社团与最低限度的国家还有所不同。主要在于:首先,支配的保护性社团仍然可能存在少部分人对侵害者的私自惩罚,而国家是彻底垄断这个权力的;其次,对于与社团同在一个地区但没有与其签约的个人,社团可以不为其提供保护服务,国家则是有义务保护辖区内所有公民不受侵害的。完成了第一步的社会形态,诺齐克称为"超低限度的国家","一种介于私人保护社团体制与守夜人式国家之间的社会安排"[3];完成了第二步的社会形态,就是"最低限度的国家"。

诺齐克的国家形成理论与传统的自由主义契约论完全不同,是用市

---

[1] [美]罗伯特·诺齐克:《无政府、国家和乌托邦》,何怀宏译,中国社会科学出版社1991年版,第3页。

[2] [美]罗伯特·诺齐克:《无政府、国家和乌托邦》,何怀宏译,中国社会科学出版社1991年版,第13—14页。

[3] [美]罗伯特·诺齐克:《无政府、国家和乌托邦》,何怀宏译,中国社会科学出版社1991年版,第35页。

场规律来解释国家的形成,其中没有人为的规定、计划或是组织,一切都是市场竞争的自然产物。诺齐克认为,只有这样产生的国家才是合乎道德的、正义的,因为它能最大限度地保障人们的自由。诺齐克重点批判了国家合法性证明的"公平原则"进路。公平原则认为,如果每个人都从一种安排中获得了利益,那么每个人就有服从这种安排的义务,在此这种安排就是国家,哈特就持这种观点。[①] 国家的合法性的证明同样适用这一点,这与罗尔斯关于社会合作的相关论述相似:社会合作产生义务。只是哈特重视强制性义务,罗尔斯重视合作性义务。合作义务的产生是由于人们认为,要使合作持续存在,就必须限制自身的某些行为,亦即牺牲自己的某些权利。诺齐克认为这种社会合作的要求并不合理,会让人处在被动地位,失去自主选择的可能。合作义务的前提是所有人都从安排或制度或什么中获得好处,但是,别人喜欢广播我却不喜欢,或者不那么喜欢,我们所得到的好处并不等同,负担的义务却是等同的,这对我来说就是不公平的,无法体现"自愿的公平"原则。事实上很少有一种社会合作的事宜是每个人都同意并且都能从中受益的,因此自愿的公平往往并不公平,而更可能只是一种强制的公平。

诺齐克对罗尔斯公平原则的批判仍是基于权利的边界约束理论。边界约束主要关注个人权利,禁止为一些人的利益而牺牲另一些人的利益。如果一种行为未经人们同意就给人们带来利益,然后要求人们牺牲某些权利,人们应该同意还是反对做出这种牺牲?这实际上是在追问,国家是否有权强制其公民按照国家所认为的善而行动?诺齐克认为没有。由于每个人都是其自身的拥有者,想要人们参加合作并限制其活动,首先就要征得他们的同意。对人们能够如何行动的道德边界约束展现了我们是个别存在的这一事实,社会利益与个人利益之间无法进行道德上的平衡,为了社会更大的利益而迫使一些人在自己的利益上进行妥协,这一选择本就不是正当的。

由于权利的绝对性,国家也有其合法性的否定性边界。国家不可以超出权利边界活动,否则就会侵犯权利。即使国家认为有一种生活尽善

---

[①] Hart H. L. A., "Are There Any Natural Rights?", The Philosophical Review, Vol. 64, No. 2, 1955.

尽美，它也无权要求个人选择这种生活，国家应当是中立的，国家合法性就维系于此。① 虽然诺齐克也继承了义务论的传统，但与罗尔斯、哈特等人对于义务的来源与解释完全不同，诺齐克要求国家必须绝对中立，义务既不能来源于人们的联合生活，也不能来源于强力的强制，必须来源于个人自身的同意，不能因为人们在国家或社会的共同生活中受益就强加给人们一定的义务。诺齐克的权利是绝对不能侵犯的，但与之对应的义务却相当薄弱。② 诺齐克的最低限度国家仅履行最基本的国家义务，其余的都应该交给"看不见的手"也即每个人的自由意志去处理。正是在这个意义上，诺齐克说："最低限度的国家既是鼓舞人心的，也是正确的。"③ 所谓"令人鼓舞的"是说他的最低限度国家甚至应该并可以成为某种乌托邦目标。因此，诺齐克以"最低限度的国家"否定罗尔斯的"再分配制国家"，认为分配正义需要国家实行再分配，从而侵害了权利，越过权利边界的国家不可能是人们理想的国家。

在证明最低限度的国家是自然演化形成的之后，诺齐克接下来指出，任何比最低限度的国家有更多职能的国家都是不正义的，"都要侵犯人们的权利"④。国家职能主要是在社会经济方面不断扩张，特别是罗尔斯十分重视的分配正义领域。诺齐克对此强烈反对，"一听到'分配'这个词，大多数人都会想到由某个体系或机制使用某个原则或标准来提供某些东西。一些错误可能已经顺势溜进了这种分配份额的过程"⑤。可见分配本身在诺齐克看来就是对人们权利的侵犯，在这个基础上，诺齐克提出了他的持有正义理论。

持有正义有三个主要论点：第一，持有的最初获得，或者说对无主物的获取，称为"获取的正义原则"；第二，从一个人到另一个人的持有的转让，称为"转让的正义原则"；第三，在前两个原则基础上的矫正正

---

① Nozick R., *Anarchy, State, and Utopia*, Basic Books, 1974, p.33.
② Arneson R. J., "The Principle of Fairness and Free-Rider Problems", *Ethics*, Vol.92, 1982.
③ Nozick R., *Anarchy, State, and Utopia*, Basic Books, 1974, p. ix.
④ [美] 罗伯特·诺齐克：《无政府、国家和乌托邦》，何怀宏译，中国社会科学出版社1991年版，第155页。
⑤ [美] 罗伯特·诺齐克：《无政府、国家和乌托邦》，何怀宏译，中国社会科学出版社1991年版，第155页。

义原则。对持有正义原则,诺齐克总结道:

如果世界是完全公正的,下列的归纳定义就将完全包括持有正义的领域。

(1)一个符合获取的正义原则获得的一个持有的人,对那个持有是有权利的。

(2)一个符合转让的正义原则,从别的对持有拥有权利的人那里获得一个持有的人,对这个持有是有权利的。

(3)除非是通过上述1与2的(重复)应用,无人对一个持有拥有权利。①

因此,如果每个人的持有都是正义的,那么总体的持有(分配)就是正义的。

获取正义原则的主要内容有两点:无主物的正义持有是通过何种途径实现的;劳动在多大程度和范围内创造了所有权。诺齐克获取正义原则借鉴了洛克的个人财产权理论。基于洛克的劳动渗入理论,诺齐克认为"一个人对他的劳动有所有权,所以他也就对一个原先无主的、但现在渗透了他的劳动的某物有所有权,所有权扩大到了其他东西"②,同时还要加上附加条件,留下足够多和好的东西给其他人共有,即一个人的占有不使他人的状况变坏。

诺齐克虽然认同劳动之于获取正义的必要性和有效性,但他也承认洛克的理论不够精确,还有诸多含糊之处。比如,劳动究竟能使人在何种范围内获得所有权?如果一个宇航员清洁了火星的一块地面,这种清洁劳动是足以使他对整个火星、还是仅仅对他清洁过的那一小块地面获得所有权?如果一个人只是在一块地上竖起来一圈栅栏,尽管他付出了竖栅栏的劳动,但他因此就能宣称他是这块土地的所有者吗?洛克认为人在物品中掺入了自身的劳动,就因其对自身劳动的所有权而对掺入了其劳动的物品也具有了所有权,但这种所有权获取的

---

① [美]罗伯特·诺齐克:《无政府、国家和乌托邦》,何怀宏译,中国社会科学出版社1991年版,第156—157页。

② [美]罗伯特·诺齐克:《无政府、国家和乌托邦》,何怀宏译,中国社会科学出版社1991年版,第179页。

界限在技术上是很难确定的。这都是洛克所没有回答的问题。因此,诺齐克要求进一步精细化洛克的劳动占有理论,认为某一无主之物能够变成被人持有的合法依据,应该是人"在某物上施加的劳动改善了它,使它更有价值;任何人都有权占有其价值由他所创造的事物"[①]。当然,这个表述仍是含糊的,因为改善、价值这些词汇的含义仍不精确,但应该承认,找到一种技术上精确的关于劳动价值论和自我所有权的表述几乎是不可能的。

一个人的占有要使他人的状况变糟,一般而言有两种情况。"首先,使别人失去通过一个特殊占有来改善自己状况的机会;其次是使别人不再能够自由地使用(若无占有)他先前能使用的东西。"[②] 但这种条件的严格会导致无限倒推,最后没有一个占有能不侵犯他人的权利,难以实现。因此诺齐克退后一步,提出了较弱的条件:"一种规定占有不能使别人状况变坏的严格要求,将不仅禁止第二种方式的占有,也禁止第一种方式的占有,只要没有别的什么能抵消机会减少带来的损失。而一个较弱的要求则只禁止第二种方式的占有,但不禁止第一种方式的占有。"[③] 以这种较弱的要求来衡量,大部分占有都是正义的。诺齐克认为私有制能够满足洛克的条件。

根据转让正义原则,在持有过程中的每一次转让与交易都应当是人们之间根据公正原则自愿交易的结果,才是正义的,有违转让正义原则的持有一定是不正义的。同时,转让正义原则仍然要建立在获取正义原则的基础上,在获取正义原则和转让正义原则的基础上,个人的持有才可能是合法和正义的。

由于外部资源即可供获取的无主物在某种既定的生产技术水平下总是有限的,如果只是对一个物品稍加改善就可获得其全部的所有权,看来不太合理,因为这会极大地影响到其他人的利益。因此,对无主物的占有还应该符合第二个条件,那就是满足"留有足够的同样好的东西给

---

① Nozick R., *Anarchy, State, and Utopia*, Basic Books, 1974, p.175.
② [美] 罗伯特·诺齐克:《无政府、国家和乌托邦》,何怀宏译,中国社会科学出版社1991年版,第181页。
③ [美] 罗伯特·诺齐克:《无政府、国家和乌托邦》,何怀宏译,中国社会科学出版社1991年版,第181页。

第六章 基于新分析框架对西方代表性政治哲学家正义思想的分析 / 219

其他人所共有"的限制。① 但洛克以圈地运动为例对这个限制条件所做的说明，表明了洛克本人对于该条件的宽松立场。由于土地的有限和圈地贵族的贪婪，显然并没有足够多和同样好的土地留下来给其他人，特别是以后世代的人。但是洛克认为，即使是对那些没有获得土地的人来说，圈地运动最终也会使得他们的处境比从前更好。如果圈地运动使人们的总体利益不变或甚至有所增长，这种高度集中的土地分配就是可以接受的。洛克分析，在土地处于共同所有、共同使用的状态时，由于获利的不确定性，单独的个人缺少提高公地产出的动力。同时，为了避免其他人过度使用土地使得自己的收益减少，每个人都会采取一种更不计后果的使用方式，这种恶性循环最终可能导致资源耗竭，最终出现公地悲剧。而圈地运动导致的土地大量私有化不仅能够避免公地悲剧的产生，还能集中人力、技术等资源提高土地的产出，进而最终提高所有人的收益。即使是没有土地的人，成为雇佣工人之后收入和处境也很有可能高于土地共有的时期。因此，圈地运动的这种土地获取在洛克看来是正当和有益的。

对于洛克强调的"留有足够的同样好的东西给其他人"的限制条件，诺齐克的解释是"一种占有不能使其他人的处境变坏"，而这又分为两种不同的情况，即对其他人处境是否变坏的强弱不同的理解，第一是强的理解，可以表述为一个人的占有使得其他人永久失去了一个改善自己状况的机会，因此导致了一种无法弥补的损失，即无论如何其他人的处境都变坏了；第二是弱的理解，即一个人的占有使得其他人不能像以往一样自由地使用某种东西了，而从前他们本来可以这样做，除非得到合理的补偿，否则其他人的处境就会变坏。按照对洛克限制条件的强理解，这种占有必须禁止。洛克和诺齐克选择的都是较弱的这种理解。② 由于强的理解会产生对占有的无限回溯，最终使得任何占有都不可能。③ 如诺齐克所举例的，比如某人 A，由于占有某个资源的最后一个人 A1 使他失去了以前能够使用某物的自由，并且也没有足够的和同样好的东西留给他，

---

① Locke J., Macpherson C. B., *Second Treatise of Government*, Hackett Pub. Co., 1980, p.19.
② Nozick R., *Anarchy, State, and Utopia*, Basic Books, 1974, p.176.
③ Wolff J., *Robert Nozick: Property, Justice and the Minimal State*, Wiley, 2013, p.108.

也就是说 A1 使得他的处境变坏了，A1 的占有就是不符合洛克限制条件和不正义的。而 A1 之所以使 A 的处境变坏，是由于在他之前占有某物的 A2 导致的，由于 A2 使 A1 的处境变坏了，因此 A2 的占有也是不正义的……依此类推，对某个资源进行第一个占有的人，其占有就也是不正义的。任何一次占有都可以说使其他人永久地失去了一种改善自己生活的机会，因而处境绝对变坏。这种对占有的严格规定会导致诺齐克奉为至上的私有财产权成为无源之水，诺齐克必须拒绝这种理解。

但是，如果对占有采取诺齐克式的弱理解，事实上所有占有就都是被允许的。这种弱理解认为，当物品从无主物变为被占有时，只要在物质条件方面不会使其他人比过去处境更差，那么对某一特定物品的占有就是合法的。① 设想 A 和 B，起初二人依靠对一块土地的共同使用获得收益，后来 A 几乎完全占有了这块土地，使得 B 已经无法以此获得足以维持生存的收益，这时 B 的处境毫无疑问比先前变差了。但如果这时 A 提出雇佣 B 在整块土地上劳动并支付工资，B 因此获得了比单独在土地上劳动时更多的收入，A 也由于雇佣 B 而提高了生产效率，获得了更多的收入，他们两人的生活似乎都比之前更好了，按照弱的理解，那么这种占有就可以认为是合法的，B 因为得到了某种补偿，处境没有变得比从前更坏。对此，柯亨提出了一个技术性很强的质疑，他认为，诺齐克假设一个物品如果是无主之物，并且如果某人将其占有也不会使得其他人的生活环境与生存状态变得糟糕，那么，这种情况就是合法的。但是物品除了无人占有、被 A 占有，还存在被另一个人 C 占有的情况，这种情况也必须做比较。也许在被 C 占有时，所有人获得的收益将会更高，如果这样比较，A 占有物品实际上使得人们的处境更差了。② 柯亨认为诺齐克预设了先占原则的合理性，诺齐克的持有正义更加偏向于先占者的利益，而人们获得首先占有的机会并不是等同的，那些能力更强、更加聪明的人更有可能获得占有的先机，先占原则也没有考虑对代际公平的处理。

---

① Kymlicka W., *Contemporary Political Philosophy: An Introduction*, Oxford University Press, 2002, p. 177.

② Cohen G. A., *Self-Ownership, Freedom, and Equality*, Cambridge University Press, 1995, pp. 79 – 84.

这里还需要考虑衡量处境变坏与否的具体标准：仅仅关注物质生活还是也要关注平等或自尊？当诺齐克考虑什么可以算作变得更糟时，他容易过分聚焦在物质条件的比较。① 就上面的例子而言，B 从前本来和 A 平等，现在却要听命于 A，这种状况是否也应予以考虑？另外，处境好坏的衡量究竟依靠与自己从前的纵向比较，还是与他人动态的横向比较？也许只和自己从前的生活比较，并且只考虑单纯的物质生活，B 变成雇佣工人之后处境没有变坏，甚至略有改善；但和 A 横向比较情况也许会不同。如果 A 的生活水平比占有之前提高了 10 倍，而 B 仅仅比占有之前提高了 10 个百分点，B 的处境究竟变好了还是变坏了？

诺齐克认为，对获取正义的限制条件不构成一个最终—状态原则，因为它关注的是获取行为以何种方式对他人产生影响，而不是关注行为所产生的结构性特征。② 为了避免出现严重的乃至不可接受的垄断，诺齐克引入了洛克但书，"增加一点额外的复杂性"，③ 但提出限制条件本身就可以看作诺齐克的自由至上主义立场的妥协，并带有明显的目的论倾向，因为这等同于把权利当作目的而不是约束，很可能滑向"权利的功利主义"。这表明诺齐克在义务论与目的论的立场之间某种程度上有一些摇摆，这一点也明显地体现在他有关矫正正义的文本中。

转让正义原则中最重要的因素是自愿。诺齐克的自愿是用一个例子来说明的："一个人的行为是不是自愿的，依赖于限制他的选择对象是什么，如果是自然的事实，那么这一行为就是自愿的。（虽然我更愿意坐飞机去某地，但没有飞机，我步行去那里就是出自自愿。）别人的行为限制着一个人可利用的机会。而这是否使一个人的行为不自愿，要依这些人是否有权利这样做而定。"④ 按照诺齐克的条件来看，"如果从 A 到 Y 的每个人都是自愿行动的，并未越出他们的权利，Z 也就是自愿选择的"⑤。

---

① Hailwood S. A., *Exploring Nozick: Beyond Anarchy, State and Utopia*, Avebury, 1996, p.43.
② Nozick R., *Anarchy, State, and Utopia*, Basic Books, 1974, p.181.
③ Nozick R., *Anarchy, State, and Utopia*, Basic Books, 1974, p.174.
④ ［美］罗伯特·诺齐克：《无政府、国家和乌托邦》，何怀宏译，中国社会科学出版社 1991 年版，第 262—263 页。
⑤ ［美］罗伯特·诺齐克：《无政府、国家和乌托邦》，何怀宏译，中国社会科学出版社 1991 年版，第 263 页。

也就是说，在资本主义的自由市场中，一个人无论是选择被剥削还是走投无路被饿死，都是自愿的。如果对此进一步追问，最后结论将是："别人如此在他们的权利范围内自愿地选择和行动，他们没有提供给最后一个人一个较理想的对象，从而使他只能在不同的不理想对象之间进行选择，这并不是给他造成了一种不自愿。"① 这完全违反我们的直觉。

显然，并非所有现实中的持有都是符合前两个正义原则的，因此还需要矫正实际持有中的不正义。侵犯权利是错误的，需要受到惩罚并赔偿受害者，并且即使进行了赔偿，侵害行为仍然是错误的。如果因为事后赔偿的存在就允许一切侵犯权利的行为，将会引发人们的普遍恐惧，人们很可能被当作手段而不再是目的，最终一切权利都得不到保证。这是矫正正义存在的意义。在获取正义部分提到的目的论倾向在矫正正义中、主要是在赔偿原则中更加明显。但是矫正正义原则实行起来是很困难的。首先，对于历史上的持有情况，我们都知之不详，即使能够追溯上千年的获取转让历史，远古时期的情况也还是不可能厘清的。而按照诺齐克的看法，只要一个持有过程中的一个步骤发生了不正义的情况，其后的所有步骤，哪怕相互之间是正义地转让的，都无法称为正义。如果不坚持这个原则，诺齐克理论的完整性就将受损，如果严格按这种标准，矫正正义原则是根本无法实行的。对此诺齐克也只能诉诸假设和虚拟。

诺齐克的持有正义理论是历史性的和非模式化的。历史性是指这个理论衡量正义的标准不是根据即时性的结果，而是要考量正义在历史上的变化过程。诺齐克反对功利主义的即时原则（结果原则或目的原则），"功利主义者判断任何两种分配的标准是看哪种分配产生较大的功利总额；如果总额持平，就采用某种固定的平等标准来选择较平等的分配。"② 他们只从整体上和结构上看待正义，而不考虑具体的个人谁应该多得，谁应该少得，总之只要能促进最大福利就是正义的。诺齐克则认为"在

---

① ［美］罗伯特·诺齐克：《无政府、国家和乌托邦》，何怀宏译，中国社会科学出版社1991年版，第264页。

② ［美］罗伯特·诺齐克：《无政府、国家和乌托邦》，何怀宏译，中国社会科学出版社1991年版，第159页。

评价一个状态是否正义时,不仅要考虑它所体现的分配,也要考虑这一分配是怎么来的。如果某些人因谋杀或战争罪被关在监狱里,我们不会说,为评价社会内分配的正义,我们只需注意在现在这一刻这个人有什么,那个人有什么……。我们认为探问某人是否做了某事而应受到惩罚与分配是有关联的,罪犯应该得到一个很低的份额"①。诺齐克对权利的重视就体现在,他格外关注付出权利的一方,并且格外关注持有人在历史上的持有的正当性。

分配的模式化原则是指"一个分配原则规定一种分配要随着某一自然之维,或一些自然之维的平衡总额,或自然之维的词典式次序的不同而给予不同量的分配"②。诺齐克认为,只要一个人的持有是正义的,他可以使用任何他乐意的模式进行转让和交换,没有任何标准,这是一种非模式化的原则。诺齐克强烈地反对差别原则,可以说他的《无政府、国家和乌托邦》根本主旨就是针锋相对地批评差别原则:针对罗尔斯的分配正义,诺齐克提出持有正义;针对罗尔斯的平等,诺齐克强调权利;针对罗尔斯的结果原则,诺齐克提出历史资格原则;等等。罗尔斯平等主义的重要一环是认为"天赋并不应得",诺齐克批评说,这个思想"是一条危险的路线",因为它"贬低人的自主和人对其行为的首要责任",从而有损于人类的尊严。③ 诺齐克论证说,一个人有没有某种天赋、有多大的天赋,我们本来并不知道,除非天赋已经被发展出来了,而这种发展出来只能是个人努力的结果。但罗尔斯"根本没有提到人们如何选择去发展他们的自然天赋"④。应该承认,罗尔斯在讨论天赋时没有提到个人努力的作用,诺齐克的这个批评是有道理的,再好的天赋也离不开某个具体的人的勤奋努力。但天赋差异确实显著存在,诺齐克也承认这一点,就像前面说过的那样,无论多么努力,不可能每个人都能像姚明那样打篮球。而且,一个人有没有努力去做某事所必需的外部条件,往往

---

① [美]罗伯特·诺齐克:《无政府、国家和乌托邦》,何怀宏译,中国社会科学出版社1991年版,第160页。
② [美]罗伯特·诺齐克:《无政府、国家和乌托邦》,何怀宏译,中国社会科学出版社1991年版,第161页。
③ Nozick R., *Anarchy, State, and Utopia*, Basic Books, 1974, p. 214.
④ Nozick R., *Anarchy, State, and Utopia*, Basic Books, 1974, p. 214.

取决于他自己不应负责的社会偶然因素；即使他是否能够产生那种努力的意愿本身，即使那个努力所指向的某个具体目标，都与一个人所得到的社会和自然的偶然运气有关，绝不仅仅只是"选择去发展他们自己的天赋"这么简单。差别原则正是为了人类的尊严而设置的，由于对人人渴望得到同等的尊重这一点具有深刻的悲悯，并且承认人与人之间巨大的自然和社会差异，才能提出先富帮后富、强者扶弱者这种差别原则的主张。因此，尽管在某些细节方面确有道理，并表现出了足够的机智，诺齐克对差别原则的批评总体上仍然不能成立。

诺齐克对差别原则或平等主义的一个根本批评是平等得不到证明。他问道："为什么人们的持有就应该是平等的？"[1] 其实罗尔斯一直在论证平等，他提供的理由是每个人都从社会合作中受益、社会和自然的偶然运气是人们不应得的，以及"贵人行为理应高尚"等。但诺齐克拒绝这些论证，他在《无政府、国家和乌托邦》第七章"社会合作""天赋与任意性"等小节和第八章前三个小节中，对罗尔斯的上述论证给予了甚至过于详细的否证，以说明它们都不能成立。诺齐克以雄辩著称，而且他对罗尔斯平等主义的批评在细节上常有合理之处，尽管如此，诺齐克的反平等主义总体上仍然显得别扭，不仅缺乏"仁慈的考虑"（诺齐克晚年的自我反思），[2] 和资本主义自身的发展也相冲突，因为福利资本主义实践已经远远地把诺齐克的持有正义甩在身后。以诺齐克的机智，应该能够体会到罗尔斯差别原则的道德力量，明明知道平等是可以得到证明的，比如平等使每个人都能保有尊严（不论贫富贵贱），因而在道德上是合理的；平等能够促进社会和谐稳定，因而在功利上是合算的，等等。为什么诺齐克要激烈地反对平等主义？也许诺齐克起初认为自己找到了一个有力而且有理的武器来批判罗尔斯的平等主义，那就是权利。权利是资本主义社会人人熟知而且欢迎的，坚持权利是道德的。但随着批判的持续深入，诺齐克就必须面对一些令人不快的主题，比如一个社会最

---

[1] Nozick R., *Anarchy, State, and Utopia*, Basic Books, 1974, p. 222.

[2] 诺齐克后来认识到自由至上立场有一定的不足："部分因为它没有完全结合仁慈的考虑和结合合作活动，它为更完善的结构留下了空间。"参见 Sanders J. T., "Projects And Property", *Schmidtz D. Robert Nozick*, Cambridge University Press, 2002, p. 38。

基本的教育平等，或者最少受惠者在某些方面完全没有机会的那种悲惨状况。诺齐克可能并不想在这样的主题上继续坚持权利至上，可惜已经无法抽身，因为要保证理论的前后一贯和逻辑自洽。诺齐克在罗尔斯理论的根本启发之下，拿起资本主义社会从前的一种主流武器即权利来批判罗尔斯，尽管在学术思想上获得了成功，但他的理论却标志着政治和道德理论的一种倒退，他自己也清楚这一点。

总体来说，罗尔斯和诺齐克都是自由主义者，以个人为基础建构他们的正义理论。二人的正义理论在深层基础上可以说都来源于康德的道德哲学，以及由休谟、洛克等发展流传的自由主义。他们关于正义的争论也都没有逸出自由主义的领域，只不过处于自由主义的两端。在罗尔斯看来，正义总是与平等相关，一切不平等都是不正义的，一个正义的社会制度有责任消除它们。差别原则表明他反对贫富分化，赞成照看穷人，但认为所有制与社会制度及正义并没有必然联系。诺齐克则认为，能够得到证实的国家只有最低限度上的国家，它的行动仅限于保护人们的权利不受侵犯，凡是不利于自由的都是不正义的。而自由内在地要求保护私有财产，对其的损害或剥夺都是不正义的。可以说罗尔斯在相当程度上是偏向非等级正义的，诺齐克则偏向等级正义。

## 三 德沃金

德沃金将平等视为至上的美德，认为在各种重要的政治价值中，平等是第一位的。诺齐克批评罗尔斯"民主的平等"忽视了个人努力与责任的作用，而诺齐克自己的反平等主义则在自我所有原则的基础上把个人选择过分拔高，德沃金认为这两者都不利于平等的实现。德沃金认为在平等理论中适当融入个人责任有利于在实践中更好地维护平等，试图将个人责任纳入他的资源平等理论，将平等主义的论域进一步扩展。在《至上的美德》一书中，德沃金考察了传统的福利平等，认为这些理论可以分为三类，分别是"福利即成功的理论""感觉状态理论"和"客观的福利理论"[①]，并认为所有这些福利平等理论都存在一个缺陷，即都对

---

① Dworkin R., *Sovereign Virtue: The Theory And Practice of Equality*, Harvard University Press, 2002, pp. 9 – 44.

福利的补偿形式、程度以及"昂贵偏好问题"束手无策。

德沃金平等理论的宗旨是"钝于禀赋、敏于责任",① 他提出的资源平等是指"在个人私有的任何资源方面的平等",② 资源平等遵循着两个最基本的伦理学原则：第一是重要性平等原则，也就是必须平等地对待每个人，因为每个人的生命与尊严都是值得尊重的，在对待方式上不应该存在任何区别甚至歧视；第二是具体责任原则，尽管每个人都是平等的，但是每个人所度过的只能是自己的生活，他人无法代替，选择过何种生活的后果应该由个人承担。③ 由于每个人的人生意义具有相同的重要性，资源平等要求政府和人民平等地对待每一境况及每一种个人生活，使每个人都能按照自己的意愿选择有意义的人生，并为自己的选择承担责任，就像社会负责把他所需的资源平等地分配给他一样。德沃金既推崇平等的至上价值，又认为个人选择也要为不平等负责，他的资源平等就是这两个原则的调和。由于每个人都是平等的，他们都有权拥有同等的资源来追求有意义的生活，而每个人的偏好各异，对什么是有意义的具有不同的理解，而且，并不是所有人都同时需要所有资源。因此，人们都同样地有权选择与其人生意义有关的资源，在此选择之后的结果就归属于个人责任的范畴。这样，两个原则就完整地建构起了资源平等的框架。在资源平等的条件被满足的情况下，如果一个人比别人处于更坏的境地，这样的结果就是他的个人选择所导致的，他自己应该为之负责。

在平等的理论基础上，德沃金与其他平等主义者一样主要从康德思想中汲取了养分，他支持平等的一个最基本理由也是源于康德"人是目的"的道德哲学观点。在德沃金的表述中这被称为人类尊严，这个概念"和康德联系在一起……承认一个人是人类社会的正式成员，同时又以与此不一致的方式来对待他，这样的对待是极不公正的",④ 由此奠定了资

---

① Kymlicka W., *Contemporary Political Philosophy: An Introduction*, Oxford University Press, 2002, p. 75.

② Dworkin R., *Sovereign Virtue: The Theory And Practice of Equality*, Harvard University Press, 2002, p. 65.

③ Dworkin R., *Sovereign Virtue: The Theory And Practice of Equality*, Harvard University Press, 2002, p. 6.

④ Dworkin R., *Taking Rights Seriously*, Harvard University Press, 1978, p. 198.

源平等的道德根基。但这还不足以解释平等与权利、特别是财产权的冲突。对此，德沃金认为，保障权利是实现平等的前提而非阻碍，人们正是因为有了权利才能追求个人的平等。这种权利可以从两个方面来理解，首先，权利保障了人们有权受到平等对待，有权平等地享有资源、机会，等等；其次，权利保障了人们都能被看作平等的个体。由于平等就是一种最重要的权利，因此它与权利并不冲突。而"平等的关切要求政府以某种形式的物质平等为目标"，[①] 既然如此，国家的合法性就应该建立在保障公民合法权利的基础上，国家应当对每个成员平等看待，给予平等的关怀与尊重，这是国家最重要的功能。"任何政府，如果不对它统治并且效忠于它的所有公民的命运表现出平等的关注，就不可能是合法的。平等关心是政治共同体的至上美德，没有这种美德的政府只会是专制的。"[②] 国家通过再分配解决人们之间的不平等也就是正义的，在这一点上，德沃金与罗尔斯持相同的立场。但他同时也吸收了诺齐克个人责任的主张，认为个人选择也是导致不平等的一个原因。在很多情况下，富有的人可能是更努力的人，贫穷的人也可能是更懒惰的人，认为处境更好者应该无条件地给处境更差者补偿就可能忽视人的自主性，从而就可能养成整个社会的依赖风气，这个批评的确是罗尔斯分配正义原则应该予以补充考虑的。

至于在初始状态时资源的平等分配应该如何实现，德沃金认为可以用"荒岛理论"来论证资源平等。假设在一场海难之后，一群幸存者漂流到了一座荒岛，岛上资源充足，除他们以外没有别人，并且在幸存者们有生之年都可能等不到任何救援。由于幸存者对岛上的资源都没有权利，根据平等的原则，岛上的资源就是无主的原初外部资源，必须在所有人中平等分配。然而现实存在的问题是，有些资源是无法分割的，并且，并不是任何人都喜欢任何资源。比如喜欢养狗的人就不想被分配到猫，这样忽略了个人偏好的做法就不能说是平等对待每个人。为此，德沃金想出了"拍卖"的办法。用一种数量多而价值低的物品充当货币，

---

[①] Dworkin R., *Sovereign Virtue: The Theory And Practice of Equality*, Harvard University Press, 2002, p. 3.

[②] Dworkin R., *Sovereign Virtue: The Theory And Practice of Equality*, Harvard University Press, 2002, p. 1.

如荒岛上的贝壳,平均分给所有人,再将岛上的所有资源分成一定份额当作待出售的货物,参加拍卖的人各自出价,直到全部资源拍卖完毕、所有人都用完了自己拥有的货币为止。这样的拍卖充分遵循了个人责任的要求:人们要购买哪样东西是自己选择的,是由人们对各自生活意义的理解决定的。但暂时还没有实现平等原则的要求。因为除了个人选择,导致人们不平等的原因还有天赋、残障、运气等,根据罗尔斯的观点,这些都是偶然和任意的,不属于人们的应得,必须留出相应的资源来解决这些并非人们自身因素造成的不平等。因此,德沃金设想,在第一次拍卖后,有必要补充进行第二次拍卖。第二次拍卖要考虑的主要问题就是对并非人们自身因素造成的不平等的补偿份额如何决定,德沃金在这里再次借鉴了商业社会中防范风险的经典方案,引入"保险"和"虚拟保险"的方式来解决这个问题。

尽管德沃金声称自己没有运用任何契约论的思想资源,但在这里德沃金采取的显然是与罗尔斯"无知之幕"与"原初状态"相似的假设,每个人对于自己是否残障或者运气不佳都不知情,这些情况的发生是随机的,人们也不知道未来发生这些不幸的概率有多大,但是在无知之幕打开后,人们被各种自然不利因素所影响的可能性却是一样的。为了应对这些可能的坏事,人们应该愿意在收入中拿出一部分用于配置保险。如果每个人发生残障的概率是一个固定值,就可以据此估计人们愿意付出的收入多少:不会太多,否则现有的生活就难以为继;也不会太少,否则就不足以对未来的风险产生有效的防范和补偿作用。如果这个比例能够确定,国家采取的税收或者其他强制再分配方式就可以此为根据实施,有这些不利条件的人就能够得到补贴,改善生活境况,减少社会中的不平等。与此同时,人们是否购买保险、购买多少保险,也是个人选择的反映。

通过以上的构想,德沃金认为资源平等能够"尽可能地使人们分享本来应当拥有,但由于初始优势、运气和先天能力的差异所导致的实际上没有分享的各种资源",[1] 实现起点的平等,真正地满足了平等的伦理学原则的要求。

资源平等的思考有其独到之处,特别是对于起点平等的设计方案,

---

[1] Dworkin R., *A Matter of Principle*, Harvard University Press, 1985, p.207.

应该说具有很强的现实启发，但德沃金的平等主义受到诺齐克的影响似乎太大，以致这种平等思想实际上不太平等了。比如，德沃金反对罗尔斯对个人责任的忽略，在一定程度上确实指出了差别原则的问题，但是个人责任的作用在资源平等中可能又被夸大了。个人的选择受到诸多因素的影响，这些因素中哪些是主观因素哪些是客观因素是很难区分的，并且所谓主观因素也深深地受到客观因素的塑造，因此罗尔斯干脆将它们都归为客观因素，认为人们不应对此承担责任。既然如此，德沃金强调的选择的重要性就非常值得怀疑。选择不可能是纯粹个人主观因素所决定的，天赋和出身在其中扮演的角色不应被忽视，而选择所造成的不平等如果异常深刻，让天赋或出身极不平等的个人承担也是不合理的。并且，起点平等最终所能承诺的可能还是不平等，因为它高估了个人选择的作用，认为人们应对此负责，那么实际上就是对于竞争开始之后产生的不平等持默认态度，巨大的结果不平等在资源平等看来也是正义的，这就最终会与德沃金追求的至上美德背道而驰。

基于这些有待改进之处，柯亨认为由于人们的偏好与选择导致的不平等在社会主义机会平等中也是可以接受的情况，意味着在柯亨的平等理论框架之中同样纳入了个人责任的问题。柯亨认为诺齐克与德沃金对于个人责任的思考是非常有必要的，但是他们的具体观点还有待商榷。首先，诺齐克对罗尔斯关于个人责任的观点存在某种程度上的误解。罗尔斯在谈到努力时，对个人责任在某种程度上是肯定的，并非"平等主义决定论"。[1] 罗尔斯认为，"一个人愿意做出的努力是受到他的天赋能力、技能以及他可选择的对象影响的"，[2] 诺齐克似乎将这句话理解为人们对自己的努力完全无法控制，也不能得到任何回报，这显然是错误的。柯亨指出，罗尔斯只是说，做出努力的原因在多大程度上应该归功于运气是没有人能够确定的，因此不是所有努力都该有回报。诺齐克的理解没有区分这里的程度差别，[3] 以致人为造成了一种理论困境：个人责任只

---

[1] Cohen G. A., Otsuka M., *On The Currency of Egalitarian Justice, And Other Essays in Political Philosophy*, Princeton University Press, 2011, p. 12.

[2] Rawls J., *A Theory of Justice, Revised Edition*, Harvard University Press, 1999, p. 274.

[3] Cohen G. A., Otsuka M., *On The Currency of Egalitarian Justice, And Other Essays in Political Philosophy*, Princeton University Press, 2011, p. 11.

有 0 和 1 两个极端的状况，但事实并非如此。

其次，德沃金的资源平等也不是对平等主义的正确解读。柯亨赞同德沃金将责任引入平等之中的做法，但同时认为，资源平等理论并不能替代福利平等理论，因为经过修正的福利平等——柯亨称为福利机会平等——完全能够应对德沃金的批评：一个自我选择放弃福利而去赌博的人无权要求福利的补偿。① 对于平等主义的正确解读应该是"消除非自愿的不利"，也就是消除"由于没有适当地反映出受苦者已经做出或正在做出或可能做出的选择，因此不能追究其责任的不利条件"②。德沃金的平等理论主张决定人们的生活和计划的应当是自身意志而非天赋等自身无法决定的因素，因此，应该给予补偿的是人们的能力，而非人们的偏好，德沃金正是忽视了这一点。还有，柯亨认为德沃金对个人责任的范围划分也不够明确。如果个人天赋和出身是不可控制的，由此造成的不利不属于个人责任，应该予以补偿，那么也应该考虑个人选择某种程度上其实是天赋和出身的效用功能，按理也应该不属于个人责任，也应该由社会予以补偿。柯亨指出："正确的划分是在责任与坏运气之间，而不是在偏好和资源之间。"③ 因此凡是能够影响人们处境的东西都应该纳入平等理论的讨论域，并用含义更广的"利益"来取代诸如"资源"和"福利"的表达，这种平等就是柯亨主张的"社会主义的机会平等"，将在后文详述。

### 四　阿玛蒂亚·森

阿玛蒂亚·森指出，人们都渴望平等，"每一种经过时间检验的关于社会制度设计的规范理论都要求某种平等"，④ 但每种平等理论所重点关注的领域并不相同，在一种理论看来是平等之重要标准的东西，在另一种理论看来就可能恰恰代表了不平等。因此森提出了一个重要判断，当

---

① Cohen G. A., Otsuka M., *On The Currency of Egalitarian Justice, And Other Essays in Political Philosophy*, Princeton University Press, 2011, p. 13.
② Cohen G. A., Otsuka M., *On The Currency of Egalitarian Justice, And Other Essays in Political Philosophy*, Princeton University Press, 2011, p. 13.
③ Cohen G. A., Otsuka M., *On The Currency of Egalitarian Justice, And Other Essays in Political Philosophy*, Princeton University Press, 2011, p. 20.
④ Amartya Sen, *Inequality Reexamined*, Harvard University Press, 1995, p. 12.

代平等主义争论的实质是"什么的平等",并在此基础上提出了"能力平等"的理论。"什么的平等"之所以关键,是因为个人与个人之间天然存在差异性,即每个人事实上都各不相同。[①] 这种人际差异性应该成为平等问题的基本出发点,如果忽视人际差异,对不同的人用同样的方式讨论和安排平等,就会不可避免地导致实际上的不平等。

就像诺齐克所说的那样,对平等问题的任何思考都不可避免地要回应罗尔斯,森也不例外。森认为罗尔斯把基本善作为分配正义的调整对象,实际上也是一种资源平等的视角。罗尔斯所说的基本善包括自由、权利、机会、收入等,是社会层面的基本善,国家应该保护公民的基本善不受侵犯,并且在公民中进行基本善的正义分配。森认为这种视角的问题在于,不应该从资源出发来探讨平等,因为每个个体具有的能力是不同的,即使他们拥有相同的资源,在不同能力作用下,资源的转化率也会大相径庭。资源平等视角过分关注人们如何获得资源,却忽视了资源使用的结果。能力平等主要关注人们在将资源转化为实际的生活内容的能力、将可能性化为现实的能力上是否平等。森特别强调,对平等的判断标准应该是一个人过他想要的生活的实际能力,这种能力决定了人们能够选择什么样的生活。[②] 在某种意义上可以说,能力平等更倾向于结果平等,关注人们最后能够过上什么样的生活;而资源平等则更倾向于机会平等,或者说是一种起点平等,重点在于给予人们平等的资源分配。这两种理论对于不平等的问题实际上持有非常不同的立场:资源平等在完成初始资源平等分配后,对于竞争开始后必然发生的不平等持默认的态度,而能力平等从社会现实出发,关注如何切实推进社会平等的问题。

能力之所以能够起到促进现实平等的作用,是因为它与个体的福利息息相关。一方面,将期望中的生活内容加以实现的可行能力是一种实现个体福利的真正的机会;另一方面,个体已经享有的福利就是取决于他所具有的实现生活内容的可行能力。在森看来,以能力衡量平等的方式,明显优于罗尔斯或是德沃金的分析路径,这种思想将个人生活的构成要素纳入了理论分析框架,而不是像资源平等一样只用单一的标准来

---

[①] Amartya Sen, *Inequality Reexamined*, Harvard University Press, 1995, p. 1.
[②] Amartya Sen, *Inequality Reexamined*, Harvard University Press, 1995, pp. 39–40.

评价平等。

对于诺齐克的反平等主义思想,森也表达了他的观点,认为诺齐克的权利观是过分激进的。森将诺齐克的权利观概括为权利(包括财产权)的完全优先性,并且认为,权利在理论框架中具有重要性无可厚非,但是把权利摆在绝对优先的位置上是有问题的。诺齐克强调每个人都拥有不可侵犯的权利,但森认为,对权利不可侵犯的强调恰恰必然会损害诺齐克所看重的权利。[1] 森的价值取向是现实的平等而非理论的权利,如果为了保护形式上的权利至上而导致人们实质上的严重不平等,这显然是不正义的。森在《贫困与饥荒》中就曾证明,大规模饥荒的发生并不意味着会发生对任何人权利的侵犯,而社会中处于最不利境地的人们完全可能"因为所拥有的'资格'(entitlement)尽管是合法的,却不能为他们提供足够的食品而挨饿"[2]。也就是说,一种恐慌状态的发生——不论其严重性——并不一定以对人们权利的侵犯为前提,在诺齐克所珍视的权利完好无损的情况下,也同样会发生种种惨剧。甚至,如果缺乏某种改善恐慌状态必需的条件,由于单纯的匮乏没有损害任何权利,这种条件缺乏所导致的情况持续恶化也是与诺齐克的主张相容的。那么即使这种情况在理论上符合权利至上的规定,所有人的权利都没有被侵犯,又怎么能说这是平等和正义的呢?森因此批评说,诺齐克的自由至上主义思维过于局狭,所关注的变量过于单一,纯粹关注程序而忽视后果,维护虚幻的权利绝对性可能导致实际上人们处境变差,[3] "很难成为一个可接受的评价体系的充分基础"[4]。森认为诺齐克即使在某种意义上赞成平等,但这种纯粹形式的平等也难以接受,甚至可能会给人们的生活带来灾难性的后果,而人们是否能获得平等的结果是很重要的。[5] 唯其如此,才可能有助于能力平等更多地成为现实。可以说森是一个现实主义者,重视平等的实际可能性,这可能与他的经济学家视角有关,在他看来,平等必须是实质性的,必须体现为人们争取平等的可行能力的切实提高。

---

[1] Amartya Sen, *Development As Freedom*, Knopf, 1999, p. 66.
[2] Amartya Sen, *Development As Freedom*, Knopf, 1999, p. 66.
[3] Amartya Sen, *Development As Freedom*, Knopf, 1999, p. 66.
[4] Amartya Sen, *Development As Freedom*, Knopf, 1999, p. 66.
[5] Amartya Sen, *Development As Freedom*, Knopf, 1999, p. 66.

森的能力平等是一种经验性的实证研究，重视在实践层面对不同国家、地区、种族或性别的人实际行为上能力差别的量化分析，并注重采取实际措施，比如进行各种可能的培训，切实提高不同人群获取平等的实际能力，表现了平等主义的现实关怀，用森自己的话说，就是"关注人们的实际行为，而并不假定所有人都遵循理想的行为模式"①。当然，能力平等思想的理论缺陷也是非常明显的，最大的问题就是能力的模糊性。要具体实现能力评定的设想，哪些能力是重要的能力，筛选的标准是什么，在筛选出重要能力之后是否还要对它们进行排序，都是应该做出明确回答的问题。然而森却认为，模糊性正是能力平等的内在要求，当然也可以说这种模糊性本来就是能力平等理论的品格。如果非要追求固定的能力排序，或者在能力的比较中要求高度精确性，反而不利于对能力平等的真正理解。"如果一个基本理念具有本质上的模糊性，对该理念的精确表述就得正视其中的模糊性而不是去除它。"② 现实中不平等的问题确实存在高度复杂性，一定的模糊性不可避免，但是发展一套较为完善的能力评价标准对于任何理论的实际运用来说都是不可或缺的。并且，提出能力平等的重要性是一回事，究竟如何实现能力平等又是另一回事，经验主义的有限就业培训显然回答不了这个问题。能力平等的实现很可能还是要求回到罗尔斯的社会基本结构的设计层面上来，并且最终也可能与德沃金的资源平等理论等相关。就是说，就理论层面而言，能力平等的主要贡献是提出而不是解决了问题，其本身还不能说是一种完整自足的平等理论。

### 五 社群主义

在对新自由主义的反思和批判中，社群主义逐渐成为一股重要的平等主义力量。社群主义在不同的学者那里有着不同的理论内容，因此这个名称实际上并不代表一个统一的理论体系。但社群主义也在对新自由主义的批判中形成了一些共同特征，其核心价值是建构在共同善、历史实践、传统、文化和社会责任等的基础上的。社群主义重视普遍的善和

---

① Amartya Sen, *The Idea of Justice*, Harvard University Press, 2009, p. 7.
② Amartya Sen, *Inequality Reexamined*, Harvard University Press, 1995, p. 49.

公共利益，认为个人的各种权利及其实现都离不开所在的社群，强调相对于个人而言，社群具有优先性，善优先于正义、公共利益优先于个人权利。社群主义对于正义有其独特的观点。

社群主义认为自由主义的理论起点——理性的、自律的自我只是一种理论抽象，脱离了历史与社会。如果没有社会生活，人的理性选择能力根本无从发展，因此在原初状态下就根本不能进行理性选择，也不能承担道德权利和义务。在个人与共同体的关系上，自由主义本末倒置，其主张不啻无源之水。

社群主义讨论的个人不是抽象的，而是置身于具体的共同体关系中的，除了在空间上始终为各种共同体关系所围绕，在时间上人也没有哪怕一秒钟是孤立的个体，时间和空间的综合才形成了人的整体社会性。如麦金太尔就认为，即使是刚出生的婴儿也是有过去的，他所承载的是其所在社群的传统和历史。新自由主义者如罗尔斯等，则将个人与社群孤立起来，把个人从其所置身的具体共同体关系中剥离开来，认为可以仅仅考察一个理念上的人，这种关系是虚假的，只有在社群关系中才能理解一个人。社群主义也认同个人具有主体性和自主性，但认为这些都必然受到个人所在社群的制约。社群本身就是首要的价值。这种理论也是符合人们生活实际的，人们倾向于"把我们自己看作是某个家庭、共同体、国家或民族的一员，看作某一历史的承担者，看作某个革命的儿女，看作某个共和国的公民"[1]。

社群主义提出的权利理论不同于新自由主义，其所称的权利指的是个人有资格不受他人干涉而自由实施正当行为，主要是积极意义上的自由。因此社群主义要求国家积极动用职能保障公民的正当权利，如受教育权、劳动权、获得社会救济的权利等，都是需要共同体的行动才能实现的。社群主义倡导集体权利（并不否定个人权利），社群不仅有共同的文化历史、意识形态，还有共同的情感；并且社群的基本功能在客观上也要求其具有权利。综合来看，社群已经能够独立地成为一个权利主体。"政治共同体的成员们拥有一种决定居民人口的集体权利——这种权利通

---

[1] ［美］迈克尔·桑德尔：《自由主义与正义的局限》，万俊人译，译林出版社2001年版，第179页。

常受我所描述过的双重控制：当前成员们对成员资格含义的理解和互助原则。"①

社群主义的道德义务具有强制性的特征，一个社群的成员会被强制性地要求履行行善的义务，这种强制性的道德义务加强了成员对社群情感和信任的纽带。同时为了对社群成员进行平等的评价，所有成员将会认同一套共同的价值标准，也就是共同善，这种共同善统一了成员个体与社群整体的善的标准。共同善在社会生活中就体现为公共利益，这种公共利益有几个显著特征：（1）公共性。当把一种公共利益提供给特定个人时，社群内的其他成员必然同时自动地享有，如清洁空气和水源、街道卫生等。（2）相关性。公共利益不仅有利于单个人，而且有利于相关的许多人。如劳动法保护的不是某个特定的劳动者，而是所有劳动者。反之，如果公共利益受到损害，所有人都会受到损害，如空气污染损害所有人的健康。（3）公共利益还涉及无私、诚实等基本人际原则。② 公共利益始终优先于个人利益，如果公共利益得不到实现，个人利益也失去了实现的基础。一个社群能提供的公共利益越多，在其中的生活就越幸福。

社群主义的批评促进了自由主义的自我反思，但社群主义对社群利益的探讨大而化之，还只是停留在抽象的层面，缺乏辩证的视角，导致所主张的公共利益与私人利益不可避免地存在冲突。对如何理解正义，社群主义内部观点各异，共同之处在于对自由主义正义观都持批判态度，认为他们以非历史的眼光看待正义，错误地将其理解为一种外在标准，实际上正义应当是规范人际关系的内在标准。社群主义的基本主张是"如果一个社会的运作方式吻合其成员就该社会独特的常规与制度所达成的共识，该社会就是正义的"③。可以说，社群主义主张的正义的基础是社群共同善或者说公共利益。

### 1. 麦金太尔：作为德性的正义

社群主义指出，作为规则的正义有不可避免的局限性。麦金太尔认

---

① ［美］迈克尔·沃尔泽：《正义诸领域》，褚松燕译，译林出版社2002年版，第64页。
② 俞可平：《社群主义》，中国社会科学出版社2005年版，第130页。
③ ［加］威尔·金里卡：《当代政治哲学》，刘莘译，上海三联书店2004年版，第383页。

为，自启蒙运动以来延续的以寻求一种永恒普遍的正义规则为目标的努力已经宣告失败，他试图以亚里士多德的德性论为核心、从历史主义出发揭示现有众多正义观念的相互抵牾。如果人们没有良好的德性，无论正义规则多么周密都无法规范人们的行为。桑德尔指出："有些情况下对（作为规则的）正义的关注越多，反而越反映出道德状况的恶化。"[①] "在美德与规则之间，有另一种非常关键的联系，因为只有对于拥有正义美德的人来说，才可能了解怎样运用规则。"[②] 规范人们之间的相互关系的确是正义的重要作用，但在根本上要从个人道德的层面来理解，因为不具备特定德性的人很难去执行相应的规则或秩序。

因此麦金太尔主张融合德性与正义二者。由于人们的生活必须与他人协作，总是处于与他人的相互关系中，对共同善观念的追求也需要以组织或群体的形式作为载体才能实现，这就是正义和善相连的逻辑。正义原则应当吸收共同体传统和成员所信奉的观念中的有关内容，以共同体的价值决定何为正义。麦金太尔认为罗尔斯和诺齐克等新自由主义者的正义理论都忽略了应得在正义中应该具有的核心地位，之所以如此，是因为应得的观念的存在需要基础，需要在一个共同体中的人们对于什么是善和什么是共同善有着一致的认识，并以这种认识指导自身的实践行动。"正义就是每个人——包括他自己——他所应得的东西以及不以与他们的应得不相容的方式对待他们的一种安排。"[③]

对于什么是应得，麦金太尔进行了详细的说明，并且指出应当以人们的应得来定义正义的内容，在一个有序的共同体中，应得的标准应该能有效地实行，每个人的每个实际行为都必须与其应得和功绩相符。但是，按照应得标准进行分配需要应得标准的无限多样化，因为各个领域的应得是完全不同的，一个好学生和一个好教师的应得显然是不一样的。如果没有一种相对稳定的评价标准，普遍的正义分配也无法存在，正义的合法性就会出现裂痕。麦金太尔认为，完全可能存在一种相对稳定的

---

[①] Sandel M. ed., *Liberalism and Its Critics*, New York University Press, 1984, p. 34.
[②] MacIntyre A., *After Virtue*, University of Notre Dame Press, 1984, p. 152.
[③] MacIntyre A., *Whose Justice? Which Rationality?*, University of Notre Dame Press, 1988, p. 39.

标准,但要以共同体为前提,在这个共同体中,"成员按照这样一种形式的活动来构造他们的生活,这种活动的特殊目标是,在它自身内部可能地把它所有成员的实践活动整合起来,以便创造和维持作为其特殊目标的那种生活形式,在这样一种形式的生活里,人们可以在最大可能的程度上,享受每个人的实践之善和那些作为优秀之外部奖赏的善"①。可见,麦金太尔的应得与正义概念都与共同体有密切联系。

麦金太尔认为我们应该回到古希腊时代德性正义的认识中去,当代单纯强调正义的规则性、将正义与善割裂的思想主流存在理论缺陷。最主要的是,制度正义的实现十分依赖于人们个人美德的修养水平,"从道德伦理的层次来看,个人行为动机的正义性是影响、甚至决定社会政治制度的正义力量的重要因素"②。重新认识到个人美德对于实现正义原则的重要作用,至少对比自由主义是一个进步。但无论如何,简单的复古并不是解决问题的好方法。

2. 沃尔泽:多元正义的复合平等

和诺齐克一样,沃尔泽的正义思想也是从批判罗尔斯开始的。不同的是,诺齐克的批判从自由至上主义出发,所辩护的是个人自由与权利,沃尔泽则主要从社群主义出发,所辩护的是多元自主性。社群主义虽然珍视个人自由,但社群归属感显然是社群主义首当其冲最看重的价值,认为个人自由与权利都应该是从属于社群价值的,而社群主义所称的社群通常是一些规模较小、联系紧密的价值共同体,而不是指国家或民族这种大一统的"社群",这就决定了沃尔泽的正义理论是多元主义的,即所谓复合平等。

按照沃尔泽的多元主义,一个社会区分为无数的社群和领域,每个社群和领域都具有不同的价值观和核心利益以及独立的评价体系,而不同的社群领域之间,不同社群和领域的利益、价值观与评价体系之间,等等,并不存在高下或主次之分,都是同等重要和需要同等尊重的,因此一个社会的正义就不能只有一种,而必须是多元正义的,每个社群和

---

① [美]阿拉斯戴尔·麦金太尔:《谁之正义?何种合理性?》,万俊人等译,当代中国出版社1996年版,第48—49页。

② 万俊人:《制度的美德及其局限》,《中国人民大学学报》2005年第3期。

领域都拥有自己独特的正义观,任何人都不能凭借在某个社群和领域的优势地位,侵犯其他社群和领域的社会基本善品。一言以蔽之,即社群和领域内部可能有很多小的不平等(社会层级区分),但社群和领域之间却应该是完全平等的(拥有同等的权利),这就是复合平等。比如,总统属于政治领域,他在政治权力体系中居于最优势地位,但他不能利用这种优势侵入其他领域或社群,比如干预大学的教学科研工作。因为大学是一个独立的社群,学术共同体的正义主体不是政治家而是大学师生,总统所属的政治领域和大学师生所属的学术领域互相独立,二者的核心利益和评价体系因而正义观可以是完全不同的,保持和尊重它们的独立性、自主性是复合平等的根本要求。同理,拉丁裔社群和非裔社群之间、穆斯林社群和佛教社群之间、步行爱好者社群和赛车爱好者社群之间,等等,都应实行同样的复合平等。正如沃尔泽所说:"相互尊重和一种共享的自尊是复合平等的深层力量。"[1] "复合平等将向更为分散、具体的社会冲突形式开放,……不再有大规模的国家行为。"[2]

以上可知,沃尔泽的正义论在一些重要的方面显著地区别于罗尔斯,比如在分配正义的主体、内容和标准等方面:罗尔斯的正义主体仅仅是国家,而沃尔泽认为存在着众多有差别的正义主体;这些有差别的主体拥有不同的价值偏好,因此要求有差别的正义,正义不该是单一的而应是形形色色的;沃尔泽由此批评罗尔斯把正义问题看得太简单,认为正义的内容仅与占有财富相关,是一种单一的物质正义,所追求的平等只是简单的物质财富方面的平等,而实际上,包括权力、荣誉、某种成员资格、身份和地位等非物质形态的东西都可以是正义的内容,都是有待于正当地分配的;而很多这样的分配国家不能介入,只有某个特殊的社群和领域才是合适的分配主体;分配的标准也不应只是罗尔斯正义的两个原则所关注的那些方面,如优先考虑最少受惠者的利益等,总之只有一个单一的标准即平等,而沃尔泽认为,对不同的正义而言,功绩、资

---

[1] Walzer M., *Spheres of Justice: A Defense Of Pluralism And Equality*, Basic Books, 1984, p. 321.

[2] Walzer M., *Spheres of Justice: A Defense Of Pluralism And Equality*, Basic Books, 1984, p. 17.

格、需要等都可能成为分配的重要标准，固定而整齐划一的标准是不正义的，有时候恰恰只有"不平等"才是正义的。

不过，沃尔泽至少在一个方面同意罗尔斯，那就是反对单一的市场分配模式，也就是反对诺齐克资格理论。在诺齐克看来，只有市场是完全基于"自愿"的，每个人的权利在市场这里不会受到侵犯，因此诺齐克的资格理论本质上即市场放任主义，一种典型的早期自由资本主义的意识形态，而这是几乎所有平等主义者都共同反对的，无论沃尔泽还是罗尔斯，或者柯亨和德沃金。沃尔泽和另一个社群主义者桑德尔都同意，很多善品的分配不能诉诸市场，甚至应远离市场，否则就会导致极大的不正义和不平等。比如爱情和婚姻就不能市场化，大学入学资格也不应该用于拍卖，当兵服役的义务更不能通过任何市场方式而被取消，等等。

沃尔泽主张多元分配模式和分配的多元标准等，是为了更好地适应复杂多样的后现代社会，但在实践中多元分配模式往往变成无模式，多元标准往往成为标准相对主义，从而就可能导致分配的混乱和无序，最终走向沃尔泽所希望的复合平等的反面，即复合的不平等，那么情形就会比他反对的罗尔斯"简单平等"失败的情形更糟，这是复合平等必须思考的一种坏的可能性。

复合平等有两个重要的思想值得单独讨论。第一，反对支配，但支持垄断。沃尔泽所说的垄断是指某一类人独占某种物品及其产生的社会经济价值，而不是反对该物品本身的生产性竞争。比如学术社群独占知识产品及所带来的物质和精神回报，学者群体在此造成一种垄断的态势，无论政治家或富商大贾都不能凭借他们手中的优势来学术社群分一杯羹，反之亦然；但学者们之间关于知识生产及转让交换的竞争则无时不在激烈地进行着。支持垄断其实就是支持社群的独立性和自主性，让每一种特殊的人群都有其安身立命的独享价值，从而得与其他人群平等地相处和交往，这里充满了平等主义的关怀。支持垄断的目的即反对支配：一个社群、一种价值、一种善品凌驾于其他所有社群、价值或善品之上，成为全方位的支配性的社群、价值或善品，就像资本主义社会的金钱和独裁政体下的权力一样，"没有钱买不到的东西"和"有权就有一切"都是沃尔泽坚决反对的支配方式。当无论什么人都能够"成功地用一种善来抵抗所有对手,这种善就是垄断性的",① 这种垄断性的善就像独门秘诀那样排除了其他人的竞争,确保了垄断者的生存和平等的人格尊严,因此是正义的;但"如果拥有一种善的个人因为拥有这种善而能够支配大量别的领域的物品的话,我称这种善是支配性的"②。支配性的即某种类型之赢家通吃,让一类人凌驾于所有其他社会成员之上,是不正义的。这种保垄断以反支配的平等思想的确令人耳目一新。沃尔泽要求我们展望这样一个社会,在这个社会里,不同的社会物品被不同的社群垄断性地持有,每个社群都对其所垄断的物品分配保持独立性和自主性,但没有一个社群垄断所有的社会物品,或者说,没有一种社会物品能够成为"通货",这就是多元正义的复合平等的社会,维护差异,反对跨界——这个社会看起来确实符合社群主义者的社会理想。

第二,优先追求社会平等。沃尔泽似乎持有一种奇特的思想,认为政治和经济平等之外的社会平等是值得并可以优先地单独实现的。沃尔泽理解的社会平等意味着这种情景:"不再卑躬屈膝,不再阿谀奉承,不再畏首畏尾,不再高高在上,不再有主人,不再有奴隶。"③ 所有这些要求明显与人格和尊严的平等有关,而不牵涉到实质性的政治和经济利益。一方面,对处境较差的人而言,这些要求是否得到实现往往是比较强的主观感受,很难建立刚性的衡量标准;另一方面,对处境较好的人而言,要做到这些并非特别困难,毕竟所有这些都无关实质利益的割舍。这正是沃尔泽的信念所在:经济平等是难以实现的,罗尔斯的差别原则充其量不过是让穷人不太穷而已;政治平等则只能是纯形式的,没有可能人人成为政治家或公职人员;只有社会平等才是可望而可即的,无须等待政治和经济的平等实现,因为政治和经济的不平等并不必然妨碍社会平等,只要富人能够富而不骄,甚至富而好礼;贵人能够贵而不舒,甚至平易近人;穷人也能贫而无谄,甚至贫而且乐,那么,贵族和平民、资

---

① Walzer M., *Spheres of Justice: A Defense Of Pluralism And Equality*, Basic Books, 1984, p. 10.

② Walzer M., *Spheres of Justice: A Defense Of Pluralism And Equality*, Basic Books, 1984, p. 10.

③ Walzer M., *Spheres of Justice: A Defense Of Pluralism And Equality*, Basic Books, 1984, p. xiii.

本家和工人、总统和教师是可以和睦相处、彼此以礼相待的，社会平等也就因此实现。这种思想的纯粹主观性，和康德绝对命令的道德理想主义相比毫不逊色。

沃尔泽对自己的复合平等实际上信心不足，因为他认识到，按照他的保垄断和反支配原则，尽管他认为"任何公民在某一领域或某一社会利益方面的地位都不会因其在其他领域的地位而受到损害"，[①] 但最终各个社群、各种价值和各种善品之间将不可通约，人们将被迫生活在老死不相往来的小国寡民的封闭社会中，势必造成沃尔泽不想看到的复合不平等。德沃金评价说，沃尔泽"定义的复合平等的理想是无法实现的，甚至前后并不融贯"[②]。

总之，沃尔泽的复合平等是一种独特的平等主义，独特之处也许就在于它的浪漫和天真：它要求一种不可能的平等，而这种平等即使真的实现也并不那么值得追求，这使得复合平等明显区别于乌托邦：乌托邦可以是无法实现的，却是令人向往、值得追求的。但复合平等无疑是平等主义的，它主张国家应该照顾人民的安全，满足人民基本的福利要求，当任何人在这些方面不能自给自足时，国家就必须提供这样的公共产品，这和诺齐克反平等主义宣称的国家对满足人民的重要需求没有义务的思想有云泥之别。[③] 复合平等要求一种高贵的社会平等，这是浪漫的一面，尽管确实无法实现；同时又愿意容忍经济和政治上的不平等，并认为这种不平等和社会平等是可以相容的，这是天真的一面——至少在马克思主义的经济基础理论看来确实如此。

社群主义的正义原则自有其历史性与实践合理性，但大多逃脱不了相对主义的困境。不同社群的道德是完全不可理解、不可通约的，没有好坏、优劣之分。道德和正义的具体内容当然会随着历史变迁而变化，但因此就否定了它们所具有的普遍内涵却是错误的。这种强烈的相对主义正义将导致对不平等的加剧，实际上默认了各种不平等的存在。

---

① Walzer M., *Spheres of Justice: A Defense Of Pluralism And Equality*, Basic Books, 1984, p. 19.
② Dworkin R., *A Matter of Principle*, Harvard University Press, 1985, p. 216.
③ Nozick R., *Anarchy, State, and Utopia*, Basic Books, 1974, p. 234.

### 六　分析马克思主义

柯亨关于平等和社会正义的理论主要是在对罗尔斯和诺齐克的批判中表达的，具体来说，是一种以社会主义平等观为核心的正义观。

实际上柯亨是要回答一个问题：社会主义是否可欲？对自由主义和自由至上主义的批判只是回答的方式。基于生产资料公有制的社会主义废除了不平等的资本主义私有制，资本主义的不自由和不平等被消灭，社会主义的自由和平等产生了。社会主义的平等代表的是分配正义和机会公平等意义上的实质平等，其本身就值得追求。从道德角度看，社会主义经济形式建立的内在动因是对社会其他成员的关怀，人们的互助关系和平等的人际关系所形成的良好社会风气是社会发展的内生动力。在这一点上相对于资本主义的优越性是十分明显的。因此，社会主义原则是值得追求的，人们对社会主义的自愿选择是社会主义最终实现的基础。

柯亨的社会主义平等立场关注的是非自愿的不平等，也就是不反映主体选择、不应由主体自身负责任的不平等，在他的后期著作中被称为"社会主义的机会平等"。柯亨认为，社会主义机会平等是真正的平等主义，"社会主义的机会平等旨在纠正所有非选择性的劣势，即行为者自身不能合理地承担责任的劣势"，[1] 而不考虑这是社会的或自然运气的偶然因素造成的。机会平等就是要"消除一些人遇到而另外一些人没有遇到的机会障碍"，[2] 也就是当事人没有理由对之负责的那些障碍，人们自身选择的重要性凸显出来。这时，虽然仍然存在着不平等，但这些不平等不是天赋或社会地位的差别造成的，而是有差别的个人选择和趣味造成的结果。这种结果不平等是社会主义可以且应该容忍的，可以促进社会主义对个人偏好的尊重，从而保持个人自由和社会的多样性。

柯亨认为社会主义机会平等是"正确的平等原则、正义认可的平等

---

[1] Cohen G. A., "Why Not Socialism?", in Broadbent E., *Democratic Equality: What Went Wrong?*, University of Toronto Press, 2001, p. 62.

[2] Cohen G. A., "Why Not Socialism?", in Broadbent E., *Democratic Equality: What Went Wrong?*, University of Toronto Press, 2001, p. 61.

原则,这是一种激进的机会平等原则"①,并希望这个原则能为全体社会成员提供均等的可及机会。但是,机会平等并不必然带来结果平等,为了实现结果平等还需要发挥再分配的作用。因此,"促进机会平等不仅是一种平等化的政策,而且也是一种再分配的政策"②。柯亨认为资本主义的机会平等和新自由主义的机会平等都具有相当的妥协性,社会主义机会平等与它们不同,要改善包括自然的和运气的在内一切不可选择的不利因素,以使结果的差异仅仅体现偏好和选择的不同。

然而,理想与现实之间总是相差太远,尽管有如此严格的种种限制,也并不能保证现实结果的平等。经过讨论,柯亨认为有三种不平等与社会主义机会平等可以相容。第一种不平等是由偏好的选择导致的不同结果;第二种不平等是由于个人应负责的选择而造成了累积收益的不平等,也就是由人们在努力或关注的行动上的差异造成;第三种不平等是由选择运气的差别导致的不平等。由于这几种不平等,柯亨的平等主义建构遇到了阻碍。尽管这种不平等是基于社会主义机会平等产生的,应当被容忍,但我们对这种不平等能容忍到什么地步?毕竟柯亨曾经说过,马克思主义者不应该容忍哪怕一点不平等。为此柯亨提出了共同体原则以补充平等原则产生的问题。

正是在这里和类似这样的地方,柯亨表现出了他的社会主义情怀和对马克思的尊崇,因为他的"共同体原则"是一种真正的社会主义原则,也是对资本主义的猛烈批判:"共同体原则"是一种互相关爱的原则,而且,如有可能,它还应该是一种互相帮助的原则,就像在结伴野营旅行时必然会发生的情形那样。一群互相感觉亲近和情投意合的人才可能结伴野营旅行,这种活动方式和"社会主义大家庭"之类的理念吻合得相当好。在这个活动中,人们彼此最大限度地分享他们的物品,表现他们的互相关心,任何人都不可能对其他人的困难熟视无睹,否则他们就不会结成这样一个以互相关爱和帮助为前提的阵营。这意味着"共同体原则"必然排斥

---

① [英] G. A. 柯亨:《为什么不要社会主义》,段忠桥译,人民出版社 2011 年版,第 23—24 页。

② Cohen G. A., "Promoting equality of opportunity is not only an equalizing, but also a redistributing policy", in *Why Not Socialism?*, Princeton University Press, 2009, p. 14.

贫富悬殊，因为一个拥有丰富旅行用品（包括食物）而拒绝与相对短缺的人共同分享的人不可能形成一个共同体。一个巨富的人和一个赤贫的人可以达成很多形式的联合，但就是不可能形成共同体，因为共同体以平等主义为基本原则。柯亨的平等主义意味着：社会主义可以允许差别，甚至可以有某种结果的不平等，但由于共同体原则，这种结果的不平等必须控制在可以容忍的限度之内，否则就会从根本上破坏共同体的基础，——柯亨给出的不可容忍的限度是"你拥有的金钱是我的十倍"[1]。

"共同体原则"确实是互惠的，但是一种"非市场的互惠"，因此"共同体原则"不仅排斥贫富悬殊，而且排斥市场，这二者本来是同样的意思。在柯亨看来，市场的互惠是贪婪和恐惧的混合物：他人既是我致富的可能性，又是威胁我生存的力量，我只有向他人提供某种有用的东西才可能同时满足我的贪婪并解除我的恐惧，这就是市场互惠的本质。市场在任何时候都具有恶的性质，即使社会主义市场也不例外，但最丑恶的市场是资本主义市场，也就是市场的极致即不加约束的市场。"资本主义赞美贪婪"，[2] 这可以说是对资本主义的不刊之论。"共同体原则"反市场之道而行之，这个原则确实在很大程度上解除了人们对社会主义的结果不平等的担忧。

"共同体原则"对社会主义可能仍然存在的结果不平等采取了一种伦理的调和方案，即宣扬爱和道德的力量，以此形成某种底线或边界的约束，使得社会主义结果不平等成为可以理解和值得同情的。这个方案显然同样受到了罗尔斯的影响。罗尔斯把他的差别原则解释成一种博爱的原则，从而用他的两个正义原则把启蒙口号"自由、平等、博爱"完美地统一起来："自由与第一个原则对应；平等与平等观念对应，与公平的机会平等联系在一起，博爱对应于差别原则。"[3] 在这里，倡导差别原则的动机是伦理的而非科学的，也就是说罗尔斯和柯亨之所以主张平等主义，主要因为不平等是不道德的。这和马克思的理论进路形成有趣的对

---

[1] Cohen G. A., "Why Not Socialism?", Broadbent E. Democratic Equality: What Went Wrong?, University of Toronto Press, 2001, p. 65.

[2] Cohen G. A., "Why Not Socialism?", Broadbent E. Democratic Equality: What Went Wrong?, University of Toronto Press, 2001, p. 77.

[3] Rawls J., A Theory of Justice, Revised Edition, Harvard University Press, 1999, p. 91.

比：马克思批判资本主义私有制的不平等、认为资本主义必然灭亡和共产主义社会必将到来,不是出于道德的理由,而是由于科学上的原因,即资本主义无法解决它内部的基本矛盾从而非走向灭亡不可,能够承接资本主义造成的生产力巨大发展和完成人的本质复归的历史任务的唯一社会形态,只能是共产主义。相比于马克思的科学进路(姑且不论这种进路是否已经得到了充分论证),人们对柯亨和罗尔斯的伦理进路难免心存疑虑:这种具有吸引力的社会主义和准社会主义原则是如何可能的?如何能够确保"共同体原则"等不会成为康德"绝对命令"那样的道德乌托邦,一种纯粹的主观性?毫无疑问,每个人都可以确信诺齐克式的反平等主义是现实的。反平等主义从来不会落空,只要人们想要实行就随时可以完美地实行它。因为反平等主义契合人的自私本性,它是不虑而能和不学而知的。但柯亨和罗尔斯的平等主义想要得到实行,在任何时候都绝非易事,遑论马克思激进的结果平等那种平等主义。因为平等主义是反自私的,人们迄今仍不知道如何处理反自私的后果,那就是工作积极性如何能够从反自私的制度安排中产生出来。就像柯亨所说的那样,经济制度在人性的自私上运行似乎是不学而知的,但换成慷慨的基础则并非如此。[1] 柯亨确信人类普遍具有慷慨的品质,就像人类普遍具有自私的品质一样,可惜人们对自私了解和利用得足够多,对慷慨却了解和利用得非常少,因此在目前实行社会主义平等至少存在着一些技术问题,即"社会主义者还不知道如何在国家范围内复制野营旅行的程序",[2] 这就好比儒家学说并不知道如何在国家范围内复制家庭中的互相关爱原则一样,可能实际上不是不知道这么简单,而是根本不存在这样一种复制的可能性。以此观之,罗尔斯对他的平等主义可能持有一种过度的乐观和自信,他说:"我们将超越单纯的对效率的考虑,同时这种超越又与效率相适应。"[3] 就是说,"差别原则与效率原则是相容的"[4]。一种社会

---

[1] Cohen G. A. , "Why Not Socialism?", *Broadbent E. Democratic Equality*: *What Went Wrong?*, University of Toronto Press, 2001, p. 69.

[2] Cohen G. A. , "Why Not Socialism?", *Broadbent E. Democratic Equality*: *What Went Wrong?*, University of Toronto Press, 2001, p. 71.

[3] Rawls J. , *A Theory of Justice*, *Revised Edition*, Harvard University Press, 1999, p. 61.

[4] Rawls J. , *A Theory of Justice*, *Revised Edition*, Harvard University Press, 1999, p. 69.

制度既能保证最大程度的人际平等,又能保证最大限度的生产效率,这不符合人们的直觉,需要得到更多的论证才有说服力。

总的来说,柯亨认为社会主义之所以是正义的,就是因为它更为平等。通过对诺齐克自我所有原则和罗尔斯差别原则的批判,柯亨说明只有在社会主义制度中将自我所有这个不平等的根源彻底否定,实现对生产资料的共同所有,同时消除那些当事人没有理由对之负责的导致不平等的障碍,才能真正实现积极的实质的平等。因此,社会主义制度是正义的,值得人们为之努力。并且,社会主义平等要求在其尚未实现时就开始重视个人正义与社会正义之间的关系。

作为西方重要的马克思主义哲学家,柯亨无疑是非等级正义的代表。柯亨认为一个正义的社会不仅应该能够抵消社会偶然性的影响,使处于相同环境的人们获得平等的优势,还要能够抵消自然偶然性的影响,使得即使在不同的环境中,人们如果不是因为自己的过错都应该有同样的优势,因为平等本身就是好的。这实际上是要求人们放弃自我所有权与财产权的完全平等或结果平等思想,因此可以说柯亨是真正的马克思主义者。

### 七 左翼自由至上主义

斯坦纳的左翼自由至上主义是将自我所有权与某种程度上的平等主义分配观相结合的尝试,所谓左就是指这种理论在对自然资源的分配方面持有平等主义的立场。但这种立场仍然是建立在自由至上主义的基础之上,从根本上来说,仍然无法逃脱反平等主义的范畴。

斯坦纳与诺齐克有一些关键的共同点,他们的理论都是以权利为导向。斯坦纳指出,权利的作用在于决定若干个互不相容的行为中哪一个在道德上是可以允许的,而不是决定这些行为哪一个更有价值,在道德上更可取。[①] 也就是说,权利具有强烈的义务论特征。斯坦纳同意诺齐克所说的,我们不可能进行任何道德上的平衡来决定应该或可能采取某些行动,必须抛弃对行动的价值或功利的考虑,专注于权利(或者说正义)的考虑,而这种权利是排他的。"每个权利的不可侵犯性并不是依赖于某种有争议的权重或排序,因此也不取决于被称为'权利功利主义'的计

---

① Steiner H., *An Essay on Rights*, Blackwell, 1994, p. 215.

算结果。"① 不同于诺齐克之处在于，斯坦纳认为自由的关键在于一个人在行动时是否能够按照自己的选择来安排其身体和精神，当每个人都能按照各自认为合适的方式对其身体和精神做出安排时，我们就获得了正义的自由。为此，每个人对其自身和对初始外部资源的权利都应该是平等的。但是这里会产生一些矛盾。每个人都是完全的自我所有者与他们不平等的自然禀赋是无法调和的，张三比李四身体更强壮、思维更敏锐，赋予他们对各自自然禀赋的完全所有权就是导致他们在行动时是不平等的，因为他们可以控制和调动的内部资源是不平等的，从而无法以合适的方式对其身体和精神做出安排。如果说人的自由取决于这一点，那么完全的自我所有权就意味着每个人的自由都是不平等的。斯坦纳无法从他对自由的理解中推导出自我所有权。

除了自我所有权外，斯坦纳的另一个基本主张是每个人对初始外部资源的平等权利。斯坦纳赞成诺齐克"自由颠覆模式"的观点，因此他把对于外部资源的分配限制在初始外部资源的范围内。一个分配模式的持续应用与其初次应用之间产生了冲突，并不意味着完全不存在一个合理的分配模式。由于初始外部资源并不是任何人劳动和才能的产物，对它们进行平等分配与诺齐克的主张也并不冲突。② 接下来斯坦纳指出，只有当行动主体对采取一个行动必需的所有物理组成部分都有权利时，他才能采取这个行动。因此，除非主体对被占有资源是有权利的，否则任何初始占有都是不允许的。由于一些初始占有是被允许的，人们对初始外部资源一定有某些权利。而由于人们在道德上是平等的，这些权利也就是平等的。③ 当人们被赋予了完全的自我所有权和平等的初始外部资源所有权，接下来就开始了自愿的、尊重权利的互动。在这里，无论人们获得什么样的持有量都是正义的，因为正义只要求原始所有权而不是非原始所有权的平等。④

---

① Steiner H., *An Essay on Rights*, Blackwell, 1994, p. 202.
② Nozick R., *Anarchy, State, and Utopia*, Basic Books, 1974, pp. 159–160.
③ 值得注意的是这个论证的前提是有问题的。要确定一个行动是被允许的，只需确定其组成部分没有被其他人所有即可。也就是说，在其他条件相同的情况下，只要初始外部资源没有被他人所有，对它的占有就是被允许的。
④ Steiner H., *An Essay on Rights*, Blackwell, 1994, p. 229.

可以看出，斯坦纳的理论的关键在于他对初始外部资源所有权的论证，对此他提出了两种方案。一个是联合所有权（joint ownership）的方案，对初始外部资源的所有权是全球性的，世界上的每个人都是所有初始外部资源的共同的、平等的所有者，都应该从资源的使用中获得平等的收入份额。另一个方案则是平等分割（equal division），每个人对初始外部资源的具体而平等的份额拥有权利，因此只能占有他所拥有权利的份额。二者之中，平等分割是更加契合斯坦纳观点的选择，在特定的个人领域中，个人可以采取任何他认为合适的行动而无须考虑他人的意志。但是平等分割的问题在于如何说服所有人接受不同资源之间是平等的：张三的一个金矿如何能够等同于李四的一片荒地？显而易见的答案是按照不同资源的市场价值来确定是否等同。但市场价值时刻在变化，如果李四在他的荒地上建起了摩天大厦，是否应该要求李四将增值的部分分给张三一半以维持二者之间的平等？如果赞成这种再分配的要求，那么平等分割与斯坦纳和诺齐克所反对的模式化分配也没有什么不同了。

联合所有的问题则在于，它将赋予社会巨大的垄断权力。在联合所有制下，将产生一个对整个地球有管辖权的全球性权威，它有能力从意图获取地球任何部分的任何人那里得到难以想象的妥协和让步。也许有人会反驳说，这种权威不会存在，因为联合所有制下的行动要求初始外部资源的全体共同所有者的同意。显然这是不可能的，在任何事情上都不会有一致同意的情况发生。为了解决这个困难，斯坦纳补充道，每个人可以在未经他人同意的情况下利用他拥有权利的那部分初始外部资源而不需要补偿其他人。任何超出这一份额的利用，如果没有得到一致同意，就需要向一个全球性基金支付费用，以补偿那些没有利用这么多资源的人。这个方案非常复杂，因为首先，人们利用自然资源的目的往往是创造或改善更多更好的商品和服务，随着文明的进步，自然资源会越来越少，而工业产品会越来越多；其次，人类总是在不停地出生和死亡，并且在物质进步的前提下，出生的人会多于死亡的人。这两点导致自然资源越来越稀缺，而要求自然资源平等份额的人数则不断增加，在人类的代际产生了分配不公平。

斯坦纳仍然是在诺齐克自由至上主义的基础上试图将平等纳入其理

论，然而由于完全自我所有权的存在，这种努力始终无法获得令人满意的结果，无论最初的获取多么平等，最终的结果都将是不平等的，并且自由至上主义也没有理由来消除这种不平等。

**八 优先主义**

在《平等或优先主义》中，帕菲特首先阐述了他的优先主义理论。帕菲特指出，功利主义原则考虑的是社会总效用和受益总人数，只要达到效用最大化的目的，即使发生压迫与剥削也在所不惜。平等主义原则致力于消除不平等，但是并非所有东西都可以平等分配，并且有时平等主义原则还会导致效用的降低。优先主义则是能够兼有功利主义与平等主义二者的优点又避免二者缺点的理论。具体来说，优先主义的基本主张是，"一个人的处境越差，使他获益在道德上就越重要"[1]。

优先主义认为，福利标准是可量化的，人们的生活状况应当用这个标准衡量。处境差的人比处境好的人可以提出更优先的获益要求，其获益有更大的道德价值。一个总体分配方案的衡量标准就是道德价值的大小，因此就是处境差的人获益的优先性。无论是社会总效用还是获益总人数的增加，对优先主义来说都是好的。在总福利水平不变的情况下，优先主义将会主张从处境好的人那里拿出部分福利给处境差的人。可见优先主义的最大特征就是对处境较差者的最大关切，帮助这些人具有道德上的优先性和紧迫性。即使帮助这些人很困难，成本很高，可能损害总效用，或者边际效用并不递减，也仍然应该帮助他们。这一点使优先主义与功利主义和平等主义区别开来。[2]

值得注意的是，在使处境较差者受益这一点上，优先主义与平等主义是一致的。这两种理论联系十分紧密，除非面临拉平反驳，否则二者没有不可调和的对立。[3] 优先主义与平等主义的根本差别在于优先主义的另一个特点，优先主义不进行人际比较。平等主义主张消除人们之间分

---

[1] Parfit D., *Equality and Priority*, Ratio, Vol. 10, 1997.

[2] Parfit D., "Equality or Priority?", in *The Ideal of Equalityy*, Ed. Matthew Clayton and Andrew Williams, Palgrave Macmillian London, 1995, p. 100.

[3] Parfit D., "Equality or Priority?", in *The Ideal of Equalityy*, Ed. Matthew Clayton and Andrew Williams, Palgrave Macmillian London, 1995, p. 207.

配善品的差距，这是在比较中产生的，因此平等主义被认为是关系原则。优先主义则不关心人们的关系，一个人在绝对标准上过得差就是差，而不是因为与他人相比过得差才是差。绝对的福利标准与他人无关。① 帕菲特认为平等主义在互不相识的人之间也要比较并没有必要，仅仅有人的福利水平较低这一点就足以令人帮助他们。②

帕菲特认为平等主义可以分为两种。首先，目的论平等主义认为平等具有内在价值，一些人过得比另一些人差，这本身就是不好的。③ 但这种观点受到拉平反驳的强力冲击。设想两种分配方案，在方案 A 中，张三拥有 10，李四拥有 20；在方案 B 中，张三和李四都拥有 10。按照目的论平等主义，不平等本身就是坏的，方案 B 应该是更好的。然而方案 B 不但没有改变张三的处境，反而使李四的处境更糟，这说明目的论平等主义是有问题的。

其次，义务论的平等主义并不认为平等具有内在价值，不平等本身可能是中性的，只有当它损害其他道德价值时才是坏的。这种平等主义避开了拉平反驳，但削弱了人们的信念。如果不平等本身并不是不好的，为再分配辩护的根基似乎就不那么坚固了。帕菲特举例说，假定世界上的人口是相等的两半，并且不知道彼此存在。那么以下两种情况中：（1）一半的人得到 50，另一半得到 100；（2）每个人得到 75。④ 在情况一中，不平等不涉及不正义的行为，义务论平等主义在这里是不适用的。情况二符合目的论平等主义的观点，但是面临拉平反驳。这两种平等主义都无法解决矛盾，优先主义则能够克服这些。由于优先主义总是优先帮助处境较差者，因此尽管情况二的总效用和平均效用都低于情况一，帕菲特仍然认为这是更好的选择。在这个意义上，优先主义确实具有一些优势，但还有很多没有解决的问题。

---

① Parfit D., "Equality or Priority?", in *The Ideal of Equalityy*, Ed. Matthew Clayton and Andrew Williams, Palgrave Macmillian London, 1995, p. 104.

② Peterson M., Hanson S., "Equality And Priority", *Utilitas*, Vol. 17, 2005.

③ Parfit D., "Equality or Priority?", in *The Ideal of Equalityy*, Ed. Matthew Clayton and Andrew Williams, Palgrave Macmillian London, 1995, p. 84.

④ Parfit D., "Equality or Priority?", in *The Ideal of Equalityy*, Ed. Matthew Clayton and Andrew Williams, Palgrave Macmillian London, 1995, p. 200.

首先，作为试图替代平等主义的原则，优先主义与平等主义的区别是否足够明显。帕菲特本人并没有提出明确的分配原则，并且曾经表示，有益于较差者并不是一个不同的观点，所有的平等主义者都可以提出这一观点。如果优先改善较差者的处境是出于减少不平等的理由，那么优先主义和平等主义就没有任何区别。重要的不是给予优先性，而是为什么给予优先性。① 从定义上来看，优先主义并不足以与平等主义相区别。

其次，优先主义关注的福利的绝对比较是否可能。帕菲特认为优先主义与平等主义的根本差异就是优先主义不关注人们互相之间福利水平的比较，而是依据一个客观标准来衡量人们的生活状况。但是绝对客观的标准并不存在，"如果优先性观点与个人之间的比较毫无关系，就不应该如此命名"②。我们不得不承认，相对标准是无法避免的，只有通过以他人为参照物，才能正确评价自己。诺齐克尽管反对人际比较，认为这会产生嫉妒，但也承认名牌大学的学生在面对同校同学和外校同学时具有的感觉是完全不同的。如何能得到一个绝对客观的标准，优先主义者无法回答。

最后，优先主义声称的相对于功利主义和平等主义的优越性也值得商榷。帕菲特认为优先主义综合了功利主义与平等主义的优势，加上关注总效用的最大化和优先改善较差者处境的特点，可以成为一个合理的正义的分配原则。正是这种综合使优先主义在面对功利主义和平等主义的不同要求时会产生内在矛盾。一方面，优先主义主张即使会损害总效用也要帮助处境较差者；另一方面又主张，处境较差者的优先性并不是绝对的，有时可以"在道德上为给较好者充分大的利益所压倒"③。这个有时如何确定，帕菲特认为是清楚的，但未能明确说明。这导致优先主义失去了一些一致性，看上去更像是功利主义与平等主义不融洽的混合物。④ 可以说，优先主义还有许多有待完善的空间。

---

① Tungodden B., "The Value of Equality", *Economics And Philosophy*, Vol. 19, No. 1, 2003.
② Fleurbaey M., "Equality Versus Priority: How Relevant Is The Distinction?", *Economics and Philosophy*, Vol. 31, No. 2, 2015.
③ Parfit D., "Equality or Priority?", in *The Ideal of Equalityy*, Ed. Matthew Clayton And Andrew Williams Palgrave Macmillian London, 1995, p. 205.
④ Tungodden B., "The Value of Equality", *Economics And Philosophy*, Vol. 19, No. 1, 2003.

## 九　充足主义

与优先主义相似,充足主义曾经被认为是平等主义的一个细分学说,近些年来二者之间的差别被更多地讨论。平等主义和充足主义在逻辑上是独立的,支持其中一个的论点并不必然也支持另一个。平等主义者常常认为他们已经为自己的立场提供了论证,大多数时候这些论证都只是对充足主义的支持。

充足主义的第一个提出者法兰克福认为,平等主义错误地认为经济平等本身是重要的,导致人们把制定经济目标的问题与理解对他们来说最根本的问题相分离,使得人们过分认真地讨论他们的经济地位与他人的经济地位相比如何。① 实际上经济上的比较并不意味着被比较的人在道德上是否有任何重要的需要未被满足,也不意味着他是否满足于所拥有的一切。② 人们成为平等主义者有着令人信服的理由,但这些理由是关于充分性而不是平等的。如果将最贫穷的人与最富有的人的生活进行比较,我们很容易感到这种不平等是令人愤怒的、道德上不应该的。平等主义认为这要求减少穷人与富人之间的差距,充足主义则问道,为什么富人和超级富豪之间的差距(并不一定小于穷人和富人之间的差距)不能引发人们同样的不安?也许问题不在于不平等,而在于穷人没有足够的资源来过一种良好的生活或者有一种良好生活的前景。因此,重要的是充足而不是平等。法兰克福的充足主义关注的是在一个特定的福利标准下人们的生活状况,而不考虑与他人生活状况的比较。"足够"的概念在充足主义中举足轻重。足够是一条基线,当人们的福利水平低于这条基线,他的福利要求应当被最大限度地满足,一旦高于这条基线,人们之间的福利分配就不再重要。

可以从两个方面来理解充足主义的主张。首先,充足主义要求越过福利基线的人数是尽可能多的,如果人们的福利水平低于基线,就必须改善他们的状况。一个人拥有的资源不足以使他过一种与人类尊严相匹配的生活,在道德上当然是坏的。以往对贫穷与匮乏的反对理论总是建

---

① Frankfurt H., "Equality as a Moral Ideal", *Ethics*, Vol. 98, 1987.
② Frankfurt H., "Equality as a Moral Ideal", *Ethics*, Vol. 98, 1987.

立在平等主义的基础上，充足主义则认为并非如此。只要越过了福利基线，人们之间的分配差异并不那么重要。其次，充足主义认为平等主义和优先主义都有瑕疵。① 平等主义总是进行不必要的人际比较，优先主义则对任何处境较差者都给予优先的利益，哪怕这个处境较差者的生活状况已经足够好。②

充足主义将足够作为其理论的核心。对于什么是足够，法兰克福认为，足够的标准应该高于仅能支持人的生存，勉强温饱显然不是足够。③ 而在足以支撑生存之后，获得更多的善对人们来说也不会带来不好的影响。也就是说，一个人对他的生活状况或者前景感到满足，不再热衷于获取更多的善，或者认为这不再重要，就是足够。或者按照另一位充足主义者克里斯普的说法，拥有80年高质量的生活就是足够。④

然而，不管是"足够"还是"高质量"，都是很模糊的。很难规定一条基线，使得个人生活水平只是刚刚低于这条基线就突然具有了道德意义。法兰克福批评平等主义的边际效应递减依据的心理学假设值得怀疑，他自己却也重蹈了覆辙。人们是否有兴趣改善自己的生活状况受到太多因素的影响，个人对理想生活的不同构想，使得对足够的理解无法达成共识。某种程度上，一个正义的原则当然应该考虑到人们的分离性，但这种无法确定的基线会给剥夺提供借口。奴隶可能认为他的生活状况已经足够好了，实际上这只是社会政治和文化对他的操纵，他所应有的大部分份额都到了奴隶主的手中。至于80年高质量生活的说法就更加随意，为什么一定是80年，什么是高质量，这些都是难以证明的。

要确定基线的最低点和最高点都是有可能的，然而它们都不能作为足够的标准。如果采用较低标准，充分主义就会忽视太多实际上生活状况糟糕的人，它的合理性和解释力就会削弱。如果采用较高标准，在资源总量不变的情况下，生活状况能够得到改善的人、能够改善的程度就会更少。最终还是需要一个恰到好处的标准，而这可以说是不可能完成

---

① Crisp R., "Equality, Priority And Compassion", *Ethics*, Vol. 113, No. 4, 2003.
② Casal P., "Why Sufficiency Is Not Enough", *Ethics*, Vol. 117, No. 2, 2007.
③ ［美］哈利·法兰克福：《作为一种道德理想的平等》，载葛四友编《运气均等主义》，江苏人民出版社2006年版，第189页。
④ Crisp R., "Equality, Priority And Compassion", *Ethics*, Vol. 113, No. 4, 2003.

的任务，充分主义因此陷入了困境。"如果关键的福利基线一直保持模糊状态，充分主义的原则就始终有吸引力。当我们思考福利基线是不是过高或过低时，它的吸引力就马上消失了。"[1]

---

[1] Casal P., "Why Sufficiency Is Not Enough?", *Ethics*, Vol. 117, No. 2, 2007.

# 参考文献

**中文参考文献**

《马克思恩格斯文集》，人民出版社2009年版。

《马克思恩格斯选集》，人民出版社1995年版。

《列宁全集》，人民出版社1959年版。

《列宁选集》，人民出版社1995年版。

《毛泽东选集》第1卷，人民出版社1991年版。

《习近平谈治国理政》第2卷，外文出版社2017年版。

［爱尔兰］约翰·莫里斯·凯利：《西方法律思想简史》，王笑红译，法律出版社2010年版。

［澳］安德鲁·文森特：《现代政治意识形态》，袁久红译，江苏人民出版社2008年版。

［澳］乔德兰·库卡塔斯、［澳］菲利普·佩迪特：《罗尔斯》，姚建宗、高申春译，黑龙江人民出版社1999年版。

［丹］努德·哈孔森：《自然法与道德哲学：从格老秀斯到苏格兰启蒙运动》，马庆、刘科译，浙江大学出版社2010年版。

［德］阿克塞尔·霍耐特：《承认与正义——多元正义理论纲要》，胡大平、陈良斌译，《学海》2009年第3期。

［德］阿克塞尔·霍耐特：《为承认而斗争》，胡继华译，上海人民出版社2005年版。

［德］黑格尔：《法哲学原理》，范扬、张企泰译，商务印书馆2010年版。

［德］黑格尔：《精神现象学》，贺麟、王玖兴译，商务印书馆1996年版。

［德］黑格尔：《历史哲学》，王造时译，生活·读书·新知三联书店1956

年版。

［德］黑格尔：《小逻辑》，贺麟译，上海人民出版社2009年版。

［德］康德：《法的形而上学原理》，沈叔平译，商务印书馆1991年版。

［德］康德：《康德著作全集》，李秋零编译，中国人民大学出版社2013年版。

［德］克劳斯·菲威格：《黑格尔论贫富鸿沟的加剧作为现代正义的最大难题》，郭霄译，《伦理学术》2019年第1期。

［德］伊曼努尔·康德：《纯粹理性批判》，邓晓芒译，人民出版社2004年版。

［俄］米哈伊尔·亚历山德罗维奇·巴枯宁：《国家制度和无政府状态》，马骧聪等译，商务印书馆1982年版。

［法］让－雅克·卢梭：《论人类不平等的起源和基础》，李平沤译，商务印书馆2017年版。

［法］让－雅克·卢梭：《社会契约论》，何兆武译，商务印书馆2010年版。

［古罗马］马尔库斯·图利乌斯·西塞罗：《精神的超越》，吉林大学出版社2004年版。

［古罗马］塞涅卡：《幸福而短促的人生——塞涅卡道德书简》，赵又春、张建军译，生活·读书·新知三联书店1989年版。

［古希腊］爱比克泰德：《爱比克泰德论说集》，王文华译，商务印书馆2009年版。

［古希腊］柏拉图：《理想国》，郭斌和等译，商务印书馆1986年版。

［古希腊］柏拉图：《法律篇》，何勤华、张智仁译，上海人民出版社2001年版。

［古希腊］亚里士多德：《尼各马可伦理学》，廖申白译，商务印书馆2003年版。

［古希腊］亚里士多德：《政治学》，吴寿彭译，商务印书馆2011年版。

［加］威尔·金里卡：《当代政治哲学》，刘莘译，上海三联书店2004年版。

［美］罗尔斯：《政治自由主义》，万俊人译，译林出版社1996年版。

［美］E.博登海默：《法理学：法律哲学与法律方法》，邓正来译，中国

政法大学出版社2017年版。

［美］埃里希·弗洛姆:《自我的追寻》,孙石译,上海译文出版社2013年版。

［美］艾丽斯·M.杨:《正义与差异政治》,李诚予、刘靖子译,中国政法大学出版社2017年版。

［美］艾伦·布坎南:《马克思与正义》,林进平译,人民出版社2013年版。

［美］本尼迪克特·安德森:《想象的共同体》,吴叡人译,上海人民出版社2011年版。

［美］阿拉斯戴尔·麦金太尔:《谁之正义？何种合理性?》,万俊人等译,当代中国出版社1996年版。

［美］理查德·波斯纳:《法理学问题》,苏力译,中国政法大学出版社1994年版。

［美］列奥·施特劳斯:《柏拉图式政治哲学研究》,张缨等译,华夏出版社2012年版。

［美］列奥·施特劳斯、［美］约瑟夫·克罗波西主编:《政治哲学史》下册,李洪润译,法律出版社2009年版。

［美］罗伯特·诺齐克:《无政府、国家与乌托邦》,何怀宏等译,中国社会科学出版社1991年版。

［美］罗纳德·德沃金:《认真对待权利》,信春鹰、吴玉章译,中国大百科全书出版社1998年版。

［美］迈克尔·桑德尔:《自由主义与正义的局限》,万俊人译,译林出版社2001年版。

［美］迈克尔·沃尔泽:《正义诸领域:为多元主义与平等一辩》,褚松燕译,译林出版社2002年版。

［美］塞缪尔·P.亨廷顿:《变化社会中的政治秩序》,王冠华、刘为译,上海人民出版社2008年版。

［美］约翰·罗尔斯:《正义论》,何怀宏等译,中国社会科学出版社2009年版。

［美］约翰·罗尔斯:《政治哲学史讲义》,杨通进等译,中国社会科学出版社2011年版。

［美］约翰·罗尔斯：《作为公平的正义》，姚大志译，中国社会科学出版社 2011 年版。

［苏］弗拉季克·涅尔谢相茨：《古希腊政治学说》，蔡拓译，商务印书馆 1991 年版。

［意］贝卡里亚：《论犯罪与刑罚》，黄风译，中国大百科全书出版社 2004 年版。

［意］托马斯·阿奎那：《阿奎那政治著作选》，马清槐译，商务印书馆 1982 年版。

［印］阿玛蒂亚·森：《论经济不平等/不平等之再考察》，王利文、于占杰译，社会科学文献出版社 2006 年版。

［英］埃里克·哈夫洛克：《希腊人的正义观》，邹丽、何为等译，华夏出版社 2016 年版。

［英］大卫·休谟：《道德原则研究》，曾晓平译，商务印书馆 2001 年版。

［英］大卫·休谟：《人性论·下册》，关文运译，商务印书馆 1980 年版。

［英］厄奈斯特·巴克：《希腊政治理论》，卢华萍译，吉林人民出版社 2003 年版。

［英］弗里德里希·奥古斯特·冯·哈耶克：《法律、立法与自由》（第 2、3 卷），邓正来等译，中国大百科全书出版社 2000 年版。

［英］弗里德里希·奥古斯特·冯·哈耶克：《致命的自负——社会主义的谬误》，冯克利、胡晋华等译，中国社会科学出版社 2000 年版。

［英］G. A. 柯亨：《为什么不要社会主义》，段忠桥译，人民出版社 2011 年版。

［英］哈耶克：《大卫·休谟的法律哲学与政治哲学》，邓正来译，生活·读书·新知三联书店 2003 年版。

［英］罗宾·柯林武德：《历史的观念》，何兆武等译，北京大学出版社 2010 年版。

［英］詹姆斯·乔治·弗雷泽：《金枝》，赵昍译，陕西师范大学出版社 2010 年版。

［英］威廉·索利：《英国哲学史》，段德智译，山东人民出版社 2007 年版。

［英］亚当·斯密：《国富论》上卷，郭大力、王亚南译，商务印书馆

1972年版。

[英]约翰·洛克:《人类理解论》(下),关文运译,商务印书馆1983年版。

[英]约翰·洛克:《政府论》下篇,瞿菊农、叶启芳译,商务印书馆2018年版。

谌林:《马克思对正义观的制度前提批判》,《中国社会科学》2014年第3期。

成林、倪维维:《普力夺与反普力夺的现实共存——中国当前政治生态何以优越?》,《浙江师范大学学报》(社会科学版)2018年第1期。

成林、南雨希:《马克思自由时间维度的人工智能考察》,《江汉论坛》2024年第6期。

邓晓芒:《康德自由概念的三个层次》,载《康德哲学诸问题》,生活·读书·新知三联书店2006年版。

房玄龄等:《晋书·慕容德载记》,中华书局1974年版。

高华平等译注:《韩非子·五蠹》,中华书局2010年版。

高兆明:《心灵秩序与生活秩序:黑格尔〈法哲学原理〉释义》,商务印书馆2014年版。

郭象:《庄子注疏》,中华书局2011年版。

霍耐特、胡大平、陈良斌:《承认与正义——多元正义理论纲要》,《学海》2009年第3期。

江求川、张克中:《中国劳动力市场中的"美貌经济学":身材重要吗?》,《经济学(季刊)》2013年第3期。

李学勤主编:《礼记正义》,北京大学出版社1999年版。

廖申白:《西方正义概念:嬗变中的综合》,《哲学研究》2002年第11期。

刘浦江:《元明革命的民族主义想象》,《中国史研究》2014年第3期。

马冬玲:《情感劳动——研究劳动性别分工的新视角》,《妇女研究论丛》2010年第3期。

欧阳修等:《新唐书·卷四十五选举志下》,中华书局1975年版。

施耐庵:《水浒传》,人民文学出版社2005年版。

《水浒传(会评本上下)》,陈曦钟等(辑校),北京大学出版社1987年版。

司马迁:《史记(点校本二十四史修订本)》第一册,中华书局 2013 年版。

万俊人:《制度的美德及其局限》,《中国人民大学学报》2005 年第 3 期。

汪行福:《共产主义与正义——对罗尔斯和布坎南理论的批判与扩展》,《中国人民大学学报》2019 年第 3 期。

王彩波:《西方政治思想史——从柏拉图到约翰·密尔》,中国社会科学出版社 2004 年版。

王先谦:《汉书补注》第十一卷,上海古籍出版社 2008 年版。

魏特夫:《东方专制主义》,中国社会科学出版社 1989 年版。

文长春:《逻辑在先的个人权利——诺齐克政治哲学思想述评》,《学习与探索》2005 年第 6 期。

萧璠:《中国通史·先秦史》,九州出版社 2009 年版。

夏伟、成林:《决定的和自由的——关于费尔巴哈的提纲第三条的自由意志论解读》,《江汉论坛》2024 年第 6 期。

《运气均等主义》,葛四友编,江苏人民出版社 2006 年版。

杨伯峻:《论语译注》,中华书局 1980 年版。

杨伯峻:《孟子译注》,中华书局 2010 年版。

杨宽:《西周史》第三编,上海人民出版社 1999 年版。

俞可平:《社群主义》,中国社会科学出版社 2005 年版。

袁行霈:《陶渊明集笺注》,中华书局 2003 年版。

《人民网舆情数据中心发布 2020 政法系统微博榜周榜》(2 月 17 日—2 月 23 日),2023 年 6 月 10 日,人民网(http://yuqing.people.com.cn/n1/2020/0227/c429234-31607717.html)。

**英文参考文献**

Alan M., *From Politics Past to Politics Future: An Integrated Analysis of Current and Emergent Paradigms*, Westport, Connecticut: Praeger, 1999.

Amartya Sen, *Development As Freedom*, Knopf, 1999.

Amartya Sen, *Inequality Reexamined*, Harvard University Press, 1995.

Amartya Sen, *The Idea of Justice*, Harvard University Press, 2009.

Arneson R. J., "The Principle of Fairness and Free-Rider Problems", *Ethics*,

Vol. 92, 1982.

Bader, R., *Robert Nozick*, Continuum, 2010.

Barry B., "Review: John Rawls and the Search for Stability", *Ethics*, Vol. 105, No. 4, 1995.

Beker R., *The history of South Africa*, Greenwood Publishing Group, 2000.

Benston, Margaret, "The Political Economy of Women's Liberation", *Monthly Review*, Vol. 21, No. 4, 1969.

Broadbent E., *Democratic Equality: What Went Wrong?*, University of Toronto Press, 2001.

Casal P., "Why Sufficiency Is Not Enough", *Ethics*, Vol. 117, No. 2, 2007.

Cohen G. A., Otsuka M., *On The Currency of Egalitarian Justice, And Other Essays in Political Philosophy*, Princeton University Press, 2011.

Cohen G. A., "Promoting equality of opportunity is not only an equalizing, but also a redistributing policy", in *Why Not Socialism?*, Princeton University Press, 2009.

Cohen G. A., *Self-Ownership, Freedom, and Equality*, Cambridge University Press, 1995.

Crisp R., "Equality, Priority And Compassion", *Ethics*, Vol. 113, No. 4, 2003.

Dalley G., "The principles and practice of collective care", in *Ideologies of Caring, Women in Society*, London: Palgrave, 1996.

Dworkin R., *A Matter of Principle*, Harvard University Press, 1985.

Dworkin R., *Sovereign Virtue: The Theory And Practice of Equality*, Harvard University Press, 2002.

Dworkin R., *Taking Rights Seriously*, Harvard University Press, 1978.

Fleurbaey M., "Equality Versus Priority: How Relevant Is The Distinction?", *Economics and Philosophy*, Vol. 31, No. 2, 2015.

Frankfurt H., "Equality as a Moral Ideal", *Ethics*, Vol. 98, 1987.

Fraser N. and Honneth A., *Redistribution or Recognition? A Political-Philosophical Exchange*, Verso, 2003.

Gerth H. H., *The Religion of China*, New York Collier and Macmillan, 1964.

Hailwood S. A., *Exploring Nozick: Beyond Anarchy, State and Utopia*, Avebury, 1996.

Hart H. L. A., "Are There Any Natural Rights?", *The Philosophical Review*, Vol. 64, No. 2, 1955.

John Simmons, *Justification and Legitimacy: Essays on Rights and Obligations*, Cambridge University Press, 2001.

Kant, *Political Writings*, Edited by H. S. Reiss, Trans by H. R. Nisbet, Cambridge: Cambridge University Press, 1970.

Kant, *The Philosophy of Law: An Exposition of the Fundamental Principles of Jurisprudence as the Science of Right*, Trans by W. Hastie, Edinburg: Clark, 1887.

Kymlicka W., *Contemporary Political Philosophy: An Introduction*, Oxford University Press, 2002.

Lacey A. R., *Robert Nozick*, Acumen, 2001.

Lennon, M. C. & Rosenfield, S., "Relative Fairness and the Division of Housework: The importance of Options", *Journal of Sociology*, Vol. 100, No. 2, 1994.

Locke J., *An Essay Concerning Human Understanding* (A. C. Fraser, ed.), New York: Dover, 1959.

Locke J., Macpherson C. B., *Second Treatise of Government*, Hackett Pub. Co., 1980.

MacIntyre A., *After Virtue*, University of Notre Dame Press, 1984.

MacIntyre A., *Whose Justice? Which Rationality?*, University of Notre Dame Press, 1988.

Nozick R., *Anarchy, State, and Utopia*, Basic Books, 1974.

Parfit D., *Equality and Priority*, Ratio, Vol. 10, 1997.

Parfit D., "Equality or Priority?", in *The Ideal of Equalityy*, Ed. Matthew Clayton and Andrew Williams, Palgrave Macmillian London, 1995.

Peterson M., Hanson S., "Equality And Priority", *Utilitas*, Vol. 17, 2005.

Rawls J., *A Theory of Justice, Revised Edition*, Harvard University Press, 1999.

Rawls J., Freeman S., *Lectures On The History Of Political Philosophy*, Harvard University Press, 2008.

Sandel M. ed., *Liberalism and Its Critics*, New York University Press, 1984.

Sanders J. T., "Projects And Property", *Schmidtz D. Robert Nozick*, Cambridge University Press, 2002.

Scanlon T., *Why Does Inequality Matter?*, Oxford University Press, 2018.

Singer P., "The Right to be Rich or Poor", *The New York Review of Books*, Vol. 22, No. 3, 1985.

Singh D., "Development of Scheduled Castes In India-A Review", *Journal of Rural Development*, Vol. 28, No. 4, 2009.

Steiner H., *An Essay on Rights*, Blackwell, 1994.

Tuck R., *Natural Rights Theories: Their Origin and Development*, Cambridge University Press, 1979.

Tungodden B., "The Value of Equality", *Economics And Philosophy*, Vol. 19, No. 1, 2003.

Walzer M., "Complex Equality", *A New Public Ethics*, Belmont, California: Wadsworth Publishing Company, 1994.

Wolff J., *Robert Nozick: Property, Justice and the Minimal State*, Wiley, 2013.